Das Problem der Begründung richterlicher Entscheidungen

Lex et Res Publica
Polish Legal and Political Studies
Edited by Anna Jaroń

Volume 20

Zur Qualitätssicherung und Peer Review der vorliegenden Publikation

Die Qualität der in dieser Reihe erscheinenden Arbeiten wird vor der Publikation durch die Herausgeberin der Reihe geprüft.

Notes on the quality assurance and peer review of this publication

Prior to publication, the quality of the work published in this series is reviewed by the editor of the series.

Francisco J. Campos Zamora

Das Problem der Begründung richterlicher Entscheidungen

Eine Analyse auf der Grundlage der Theorie der juristischen Argumentation

PETER LANG

Bibliografische Information der Deutschen Nationalbibliothek
Die Deutsche Nationalbibliothek verzeichnet diese Publikation
in der Deutschen Nationalbibliografie; detaillierte bibliografische
Daten sind im Internet über http://dnb.d-nb.de abrufbar.

Zugl.: Kiel, Univ., Diss., 2020

Umschlagabbildung:
„Beim Rabi", rückseitig alt betitelt,
signiert C. Schleicher, Öl auf Holz, 25,5 x 31 cm.
Künstler: Carl Schleicher (tätig in Wien um 1859-nach 1871).
Fotonachweis: Dorotheum Wien, Auktionskatalog 11.12.2012.

D 8
ISSN 2191-3250
ISBN 978-3-631-86158-5 (Print)
E-ISBN 978-3-631-86164-6 (E-PDF)
E-ISBN 978-3-631-86165-3 (EPUB)
DOI 10.3726/b18657

Peter Lang – Berlin · Bern · Bruxelles · New York ·
Oxford · Warszawa · Wien

Diese Publikation wurde begutachtet.

www.peterlang.com

Also, sagte der Abt in besorgtem Tonfall, sagst du mir, dass in vielen Prozessen der Teufel nicht nur auf den Schuldigen einwirkt, sondern auch und vor allem auf die Richter?

Der Name der Rose

Inhaltsverzeichnis

2. Teil: Grundlagen einer Theorie der juristischen Interpretation

4. Teil: Grundlagen einer Theorie der juristischen Begründung

Vorwort

Die vorliegende Arbeit wurde von der Rechtswissenschaftlichen Fakultät der Christian-Albrechts-Universität zu Kiel im Jahr 2020 als Dissertation angenommen. Entstanden ist sie am Kieler Lehrstuhl für Öffentliches Recht und Rechtsphilosophie und am Kieler Hermann-Kantorowicz-Institut für juristische Grundlagenforschung.

Besonderen Dank schulde ich meinem verehrten Lehrer und Doktorvater Professor Dr. Dr. hc mult. Robert Alexy, der die Arbeit über den gesamten Entstehungszeitraum mit besonderem Interesse begleitet und gefördert hat. Herrn Professor Ino Augsberg danke ich für das übernommene Zweitgutachten.

Meinen Dank möchte ich ebenfalls den Professoren Stanley L. Paulson, Martin Borowski und Carsten Bäcker aussprechen, die zur Schaffung eines sehr vorteilhaften akademischen Umfelds beigetragen haben.

Mein besonderer Dank gilt auch Stefanie Panknin und Sara Simon, die mir geholfen haben, das Manuskript zu korrigieren. Darüber hinaus möchte ich auch meinen Freunden Michael Panknin, Cara Panknin, Jorge Alexander Portocarrero Quispe, Paula Gorzoni, Gonzalo Villa Rosas, Pedro Leiva Solano, Silvia Chacón Barrantes, Wendy Pérez Fernández, Ivonne Arroyo Hidalgo, Kristian Klaus und Julian Lucks danken, deren Freundschaft meinen Aufenthalt in Kiel zu einer äußerst angenehmen Zeit machte.

Dem Deutschen Akademischen Austauschdienst (DAAD), der meinen Aufenthalt in Kiel mit einem Promotionsstipendium gefördet hat, gilt ein besonderes Dankeswort.

Gewidmet ist das Buch meinem Vater Juan Francisco, der leider verstorben ist, ohne dieses Projekt abgeschlossen zu sehen, meiner Frau Monika und unseren Kindern Alicja und Jan, die mich während meines Studiums mit Verständnis und Geduld begleitet haben.

Lubin, im Dezember 2020 *Francisco J. Campos Zamora*

Einleitung

1. Zum Problem der Interpretation

„Der Bannspruch gegen Rabbi Elieser" ist der Titel einer Geschichte des Talmuds, die das Thema der Interpretation behandelt und daher in dieser Arbeit hilfreich sein könnte. So wurde im Talmud geschrieben:

> Zwischen Rabbi Elieser Ben Hyrkanos und allen übrigen Weisen kam es zu einem Streit über die Reinheit oder Unreinheit eines Backofens, welchen man Schlangenofen genannt hat, der vielen Gesetzesfragen wegen, mit denen man ihn gleichsam umringelt hat; Rabbi Elieser erklärte ihn für rein, die Weisen aber für unrein.
>
> An diesem Tage führte Rabbi Elieser alle Beweisgründe an, die überhaupt möglich sind, aber man wollte seine Meinung nicht gelten lassen. Da rief er aus: Wenn das Gesetz so ist, wie ich lehre, so möge dieser Johannisbrotbaum für mich zeugen! Sogleich ward jener Baum entwurzelt und um hundert oder, wie andere berichten, um vierhundert Ellen verrückt. Aber die Weisen sprachen: Ein Johannisbrotbaum ist kein Gesetzeszeuge!
>
> Abermals wandte sich Rabbi Elieser an seine Genossen und sprach: Wenn ich Recht habe mit dem, was ich lehre, so möge dieser Wasserlauf mein Recht dartun! Und augenblicks wich das Wasser zurück. Aber die Weisen sagten: Vom Wasserstrom nimmt man keinen Beweis an.
>
> Wieder erhob sich Rabbi Elieser und sprach: Wenn die Satzung so ist, wie ich behaupte, so mögen die Wände des Lehrhauses für mich sprechen. Sogleich neigten sich die Wände und drohten zusammenzustürzen. Da schrie Rabbi Josua die Wände mit den Worten an: Wenn die Lehrer um das Gesetz miteinander streiten, was wollt ihr dabei? Und die Wände senkten sich nicht weiter, der Ehre des Rabbi Josua zuliebe; aber sie richteten sich auch nicht wieder gerade auf, der Ehre zuliebe des Rabbi Elieser.
>
> Rabbi Elieser sprach zu seinen Gefährten: Wenn das Gesetz so ist, wie ich lehre, dann möge man vom Himmel herab für mich zeugen. Alsbald ließ eine Stimme sich vernehmen, die rief: Was habt ihr gegen Rabbi Elieser zu streiten? Ist doch das Gesetz allemal wie seine Lehre. Da erhob sich Rabbi Josua auf seine Füße und rief: Nicht ist sie im Himmel. Damit wollte er sagen: Die Tora wurde Israel auf dem Berge Sinai übergeben, sie ist also nicht mehr im Himmel; zudem steht in ihr geschrieben: Der Mehrheit hat man zu folgen.
>
> Rabbi Nathan begegnete einst dem Propheten Elia und fragte ihn: Was tat der Heilige, gelobt sei er, zu der Stunde, da er diese Worte hörte. Elia erwiderte: Er hat gelächelt und gesagt: Meine Kinder haben mich besiegt, meine Kinder haben mich besiegt![1]

---

1 Bin Gorion, *Geschichten aus dem Talmud*, S. 127.

Diese Erzählung zeigt eines der tiefsten Probleme der Sprachanalyse und der Hermeneutik und sie stellt Fragen wie die folgenden: Wo sind die Auslegungsgrenzen? Wie sind verschiedene Interpretationen von ein und demselben Text möglich? Gibt es unbegrenzte Freiheit von Interpretationsmöglichkeiten? Welche Rolle spielt wirklich der Gesetzgeberwille in den richterlichen Entscheidungen? usw. Diese Fragen sind nicht nur für die Sprachwissenschaft wichtig, sondern auch für die juristische Methodenlehre. Die gegenwärtige juristische Methodenlehre interessiert sich, neben anderen Themen, für die Interpretation, welche eine enge Verbindung mit der Begründung von juristischen Entscheidungen aufweist. Das wäre kein Problem, aber die Frage der juristischen Auslegung zeigt noch vielfältige Unklarheiten und viele offene Probleme.

Erstens haben die Juristen über lange Zeit die Fragen der Interpretation behandelt, als lebten sie in einer Welt mit klaren Texten, bestimmten Wörtern und Begriffen ohne Mehrdeutigkeit. Der überzeugte Gesetzespositivist ging vertrauensvoll davon aus, der weise Gesetzgeber habe alles geregelt, die Gesetzgebung sei perfekt und vollständig. Die „Kunst der Gesetzesauslegung" bestand darin, für jeden Rechtsfall, der zu entscheiden war, die vermeintlich eindeutige und „objektive" Antwort der gesetzlichen Rechtsordnung zu finden (one right answer).[2] Man könnte dies das „Sancta Sanctorum der juristischen Auslegung" nennen. Aber die Wahrheit ist ganz anders. Die Juristen spielen mit potentiellen Waffen[3], sie vergnügen sich mit „wilden Tieren". Texte, Wörter und Begriffe können gefährlich sein, und noch gefährlicher, wenn ihr Sinn unklar ist. Das ist nicht neu; das Dogma von der „Lückenlosigkeit" der gesetzlichen Rechtsordnung wurde schon von Frank kritisiert (basic legal myth). Für ihn ist es naiv zu denken, dass jede Norm nur eine mögliche Interpretation hat und es für jeden juristischen Konflikt nur eine mögliche Lösung gibt.[4]

Zweitens taucht sofort die Frage auf: Wer soll die Definitionskompetenz für den „eigentlichen Sinn" eines Textes haben? Die Interpretation eines Textes wird in der Regel durch seine Funktion und seine Natur bestimmt. Ein Roman

---

2 So z. B. Dworkin in *Taking Rights Seriously.* Zur kritischen Auseinandersetzung mit Dworkin und andere Thesen wie dieser vgl. Haba, *Rehabilitación del no-saber en la actual Teoría del Derecho. El "Bluff Dworkin"*, in Totum.

3 Rüthers, *Das Ungerechte an der Gerechtigkeit. Fehldeutungen eines Begriffs*, S. 85.

4 Klar und überzeugend Frank: „The fairy tale of a pot of golden law which is already in existence and which the good lawyer can find, if only he is sufficiently diligent; the fantasy of an aesthetically satisfactory system and harmony, consistent and uniform, which will spring up when we find the magic wand of a rationalizing principle." Frank, *Law and the modern mind*, S. 260

oder eine Erzählung werden anders gelesen und interpretiert als eine juristische Norm; daran gibt es keinen Zweifel. Die Richter sind in demokratischen politischen Systemen an Gesetz und Recht gebunden, und die Auslegung geltenden Rechts wird nicht der Phantasie der einzelnen Richter überlassen. Das scheint ihre Entscheidungsfreiheit bei der Wahl von Auslegungsmöglichkeiten einzuschränken. Aber diese Behauptung führt uns noch einmal zu dem Ursprung des Problems. Was bedeutet tatsächlich „an Gesetz und Recht gebunden", wenn die Gesetzgebung selbst nach diversen Canones interpretiert werden kann? Wenn dieselben Normen nach verschiedenen politischen Systemen ausgelegt werden können? Rüthers zeigt dies anhand von Deutschland, wo es zwischen 1910 und 1990 fünf verfassungsrechtliche Systeme gab und die alten, d.h. zu dem Zeitpunkt bestehenden Gesetzen jeweils im Lichte des neuen Staates angewendet wurden.[5]

2. Zur juristischen Argumentationslehre

Die Argumentationsmodelle haben in den letzten Jahrzehnten eine große Rolle in der Methodenlehre der Rechtswissenschaft gespielt.[6] Diese Theorien stellen sich als „dritter Weg zwischen Determinismus und Dezisionismus", also zwischen Subsumtionsdogma und Irrationalismus, dar. Ansätze zu einer juristischen Argumentationstheorie finden sich dabei im französischen Rechtskreis, etwa bei Chaim Perelmans „Nouvelle Rhétorique".[7] Besonders wichtig in der deutschsprachigen Rechtsmethodik ist die Theorie der juristischen Argumentation von Robert Alexy, welche in Verbindung zur Konsenstheorie von Jürgen Habermas steht und deren Ideen heutzutage viele Anhänger aber auch Kritiker haben.[8] Das zentrale Postulat rationaler Argumentation ist nach Alexy nicht nur rechtstheoretischer oder rechtsphilosophischer Natur, sondern auch Teil der Entscheidungsfindung der Juristen: „Von der Möglichkeit rationalen juristischen Argumentierens hängt nicht nur der Wissenschaftscharakter der Jurisprudenz, sondern auch die Legitimität richterlichen Entscheidens ab".[9] Die Alexys Theorie

---

5 Siehe Rüthers, *Das Ungerechte an der Gerechtigkeit. Fehldeutungen eines Begriffs*, S. 89.

6 Wichtige Entwicklungen in der juristischen Argumentation werden von Autoren wie Alexy, Perelman, Viehweg, Toulmin, Mac Cormick, Neumann, Atienza, Aarnio, Wróblewski, Peczenik und Raz angeboten.

7 Brink, *Über die richterliche Entscheidungsbegründung*, S. 243.

8 Die Konsenstheorie von Jürgen Habermas sieht als größten gemeinsamen Nenner der postkonventionellen Rationalitätskonzeptionen die Zustimmung aller zu allen Fragen der Wahrheit und Richtigkeit vor.

9 Alexy, *Theorie der juristischen Argumentation*, S. 15.

der juristischen Argumentation kann durch die drei folgenden Thesen zusammengefasst werden:

A) Sonderfallthese: „Der juristische Diskurs ist ein Sonderfall des allgemeinen praktischen Diskurses".[10]
B) Gesetzbindungsthese: „Der mit einer juristischen Aussage erhobene Anspruch bezieht sich darauf, dass sie unter Berücksichtigung dieser einschränkenden Bedingungen (gemeint sind Gesetz, Präjudiz und Dogmatik) vernünftig begründbar ist".[11]
C) Methodologische Integrationsthese: Die Argumentationstheorie Alexys beansprucht, auch im Hinblick auf die juristische Methodologie, integrativ zu sein: „Die hier vorgeschlagene Theorie der Argumentation kann als Weiterführung einer Vielzahl in der juristischen Methodenliteratur auffindbarer Hinweise verstanden werden".[12]

Die Argumentationslehre Alexys beschäftigt sich mit zwei Aspekten juristischer Entscheidungen, ihrer Gewinnung und ihrer Begründung. Tatsächlich liegt der Schwerpunkt der Analysen auf dem Begriff der Begründung normativer, insbesondere juristischer Aussagen. Alexy behauptet, dass die Canones der Auslegung nicht nur der sekundären Rechtfertigung von irgendwie gefundenen Ergebnissen dienen. Alexy analysiert die Struktur rationaler juristischer Entscheidungen mithilfe der Begriffe der internen und der externen Rechtfertigung. Einerseits enthält die interne Rechtfertigung ein hohes Maß an Prämissen, die notwendig für das Schließen auf ein konkretes juristisches Sollensurteil sind. Andererseits besteht die externe Rechtfertigung aus Argumenten für die Richtigkeit dieser Prämissen. Schließlich vertritt auch Alexy die These, dass die Rationalität einer Entscheidung ihre Begründbarkeit bedeutet.[13]

3. Zur juristischen Begründungslehre

Einer der wichtigsten Aspekte, die ein demokratisches System charakterisieren, ist die Notwendigkeit, juristische Entscheidungen zu begründen. Die Verwirklichung eines guten Begründungsmodells für die richterliche Gewalt hat eine enge Verbindung zu dem Schutz der Grundrechte. In diesem Sinne funktioniert

10 Alexy, *Theorie der juristischen Argumentation*, S. 34.

11 Alexy, *Theorie der juristischen Argumentation*, S. 34.

12 Alexy, *Theorie der juristischen Argumentation*, S. 43 ff.

13 Buchwald, *Der Begriff der rationalen juristischen Begründung*, S. 33. Bäcker, *Begründen und Enstscheiden*, in Totum.

die Begründungspflicht wie eine Garantie für das demokratische System, weil die Begründung die richterlichen Entscheidungen nicht nur nachvollziehbar, sondern auch nachprüfbar und kritisierbar machen muss, wobei Kritisierbarkeit hier mehr sein soll als die Ermöglichung einer Rechtmäßigkeitskontrolle, da die Ausfüllung des dem Richter immer verbleibenden politischen Handlungsspielraums gerade wegen dieses Handlungsspielraums einer Rechtmäßigkeitskontrolle nur in beschränktem Umfang zugänglich ist. Die Richter sind verpflichtet, die Begründung ihrer Entscheidungen darzustellen, somit normative und faktische Punkte zu benennen, um Willkür, Emotionen und Fehlentscheidungen entgegenzuwirken. Die Nachprüfbarkeit richterlicher Entscheidungen ist nur gewährleistet, wenn die stattgefundenen Rechtserkenntnisprozesse in der Begründung transparent gemacht werden können.[14]

Aber was bedeutet nun „begründen"? Begründen heißt Argumentieren und damit tragfähige Argumente für eine Entscheidung vorbringen oder überzeugende Antworten auf eine Frage geben. Die Entscheidungsgründe können unterschiedliche Bezugspunkte haben: Erstens können die Motive des Entscheidenden, den konkreten Rechtsfall so und nicht in anderer Weise zu entscheiden, als Gründe der Entscheidung vorgebracht werden. Unter Begründung wird hier die Rekonstruktion des Prozesses der Entscheidungsfindung verstanden, die sich darum bemüht, möglichst vollständig alle Entscheidungsmomente aufzuführen, die für die konkrete Entscheidung tatsächlich kausal sind. Zweitens werden die Entscheidungsmotive als Ursachen verstanden, die in einem psychologisch-gesetzlichen Zusammenhang mit der Entscheidung selbst stehen. Die Fragen „Wie kam es zu dieser Entscheidung?" und „Inwieweit ist es möglich, juristische Entscheidungen auf allgemeine Gründe zu stützen und damit die Transparenz, Gleichheit und Kalkulierbarkeit der Rechtsanwendung zu fördern"[15] werden im Rahmen der Begründung Schritt für Schritt beantwortet, als ob die Entscheidung selbst noch gar nicht gefällt wurde. So werden in der Darstellung des Entscheidungsganges die Ergebnisse und Resultate nachvollziehbar gemacht.[16]

Unter dem Gebot vollständiger Begründung soll nicht verstanden werden, dass die Entscheidenden zu einer „historisch korrekten" Darlegung des Prozesses der Entscheidungsfindung mitsamt allen aufgekommenen Fehlschlüssen und Umwegen verpflichtet wären. Vollständigkeit der Begründung meint vielmehr, dass die Entscheidungsgründe zu allen relevanten Fragestellungen des Falles

---

14 Eckhold-Schmidt, *Legitimation durch Begründung*, S. 21.
15 Kuhlen, *Regel und Fall in der juristischen Methodenlehre*, S. 61.
16 Siehe Brink, *Über die richterliche Entscheidungbegründung*, S. 13.

Informationen geben und die getroffene Entscheidung so nachvollziehbar wird. Als „richtig“ wird man nach diesem Verständnis eine Begründung bezeichnen, die den Gang der vorhergehenden Entscheidungsfindung korrekt nachzeichnet, sofern die Entscheidungsfindung selbst methodisch klar ablief. In diesem Punkt kann man sehen, dass die Verwobenheit von Entscheidungsfindung und Entscheidungsbegründung ein charakteristisches Merkmal jeder rekonstruierenden Begründung ist.

4. Gliederung dieser Arbeit

Interpretieren, Argumentieren und Begründen sind drei verschiedene Dimensionen von ein und demselben Problem. Diese drei Aktivitäten gehören zur täglichen Praxis der Juristen, insbesondere derer, die mit richterlichen Entscheidungen beschäftigt sind. Die vorliegenden generellen Vorbemerkungen sollen den hier gewählten Weg zu einer systematischen Entfaltung erläutern. Entsprechend der spezielleren Zielsetzung der Untersuchung bildet eine Skizze der juristischen Interpretation und juristischen Begründungen den Ausgangspunkt.

Das Ziel der Untersuchung ist es, Klarheit zu schaffen über die Frage: ob und wie die Argumentationsmodelle das Problem der juristischen Begründung lösen können. Diese Arbeit besteht aus vier Teilen. Im ersten Teil soll versucht werden, die Grundlagen der juristischen Sprache darzustellen. Dazu werden ihre Natur, ihre Probleme und das Thema der Präzisierung analysiert. Dann werden die Natur der Interpretation und die wichtigsten Theorien über die Auslegungsgrenzen in literarischen und juristischen Texten untersucht.

Im zweiten Teil werden einige grundlegende Aspekte der juristischen Interpretation analysiert. Dazu wird die Gesetzesauslegung untersucht, indem ihr Begriff, ihr Ziel, ihr juristischer Sinn und der Aspekt der grammatischen Auslegung betrachtet wird. Dann wird die Diskussion über die Wortlautgrenze als Trennlinie zwischen Interpretation und Rechtsfortbildung skizziert.

Im dritten Teil dieser Arbeit soll versucht werden, die Grundlagen der juristischen Argumentation darzustellen. Dazu wird die Rolle der Argumentation im Recht analysiert und es werden die wichtigsten Argumentationsmodelle skizziert. Dieses Kapitel schließt mit einer kritischen Prüfung der Theorie der juristischen Argumentation Alexys.

Schließlich widmet sich der vierte Teil grundlegenden Aspekten der juristischen Begründung und skizziert Richtlinien, um die Theorie der juristischen Argumentation für ein Modell richterlicher Begründung nutzbar zu machen.

1. Teil: Grundlagen einer Theorie der Rechtssprache

Die Sprachlichkeit des Rechts ist einer der wenigen Gegenstände, denen sowohl die Sprachwissenschaft als auch die Rechtswissenschaft seit Langem großes Interesse entgegengebracht haben. Seit Anfang der siebziger Jahre gibt es eine wichtige Diskussion über die Rolle sprachtheoretischer Konzepte im Rahmen der juristischen Begründungs- und Auslegungslehre, welche sich in verschiedenen Untersuchungen niedergeschlagen hat. So selten sich die beiden Fächer (Sprachtheorie und Rechtswissenschaft) auch gegenseitig beeinflussen mögen, sind sie sich doch immer darin einig gewesen, dass zwischen Recht und Sprache ein enger Zusammenhang besteht, den es zu ergründen gelte.[17]

Diese Diskussion stellt sich oft nicht nur als ausschließlich die Linguistik betreffend dar, sondern zeigt sich auch im Zusammenspiel mit Hermeneutik, Logik oder Sprachphilosophie. Begriffe wie Hermeneutik und Logik haben mit Sprache im sprachwissenschaftlichen Sinne kaum etwas zu tun und sprachwissenschaftliche Theorien werden daher selten von Juristen benutzt. Allerdings handelt es sich dabei fast durchgängig um Sprachtheorien, welche auch in der Linguistik rezipiert wurden und dort große Wirkungsmacht entfalteten. Anregungen, sprachwissenschaftliche und rechtswissenschaftliche Kompetenz gleichberechtigt heranzuziehen, um zu Aussagen grundsätzlicher Natur über die Verbindung zwischen Recht und Sprache zu gelangen, treffen daher auch in der Rechtswissenschaft auf Resonanz. Diese Erwartungen gehen so weit, dass z. B. Kaufmann eine „Rechtstheorie als Sprachtheorie des Rechts" gefordert hatte.[18] Dies gilt auch z. B. für Carnaps Logische Semantik, welche Koch für die juristische Methodik nutzbar zu machen versucht; für die Linguistische Pragmatik, die von Hegenbarth ins Feld geführt wird und für Wittgensteins Sprachauffassung, welche Schiffauer zurate zieht.[19] Die Diskurse von Sprachwissenschaft und Rechtswissenschaft sind nicht so weit voneinander entfernt, wie eine erste Beobachtung zu zeigen scheint. Beide interessieren sich für die Begriffe von Sprache und Interpretation. Wie sich diese Zusammenhänge entwickeln, soll in diesem ersten Teil dargestellt werden. Dieser Teil befasst sich mit den Grundlagen einer

---

17 LERCH, *Justitia im Bett des Prokustes. Sinn und Unsinn der linguistischen Analysen von Rechtstexten*, S. 169.

18 KAUFMANN, *Das Verfahren der Rechtsgewinnung*, S. 102

19 BUSSE, *Juristische Semantik*, S. 18.

Theorie der juristischen Sprache und der juristischen Interpretation. Gleichzeitig sollen die Begriffe Recht, Sprache und Interpretation entmythologisiert werden, da sie andernfalls falsche Interpretationen zulassen.

Drei Hauptfragen werden in dem Teil Grundlagen einer Theorie der juristischen Sprache gestellt:

1. Was kann als juristische Sprache verstanden werden?
2. Welche Problemfälle beinhaltet die juristische Sprache?
3. Wie kann die juristische Sprache mehr Präzision gewinnen?

Der erste Punkt geht der Frage nach, welche Merkmale man in der Rechtssprache finden kann, die diese als eine besondere Sprache charakterisieren. Hier wird die natürliche Sprache mit der juristischen Sprache konfrontiert, um ihre Ähnlichkeiten und Unterschiede darzustellen. Das zweite Thema betrifft die Frage der Sprachschwierigkeiten in der juristischen Sprache. Dazu werden Probleme wie Mehrdeutigkeit, Vagheit, Porosität, Inkonsistenz, Wertbegriffe, Dispositionsbegriffe, Vorverständnis und illokutionäre Kraft analysiert. Die dritte Frage betrifft das Problem der Präzision der Sprache in einer methodologischen Perspektive. Hier werden verschiedene Versuche zur juristischen Spracherhellung untersucht.

Kapitel 1: Von der Umgangssprache zur Rechtssprache

I. Sprache und Recht: Immer noch ein aktuelles Thema?

In *Die analytische Sprache von John Willkins* zitiert Borges[20] eine fiktive chinesische Enzyklopädie, die auf eine besondere Weise ermöglicht, die Dinge zu klassifizieren:

> „Diese Zweideutigkeiten, Überlagerungen und Mängel erinnern an jene, die Franz Kuhn einer gewissen chinesischen Enzyklopädie nachsagt, die sich betitelt: Himmlischer Warenschatz wohltätiger Erkenntnisse. Auf ihren uralten Blättern steht geschrieben, daß die Tiere sich wie folgt unterteilen:
> a) Tiere, die dem Kaiser gehören, b) einbalsamierte Tiere, c) gezähmte, d) Milchschweine, e) Sirenen, f) Fabeltiere, g) streunende Hunde, h) in diese Einteilung aufgenommene i) die sich wie Tolle gebärden, j) unzählbare, k) die mit einem ganz feinen Pinsel aus Kamelhaar gezeichnet sind, l) und so weiter, m) die den Wasserkrug zerbrochen haben, n) die von weitem wie Fliegen aussehen“[21]

Die Geschichte führt wiederum zu der Frage nach den Grenzen der Sprache und damit an die Grenzen des Denkens.[22] Diese Grenzen liegen im logisch nicht Denkbaren. Demnach wird durch die alphabetische Anordnung die Grenze der Vorstellungskraft überschritten und es führt zur Unmöglichkeit, in dieser Richtung weiterzudenken. Diese Art zu schreiben bekundet die unzählbaren Möglichkeiten der Sprache. Bisher wurde über Literatur und Sprache gesprochen, aber wie können diese Ideen in der Rechtswissenschaft genutzt werden? Eine der wichtigsten philosophischen Revolutionen, die während des 20. Jahrhunderts

---

20 Jorge Luis Borges (1899–1986). Durch seine Literatur zeigt er die „Magie“ der Wörter, um die Welt zu ordnen, und die verschiedenen Auslegungsdilemmata von einem bestimmten literarischen Stück. Sein Werk beeinflusste Autoren wie Foucault, Barthes und Eco und er könnte auch als Philosoph bezeichnet werden.

21 Borges, *Die analytische Sprache von John Wilkins*, in: *Inquisitionen*, S. 115. Schon Foucault hat diese Erzählung als Ausgangspunkt für sein Werk „Die Ordnung der Dinge“ genommen. Foucault geht davon aus, dass die Erkenntnisse der Humanwissenschaften daher rühren, dass man das Normale immer nur über das Anormale erklären und auch verstehen kann. Foucault, *Die Ordnung der Dinge*, S. 17.

22 Vgl. Wittgenstein, *Tractatus logico-philosophicus*: „5.6. Die Grenzen meiner Sprache bedeuten die Grenzen meiner Welt“.

stattfanden, war die linguistische Wende.[23] Nach den Autoren, die diese Ideen verteidigen, spielt die Sprache eine wichtige Rolle in der allgemeinen Forschung, sowohl in der, die sprachliche Forschungsgegenstände behandelt, als auch in der, die an moderner Logik, Wissenschaft und Philosophie interessiert ist.[24] Vor diesem Hintergrund ist es keine Überraschung, dass die linguistische Wende großen Einfluss auf die Geschichte der Rechtstheorie hatte.

Der Zusammenhang zwischen Recht und Sprache könnte nicht deutlicher sein. Die Rechtsnormen werden durch Sprache zum Ausdruck gebracht. Der Rechtsverkehr basiert darauf, dass sprachliche Rechtsbestimmungen wiederum mittels der Sprache in konkreten Situationen umgesetzt werden. In diesem Sinn ist die Sprache das einzige Arbeitsinstrument der Juristen. Die Rechtssprache ist eine spezifische Form, durch die das Recht in der täglichen Praxis kommuniziert wird; deshalb ist sie kein kommunikativer Zufall, sondern beinhaltet die Möglichkeit, die Welt, eben das rechtlich Relevante darin zu erdenken und damit rechtliche Tatsachen zu schaffen.[25] Das juristische Denken besteht aus verschiedenen Diskursen, die sich durch linguistische Phänomene weiterentwickeln. Allerdings ist es auch möglich, eine breite Bedeutung von juristischer Sprache zu akzeptieren, in der andere Aspekte wie z. B. Verhalten in Verbindung mit den Diskursen auch als ein Teil der Rechtssprache verstanden werden. Daher sind die Eigenschaften des Rechts als Sprache neben anderen Faktoren für die juristische Praxis wichtig. Das Recht ist eine Form zu sprechen (*façon de parler*) – genauer: die Sprachform einer speziellen Gruppe, nämlich der Juristen, welche praktische Auswirkungen haben kann, die diese nutzen, um ihre beruflichen Tätigkeiten auszuführen.

Heutzutage spielt mehr denn je die Bedeutung der Sprache eine bewusste Rolle bei der Gestaltung des Gedankens selbst.[26] Auch wenn man erkennt, dass

---

23 Mit dem Ausdruck „linguistische Wende" (*linguistic turn*) bezeichnet man einen Paradigmenwechsel, der im 20. Jahrhundert in den Geisteswissenschaften stattfand und eine große Bedeutung hatte. Damit wurde versucht, die Sprache systematisch zu analysieren und durch eine formelhaftere, mathematikähnliche künstliche Sprache philosophische Erkenntnis zu gewinnen.

24 Es ist zum Beispiel interessant, dass zwei so verschiedene Strömungen, wie es die analytische Philosophie und die Hermeneutik sind, über ihre Differenzen hinaus, großen Wert auf die Bedeutung der Sprache bei der Entstehung unseres Denkens legen.

25 Carrión, *Panorama de la Semiótica Jurídica*, S. 166.

26 „Ein drittes Reich muß anerkannt werden. Was zu diesem gehört, stimmt mit den Vorstellungen darin überein, daß es nicht mit den Sinnen wahrgenommen werden kann, mit den Dingen aber darin, daß es keines Trägers bedarf, zu dessen Bewußtseinsinhalten es gehört". Frege, *Der Gedanke. Eine logische Untersuchung*. S. 43.

der Gedanke aus mehr als nur Sprache besteht, ist es unzweifelhaft, dass diese hilft, den Weg des Gendankens zu bestimmen. Deshalb sind linguistische Analyseformen notwendig, um die Gedanken zu charakterisieren, und Forschung zur Formanalyse der Rechtssprache kann bedeutsam für eine Charakterisierung juristischen Denkens sein. Zusammenfassend: Eine Kritik des Rechts durch eine Kritik seiner Sprache ist möglich. Doch zeitgleich taucht die erste Schwierigkeit auf: Was kann als „juristische Sprache" verstanden werden, wenn beide diese Wörter mehr als eine Bedeutung haben? „Sprache" kann u. a. bedeuten: das Geräusch, die Schrift, die Bedeutung, die Wörter, die Regeln der Syntax. Es gibt nationale oder lokale Sprachen, aber auch spezialisierte Sprachen. Die Sprache bezieht sich auf alle diese Aspekte oder nur auf einen. Unter dem Begriff „Sprache" wird hier Folgendes verstanden: die Verbindung von grafischen oder akustischen Zeichen mit bestimmten Bedeutungen.[27]

Bevor auf den Fortgang der Darstellung einzugehen ist, wird an dieser Stelle die grundlegendste sprachphilosophische Prämisse dieser Betrachtungsweise erwähnt, nämlich die Annahme „Rechtskultur ist Teil der Sprachkultur", wie Kirchhof behauptet.[28] Seit dieser Idee vertraut man darauf, dass eine Kritik des Rechts durch eine Kritik seiner Sprache möglich ist. Jede Studie über das Recht beinhaltet eine Studie über seine Sprache. In gewissem Sinne ist jede Studie eine Untersuchung der Fragen in Bezug auf die Sprache. Beobachtungen über die juristische Sprache, insbesondere im Hinblick auf die Auslegung der darin verwendeten Begriffe, existieren seit uralten Zeiten, beispielsweise bei den Juristen in Rom, den juristischen Glossatoren des Mittelalters, usw. Dieser Trend ist zunehmend dominant in der Rechtstheorie in den letzten Jahrzehnten. Obwohl die Themen der Sprache und des Rechts sehr breit gefächert sind, sollen hier nur drei Punkte diskutiert werden, die von grundlegender Bedeutung für den Verlauf meiner Forschung sind: 1) Funktionen der Sprache und Sprechakte, 2) Doppelnatur der Rechtssprache und 3) Semiotische Ansätze zum juristischen Phänomen.

II. Funktionen der Sprache und Sprechakttheorie

Die Sprache hat nicht einfach die Funktion, unter Verwendung symbolischer Formen, Aspekte der Außenwelt wiederzugeben, sie dient auch dazu, eine Ordnung dieser Aspekte zu etablieren. Damit entsteht durch Sprache in gewisser

27 Haba, *Etudes en allemand sur les rapports entre droit et langue*, S. 259.

28 Kirchhof, *Die Bestimmtheit und Offenheit der Rechtssprache*, S. 6.

Weise eine Weltanschauung, eine Art des Sehens, das ein bestimmtes Verständnis der Realität mit sich bringt. Aber auch wenn die Bedeutung der Sprache bei der Gestaltung des Denkens klar ist, bleiben Fragen über das Ausmaß, in dem der Sprecher die Grenzen seiner eigenen Sprache überwinden kann. Die Ausdrücke einer Sprache werden verwendet, um sehr unterschiedliche Inhalte zu äußern. Man kann nicht nur Kenntnisse ausdrücken, sondern auch Beurteilungen, Gefühle, Befehle, usw.[29] Diese Funktionen lassen sich, wie Austin und Searle behaupten, durch verschiedene Akte – genauer Sprechakte – ausdrücken.

1. Vorläufer der Sprechakttheorie

Normalerweise behauptet man, dass die Sprechakttheorie ihren Ursprung in der Theorie von John L. Austin und seinem Buch *How to do things with words* findet. Dies trifft nicht ganz zu. Ludwig Wittgenstein kann als bedeutender Wegbereiter der Sprechakttheorie bezeichnet werden. In seinem Werk *Philosophical Investigations* äußerte er bereits die Vermutung, dass die These, Sprache sei nichts weiter als Benennung, nicht zutreffend sein kann. Sprachliche Ausdrücke bezeichnen oder benennen danach nicht nur Gegenstände und – in Form von Sätzen – nicht nur Sachverhalte in der Welt, sondern sie haben darüber hinaus verschiedene Funktionen, wobei die Intention des Sprechers keine unerhebliche Rolle spielt. Nach Wittgenstein ist unsere Sprache wie ein Werkzeugkasten und die Wörter wie Werkzeuge, die verschiedene Funktionen haben. Deshalb kann man mit diesen „Werkzeugen" Rätsel raten, Hypothesen aufstellen, Geschichten erfinden, Witze machen, usw.[30]

---

29 Copi, *Introduction to logic*, S. 65 ff.

30 „§ 11. Denk an die Werkzeuge in einem Werkzeugkasten: es ist da ein Hammer, eine Zange, eine Säge, ein Schraubenzieher, ein Maßstab, ein Leimtopf, Leim, Nägel und Schrauben. – So verschieden die Funktionen dieser Gegenstände, so verschieden sind die Funktionen der Wörter". „§ 23. Führe dir die Mannigfaltigkeit der Sprachspiele an diesen Beispielen, und andern, vor Augen: Befehlen, und nach Befehlen handeln, beschreiben eines Gegenstands nach dem Ansehen oder nach Messungen, herstellen eines Gegenstands nach einer Beschreibung (Zeichnung), berichten eines Hergangs, über den Hergang Vermutungen anstellen, eine Hypothese aufstellen und prüfen, darstellen der Ergebnisse eines Experiments durch Tabellen und Diagramme, eine Geschichte erfinden; und lesen, Theater spielen, Reigen singen, Rätsel raten, einen Witz machen; erzählen, ein angewandtes Rechenexempel lösen, aus einer Sprache in die andere übersetzen, Bitten, Danken, Fluchen, Grüssen, Beten". Wittgenstein, *Philosophische Untersuchungen*, S. 6.

Der Sprachpsychologe Karl Bühler und der Rechtsphilosoph Adolf Reinach konzipierten eigene Sprechaktideen, die aber von späteren Entwicklungen nicht rezipiert wurden. Die Vertreter dieses Ansatzes gehen davon aus, dass die traditionelle Philosophie extrem mentalistisch war. Aus diesem Grund konzentrierten diese Philosophen sich darauf, das faktische Funktionieren der natürlichen Alltagssprache zu beschreiben. Ihr Hauptaugenmerk gilt dem Gebrauch von sprachlichen Formen in der Kommunikation. Wann immer man kommuniziert, ist man bestrebt, mithilfe eines Sprechaktes etwas mitzuteilen; darin liegt der Grund, warum die Sprache benutzt wird.

Zweifellos einer der wichtigsten Vorreiter der Sprechakttheorie war Gottlob Frege. Frege kämpft gegen die psychologistischen Traditionen, die die Bedeutung der Wörter als mentale Inhalte verstanden haben. Mit seinem Buch Begriffsschrift beginnt Frege die Philosophie der idealen Sprache.[31] Andere Vertreter waren Bertrand Russell, Ludwig Wittgenstein in seinen frühen Jahren - d. h. als Verfasser der Tractatus logico-philosophicus - und Rudolf Carnap.

2. Austins Sprechakttheorie

Das Werk *How to do things with Words*, das erstmals 1962 erschien, besteht aus verschiedenen Vorlesungen, die Austin zwischen 1952 und 1955 hielt. Dieses Buch spiegelt in seinen Reflexionen Austins Ringen um eine adäquate Annäherung an die Sprache und ihre Probleme wider.

Austin hält den kontextlosen Satz nicht für sehr bedeutend, sondern die alltagssprachlichen Äußerungen in konkreten Sprechsituationen (*ordinary language*). Er kritisiert die traditionellen Sprachphilosophien, in denen alle Sätze als Aussagen behandelt werden; er verifiziert oder falsifiziert Sachverhalte und beschränkt sich insbesondere auf die Unterscheidungskriterien zwischen Aussagen und Pseudoaussagen. Neben diesen *konstativen* Sprechakten gibt es noch andere Sätze, die weder beschreiben, noch wahr oder falsch sein können, aber nicht unsinnig sind. Die *performativen* Sprechakte weisen darauf hin, wie Wörter mit Dingen oder die Sprache mit einem Tun zusammenhängen, indem das Äußern dieser Sätze mit dem Vollzug einer Handlung einhergeht. Die

31 Die Philosophie der normalen Sprache war gegen die Philosophie der idealen Sprache. Erstere betrachtet die natürlichen oder normalen Sprachen nicht als defizitär, sondern als völlig brauchbar für den Zweck, für den sie eingesetzt werden. Die Aufgabe der Sprachphilosophie sei es nicht, die Sprache zu revidieren oder zu ersetzen, sondern zu erklären. Als Begründer der Philosophie der normalen Sprache gilt Ludwig Wittgenstein in seinen späten Jahren, d. h. als Verfasser der Philosophischen Untersuchungen.

Wahrheitskriterien reichen nicht als Maßstab für die performativen Äußerungen aus, sondern diese Sprechakte glücken oder glücken nicht.

In einem zweiten Anlauf unterscheidet Austin drei Teilakte, die in einem alltäglichen Kommunikationsprozess simultan ablaufen: Erstens der lokutionäre Akt, d. h. die Handlung des „Etwas Sagens" (*saying something*), der aus drei Aktivitäten besteht: a) phonetischer Akt. Das Hervorbringen von sprachlichen Lauten, die in phonetischer Schrift einer bestimmten Sprache aufgezeichnet werden können. b) phatischer Akt. Das Hervorbringen von Äußerungen, die nach den Regeln der Grammatik unter Verwendung der Wörter und syntaktischen Strukturen gebildet sind. c) rhetischer Akt. Das Hervorbringen von Äußerungen, die nicht nur einen sinnvollen Bezug zu Gegenständen und Ereignissen der Welt, sondern auch Bedeutung haben, indem sie Aussagen über die Referenzobjekte machen.[32] Zweitens, der illokutionäre Akt, d. h. der Vollzug einer konventionellen Sprechhandlung (Fragen, Bitten, Warnungen, Empfehlungen, Drohungen, usw.). Der illokutionäre Akt ist der zentrale Aspekt eines Sprechaktes und enthält die zwischenmenschliche Bestimmung.

Drittens, der perlokutionäre Akt, also das Erzielen einer Wirkung, die über den illokutionären Akt hinausgeht (Überzeugen, Umstimmen, Verärgern, Verunsichern, Kränken, Trösten usw.). Allerdings ist nach Austin zwischen dem perlokutionären Akt und dem perlokutionären Effekt zu unterscheiden. Der perlokutionäre Effekt ist die Wirkung, die aufgrund eines perlokutionären Aktes eintritt.[33]

3. Searles Sprechakttheorie

Auch John Searle verteidigt die Idee, dass mit Worten gehandelt wird und jede Äußerung, jeder Sprechakt neben einer propositionalen Seite auch eine performative aufweist. Deswegen ist die Grundeinheit der sprachlichen Kommunikation nicht „wie allgemein angenommen wurde, das Symbol, das Wort oder der Satz, [...] sondern die Produktion oder Hervorbringung des Symbols oder Wortes oder Satzes im Vollzug des Sprechaktes".[34] Searle hält die Trennung zwischen der Untersuchung von Satzbedeutung und Sprechakt für unangemessen, da jeder Satz, der eine Bedeutung hat, aufgrund seiner Bedeutung verwendet werden kann, um einen Sprechakt zu vollziehen. Außerdem kann jeder mögliche Sprechakt als Satz oder Reihe von Sätzen formuliert werden. Es handelt sich

---

32 Austin, *How to do things with Words*, S. 94 ff.

33 Austin, *How to do things with Words*, S. 101 ff.

34 Searle, *Speech acts. An essay in the philosophy of language*, S. 25.

„bei der Untersuchung der Bedeutung von Sätzen und bei der Untersuchung der Sprechakte nicht um zwei voneinander unabhängige Untersuchungen, sondern um eine Untersuchung unter zwei verschiedenen Gesichtspunkten.“[35]

Während Austin die Unterteilung eines Sprechaktes in drei Teilakte vornimmt, unterscheidet die Theorie von Searle vier Teilakte (er stimmt mit Austin über den Inhalt von illokutionär und perlokutionär überein und fügt noch den Äußerungsakt und den propositionalen Akt hinzu). Die von Searle vorgeschlagenen Änderungen an der Sprechakttheorie von Austin betreffen hauptsächlich den rhetischen Akt. Da dieser aus Austins Sicht vom illokutionären Akt nicht zu unterscheiden ist, ersetzt er ihn durch den propositionalen Akt und bestimmt ihn durch Differenzierung von Referenzakt und Prädikationsakt neu.

Der Äußerungsakt fasst den phonetischen und den phatischen Akt von Austin zusammen, d. h. er besteht aus dem Hervorbringen von Äußerungen nach den Regeln der Phonologie und Grammatik einer Sprache.[36] Searle bezeichnet den Äußerungsakt auch als Lokution. Es handelt sich bei diesem Teilakt um die „Artikulation von Sprachgebilden“.[37] Laute, Wörter und Sätze werden produziert. Diese produzierten Wörter werden dann mit Hilfe von grammatischen Konstruktionen zusammengesetzt.

Schließlich beschreibt Searle die propositionalen Akte. Unter einer Proposition wird der sprachunabhängige, bezüglich des Illokutionstyps neutrale gemeinsame Nenner der Bedeutung von Sätzen bezeichnet, die das Zutreffen eines Sachverhalts zum Inhalt haben.[38] Außerdem besteht nach Searle der propositionale Akt wiederum aus zwei Teilakten (Referenzakt und Prädikationsakt). Mit dem Referenzakt bezieht sich der Sprecher auf bestimmte Objekte. Mit dem Prädikationsakt ordnet der Sprecher dem Objekt eine Eigenschaft zu.[39]

Die für Searle sogenannten konstitutiven Regeln, d. h. die Regeln, denen Sprechakte zugrunde liegen (im Gegensatz zu den sogenannten regulativen Regeln), sind Spielregeln ähnlich. Aus einem Versprechen entsteht eine Verpflichtung, weil dieses „Versprechen“ ein Verkehrsmittel im Sprachspiel ist, das dadurch definiert ist, dass sich der Sprecher auf eine Verpflichtung festlegt. Der illokutionäre Akt kann auf verschiedene Weise angezeigt werden: durch syntaktische Mittel, aber auch durch explizit performative Konstruktionen.

---

35 Searle, *Speech acts. An essay in the philosophy of language*, S. 28.
36 Searle, *Speech acts. An essay in the philosophy of language*, S. 24 f.
37 Bussmann, *Lexikon der Sprachwissenschaft*, S. 465
38 Heesel, *Sprechakte. Was tun wir, wenn wir sprechen?*, S. 6.
39 Searle, *Speech acts. An essay in the philosophy of language*, S. 72.

4. Sprechakttheorie in der juristischen Literatur

Eine der Vorzüge, die die Theorie der Sprechakte hat, ist, dass mit ihrer Hilfe viele der Ideen von führenden Denkern des Positivismus besser verstanden werden können. Dank der Theorie der Sprechakte können Kelsens Ideen, dass die Normen der Sinn der schöpferischen Handlung sind,[40] und dass sich die Handlung von der Bedeutung der deskriptiven Aussage unterscheidet, auf die sie sich bezieht, beeindruckende Klarheit gewinnen.

Dasselbe gilt für Harts Theorie. Obwohl seine Vorstellung von der Anerkennungsregel (rule of recognition) als sozial geteilte Praxis die Betrachtung der rein sprachlichen Regeln ausschließt[41], ist der Bezug auf die Sprechakttheorie besonders aufschlussreich für seinen Begriff des Rechts. Der Grund dafür ist, dass Hart glaubt, die die Charakteristik der gesetzlichen Normen sei eine Art von Sendung. Darum erklärt er die gesetzgeberische Praxis bezogen auf die Metapher des Versprechens.[42] Die Gesetzgebung ermöglicht, behauptet Hart, „[...] introduction or modification of general standards of behaviour to be followed by the society generally."[43] Obwohl die Regeln nicht einfach auf die Gesetze beschränkt sind, implizieren sie irgendwie, dass die gesetzgeberische Praxis, erstens, für sich selbst die Regeln des Rechts bestimmt, und zweitens durch die Analogie der Kommunikation verstanden werden können. Obwohl es also nicht-gesetzliche Normen gibt, lassen sich die wichtigsten Regeln durch das Modell der Kommunikation entziffern.[44] Ähnliche Schlussfolgerungen werden durch andere wichtige Texte zur Theorie der Normen erreicht.

Aber ist es angebracht, die Sprechakttheorie auf diese Weise anzuwenden, um die Beziehung zwischen der gesetzgeberischen Praxis und den juristischen Standards zu erklären? Neben dem Nutzen, andere theoretische Konstrukte zu erklären, gibt es mehrere Gründe, die gesetzgeberische Praxis mit der Sprechakttheorie zu erklären. Zum Beispiel kann man dank der Sprechakttheorie sehen, wie die kommunikativen Interaktionen auf die Gesellschaft wirken. Man kann die alte Unterscheidung zwischen „was gesagt und getan ist" überwinden und die Relevanz der gesetzgeberischen Praxis in der Rechtskultur berücksichtigen.

Gesetze in der Rechtstradition sind geschrieben. Diese Idee beruht auf den Prinzipien der Gleichheit und Sicherheit. Damit soll sichergestellt sein, dass

---

40 Kelsen, *Reine Rechtslehre*, S. 73.
41 Hart, *The Concept of the Law*, S, 263.
42 Hart, *The Concept of the Law*, S. 42.
43 Hart, *The Concept of the Law*, S. 43.
44 Hart, *The Concept of the Law*, S. 124 f.

keine willkürlichen Unterscheidungen zwischen den Gesetzen bestehen. Zudem sind die Kriterien, um soziale Konflikte zu lösen, bekannt. Aber das Schreiben ist im kommunikativen Sinne sehr kompliziert und gerade aufgrund der Komplexität des Schreibens denkt man oft an Kommunikation. Sprechakttheorie ist da – mit Bezug auf eine mündliche Sprechsituation – keine Ausnahme. Diese Idee ist so alt wie die abendländische Philosophie.

In der Sprechakttheorie ist es fragwürdig, ohne Bezug zu einem Empfänger, über die symbolische Bedeutung zu sprechen. Mit dem Schreiben wird das Bedeutungsproblem komplizierter, denn wenn es wahr ist, dass die Zeichen nach jeder erneuten Lektüre ihren Sinn für den Leser in einem gegebenen Kontext von Emissionen aktualisieren, dann ist es auch wahr, dass, wenn diese Emissionen in schriftlicher Form entstehen, sie vorher gelesen werden müssen. Beim Lesen eines Textes ist oft nicht im Voraus bekannt, dass auch andere Texte wichtig für die Zuschreibung von Bedeutung sind. Die Schrift erhöht einerseits die Chancen der Zuschreibung von Bedeutung, andererseits versteckt sie sie. Man erkennt ein Paradox: Die Zuschreibung von Sinn erfordert eine restriktive Auswahl von Quellen, aber wenn das Schreiben die Bandbreite der Möglichkeiten dieser möglichen Quellen erhöht, dann erhöht sich die Komplexität und das Potenzial für die Zuschreibung von Bedeutung. Meines Erachtens ist die Sprechakttheorie nicht gut darauf vorbereitet, mit dieser Art von Ambivalenz umzugehen. Die Zeichen als Sprechakte zu interpretieren, bedeutet, sie als Emissionsakte zu erklären. Aber die Emission und die Rezeption des Kontextes sind normalerweise unterschiedlich.

III. Die Doppelnatur der Rechtssprache

Hier wird die Rechtssprache oder juristische Sprache als heterogenes sprachliches Konglomerat bezeichnet, bestehend bspw. aus: a) Gesetzessprache: generell-abstrakte Rechtsnormen, die vom Gesetzgeber sowohl für Fachleute als auch für Laien verkündet werden; b) Urteils- und Bescheidsprache: Gerichts- und Behördenentscheidungen über Einzelfälle; c) Wissenschafts- und Gutachtensprache: Erörterung fachlicher Fragen von Fachleuten für Fachleute; d) Sprache des behördlichen Schriftverkehrs: Antragsvordrucke, Merkblätter, Ladungen, Rückfragen usw.; e) Verwaltungsjargon: formlose Erörterung fachlicher und halbfachlicher Fragen von Fachleuten.[45] Außerdem wird behauptet, dass das

45 Otto, *Die Paradoxie einer Fachsprache*, S. 51.

wichtigste Merkmal der juristischen Sprache ihre Doppelnatur – als Umgangssprache und Fachsprache – sei.

1. Die Rechtssprache als Umgangssprache

Eine der wichtigsten Eigenschaften der juristischen Sprache besteht darin, dass die Rechtssprache Ausdrücke enthält, die der Form nach mit denen der Umgangssprache übereinstimmen, auf der Inhaltsebene aber von der semantischen Struktur der Umgangssprache abweichen können.[46] Diese Nähe (lexikalische Nähe) zwischen der Umgangssprache und der Sprache der Juristen bedeutet aber nicht zwangsläufig ein leichteres Verständnis der Rechtssprache für den Laien. Einerseits kann nur derjenige die Bedeutung eines Wortes bzw. dessen Gebrauch in der Rechtssprache richtig verstehen, der das Rechtssystem kennt, in dem dieses Fachwort oder dieser Fachausdruck benutzt wird, anderseits verbirgt sich hinter den Ähnlichkeiten zwischen Rechtssprache und Umgangssprache die Gefahr des Missverstehens von Rechtsbegriffen.

Bei den folgenden Fällen soll betrachtet werden, dass Ausdrücke, obwohl sie in der Umgangssprache und der Rechtssprache die gleiche Form haben, sich dennoch semantisch unterscheiden. Der erste Fall stellt Rechtsbegriffe dar, die normalerweise von Laien richtig verstanden werden, auch wenn die juristischen Hintergründe im Einzelnen unbekannt sind. Das ist möglich, weil diese Begriffe die gleiche sprachliche Form haben und sich voneinander nur in Nuancen unterscheiden. Ein Beispiel dafür wäre „Rechtsverletzung". Der Laie erfasst nicht die ganze Bedeutung der Fälle, in denen eine Rechtsverletzung gegeben ist, aber es reicht aus, dass er dieses Wort als verbotene Handlung, durch die die Rechte eines Anderen verletzt werden, versteht.[47]

Einen weiteren Fall stellen Termini dar, die nach ihrem Gebrauch im juristischen Kontext relevante Merkmale aufweisen, die im gemeinsprachlichen Gebrauch nicht gefunden werden können. Beispiele dafür wären die Ausdrücke „Einwilligung" und „Genehmigung"; in der Umgangssprache können diese Wörter als Synonyme für „Zustimmung" gebraucht werden, d. h. der Laie verwendet beide Benennungen entweder synonym oder er verbindet mit ihnen eine Vorstellung, während es im juristischen Bereich Unterschiede zwischen Einwilligung als „vorheriger Zustimmung" und Genehmigung als „nachträglicher Zustimmung" gibt.[48]

---

46 Oskaar, *Sprachliche Mittel in der Kommunikation zwischen Fachleuten und zwischen Fachleuten und Laien im Bereich des Rechtswesens,* S. 47.

47 Eckardt, *Fachsprache als Kommunikationsbarriere?,* S. 26.

48 Arntz/Picht/Mayer, *Einführung in die Terminologiearbeit,* S. 232.

Der dritte Fall besteht aus Termini, die der Form nach Ähnlichkeit mit der Umgangssprache aufweisen, die jedoch ein Laie nicht zuordnen, und unter denen er sich nichts vorstellen kann. Der Laie hat also kein Vorverständnis zu diesen Begriffen. Ein Beispiel dafür wäre aus dem Bereich des Urheberrechts das „Folgerecht". Die Trennung und ihre entsprechende Unterscheidung zwischen dem gemeinsprachlichen und dem juristischen Gebrauch spielt für die Übersetzung eine sehr große Rolle. Die zentrale Frage, wie in jedem Fall eine Übersetzung gefunden werden kann, kann nur gelöst werden, wenn das betreffende Begriffssystem berücksichtigt wird.

Die Diskurse des Rechts werden auf der Grundlage der Alltagssprache formuliert. Die Sprache des Rechts ist eine Sprache, die aus Umgangssprache abgeleitet ist. In der Tat, ungeachtet dessen, dass in diesen Diskursen auch einige Spezifika enthalten sind, teilen sie sich die allgemeinen Merkmale der natürlichen Sprache. Dies bedeutet, dass es auch im juristischen Diskurs Eigenschaften natürlicher Sprachen gibt: Konventionalität, Mehrdeutigkeit, Vagheit, Porosität, verschiedene Funktionen, Lücken zwischen Semantik und Pragmatik und rhetorische Effekte.

Aufgrund dieser Eigenschaften ist das Gesetz, wie die Alltagssprache, ein Medium, welches häufig feine Abstufungen von Unbestimmtheit für eine intendierte Aussage in sich trägt. Schlüsselfragen, in der Regel wenig diskutiert, sind: a) Wie erkennt man diese Unbestimmtheiten und wie kann man eine unvermeidliche Unbestimmtheit von anderen unterscheiden, die vermieden werden könnten? b) Wie kann man eine juristische Lösung erreichen, wenn ein Text auf verschiedene Weise interpretiert werden kann? Um diese Fragen zu beantworten, braucht man ein klares Bewusstsein von grundlegenden Eigenschaften der gemeinsamen Sprache. In der Regel berücksichtigen die Juristen dieses nicht.

2. Die Rechtssprache als Fachsprache

Man kann sagen, dass juristische Diskurse eine technische Sprache verwenden, die durch mindestens zwei Merkmale charakterisiert ist. Erstens: Sie entspricht einem systematisch-theoretischen Universum (obwohl die Systematik manchmal zumindest teilweise fehlerhaft ist). Zweitens enthält sie einige Begriffe, die nicht zur gemeinsamen Sprache gehören. Ein Beispiel dafür wäre „Synallagma". Diesen Begriff, der in der Vertragsrechtstheorie benutzt wird, kann ein Laie nicht zuordnen und sich nichts darunter vorstellen. Er ergibt nur in einem juristischen Kontext Sinn. Diese beiden Eigenschaften des juristischen Diskurses scheinen hermetisch zu sein für die Uneingeweihten zu sein, für diejenigen, denen die technischen Kenntnisse fehlen.[49] Die Ausbildung als Jurist besteht aus dem Erlernen dieser Merkmale. Allerdings ist es üblich, dass auch Nicht-Juristen sich dazu in der Lage fühlen, ihre Meinung über juristische Themen abzugeben. Das geschieht, weil die Gesetze meist in gemeinsamer Sprache geschrieben sind, sodass diese annehmen, sie könnten die juristischen Texte richtig verstehen.

Da die Rechtssprache der allgemeinen Sprache untergeordnet ist, übernimmt sie entsprechend wichtige Konzepte der herrschenden gesellschaftlichen Ideologie. Die Begriffe, die nicht nur vage sind, sondern fast immer emotiv, bilden einen Teil des unbestimmten Rechtsbegriffes und sie sind reichlich in allen Bereichen des Rechts vorhanden (Gefahr für die öffentliche Sicherheit, Zuverlässigkeit, schwere Verfehlung, usw.).

Mit der gemeinsamen Sprache werden auch Vorstellungen über die Welt und das Leben auf die Rechtssprache übertragen: die Weltanschauung, das Vorverständnis des gemeinen Mannes über eine ethische, religiöse, politische und zum Teil vereinfachte Vorstellung von Wissenschaft und den Möglichkeiten der Methoden. Im Allgemeinen teilt der Jurist die Vision von der Welt von ganz normalen Menschen. In der Rechtsordnung tritt dieses Phänomen vor allem in normativen Kategorien auf, symbolischen Universen, durch die man das gesellschaftliche Leben nach herrschenden Ideologien verstehen kann. Durch gemeinsame Sprache ist die Welt in natürliche und alltägliche Kategorien klassifiziert. Diese sind natürlicherweise nicht auf das Wissen gerichtet, sondern auf die Identifikation des menschlichen Verhaltens.

---

49 Hier wird das Thema der Ausübung von Macht durch Sprache nicht diskutiert, es ist aber anzumerken, was Rodell schon behauptet hat: „In TRIBAL TIMES, there were the medicine-men. In the Middle Ages, there were the priests. Today there are the lawyers. For every age, a group of bright boys, learned in their trade and jealous of their learning, who blend technical competence with plain and fancy hocus-pocus to make themselves masters of their fellow men. For every age, a pseudo-intellectual autocracy, guarding the tricks of its trade from the uninitiated, and running, after its own pattern, the civilization of its day. It is the lawyers who run our civilization for us – our governments, our business, our private lives. Most legislators are lawyers; they make our laws. Most presidents, governors, commissioners, along with their advisers and brain-trusters are lawyers; they administer our laws. All the judges are lawyers; they interpret and enforce our laws. There is no separation of powers where the lawyers are concerned. There is only a concentration of all government power – in the lawyers. As a schoolboy put it, ours is "a government of lawyers, not of men", RODELL, *Woe on to you lawyers*, S. 7

Außerdem benutzt der Jurist immer oder fast immer bei juristischen Problemen extra-wissenschaftliche Ideen wie Alltagstheorien. Alltagstheorien sind die gemeinsamen Ideen, die sich Menschen aus ihren Erfahrungen bilden und nach denen sie handeln, auch wenn sie sich dessen gar nicht bewusst sind. In diesem Sinn bestätigt Kurt Baldinger, dass die juristische Sprache ein Beispiel für eine Sprache ist, die zwischen der gemeinsamen Sprache und der Nomenklatur steht. Obwohl die juristische Sprache der gemeinsamen Sprache untergeordnet ist, wird diese Situation normalerweise von den Juristen nicht beachtet. Sie verwenden Begriffe als ob diese klare Abgrenzungen in der Wirklichkeit hätten. Nur, die Nomenklatur ist oft nicht in der Lage, Grenzen zu etablieren. Aus diesem Grund ist der Diskurs weit unter dem Niveau, das Wissenschaft *stricto sensu* charakterisiert.

IV. Semiotische Ansätze zum juristischen Phänomen

Eine globale Klassifizierung der Ansätze zur Sprache des Rechts kann den drei Ebenen der Analyse, die die klassische Semiotik unterscheidet, entsprechen: Syntax[50], Semantik[51] und Pragmatik.[52] Dies entspricht auch den drei Dimensionen des Rechts als Sprache.

1. Juristische Syntax

In der allgemeinen Zeichentheorie (Semiotik) bedeutet Syntax die formale Ordnung der Zeichen, d. h. die Kombination des rein formalen Zusammenhangs der Zeichenformen eines Zeichensystems. Andererseits nennt man die Semantik oder Bedeutungslehre die Theorie oder Wissenschaft von der Bedeutung der Zeichen. „Zeichen" können in diesem Fall Wörter, Phrasen oder Symbole sein.

Die syntaktische Dimension des juristischen Diskurses wird vor allem von Autoren, die sich mit der Syntax der Aktanten beschäftigen, verteidigt.[53] Die

---

50 σύνταξις ['Syntaksis] (σύν: zusammen; ταξις: Ordnung).

51 σημαίνειν [Sēmainein] (σημαίνειν: bezeichnen).

52 πρᾶγμα [Pragma] (πρᾶγμα: Handlung, Tätigkeit).

53 „Der Aktant" ist ein Begriff, ursprünglich von Lucien Tesnière erstellt und später durch die Semiotik benutzt wird, um die Teilnehmer (Mensch, Tier oder Sache) in einem narrativen Programm zu beschreiben. Der Aktant ist der Ausführer der Tat, unabhängig von anderen Bestimmungen. Das Konzept des Aktanten hat seine Verwendung in der literarischen Semiotik, dies gilt nicht nur für diese Arten von Aktanten, sondern entspricht der Figur oder der leeren Stelle, wo syntaktische oder semantische Formen

juristische Syntax behandelt die isolierten Beziehungen zwischen Rechtszeichen. Sie ist Rechtslogik, soweit es gelingt, Signifikante von der bezeichneten Bedeutung ganz zu trennen. Aufgrund der Vernetzung des Rechts mit Wahrheitsfragen und Machtansprüchen ist es im Justizdispositiv nicht möglich, die juristische Bedeutung auch nur in einem einzigen konkreten Satz völlig in den Hintergrund zu drängen. Außerdem ist die juristische Syntaktik immer mit einem bestimmten syntaktisch-semantischen Stil des Rechts verbunden, welcher die Relationen zwischen kommentierten Zeichen, die unter Juristen verpflichtend zu beachten sind, beschreibt.

Der syntaktisch-semantische Rechtsstil erfasst Anschlusszwänge. Wer einen Vertrag behauptet, muss die Situation des Vertragsschlusses nachweisen. Wer die Tat als Mord bezeichnet, muss ein Mordmerkmal benennen usw. Diese Anschlusszwänge sind von semantischen Gepflogenheiten und pragmatischen Übungen abhängig, bspw. welche Inhalte damit verbunden werden und welche Freiheiten einem Sprecher erlaubt werden. Die syntaktischen Operationen bleiben fast ganz auf Ausbildungsverhältnisse beschränkt, in denen es nicht um real wirksame Lösungen, sondern um fiktive Fälle geht. Diese Situation beruht auf der Notwendigkeit, im Rahmen der Syntaktik Inhalt und Form zu isolieren, und im Hinblick auf die Schwierigkeit, das im Einzelfall außerhalb der Ausbildungssituation anwenden zu können.

2. Juristische Semantik

Die Semantik enthält mindestens zwei Arten von Untersuchungen: die sogenannte Semantik *stricto sensu* und die Semasiologie.[54] Die Semantik beschäftigt sich typischerweise mit den Beziehungen zwischen Zeichen und Gegenständen (realen oder idealen), aber im engeren Sinn ist sie keine bloße Namensbeziehung. Es werden nicht Bezeichnungen und Objekte in Beziehung gesetzt, sondern Bezeichnungen mit Vorstellungen von Personen über Objekte. Die Semasiologie ist innerhalb der Semiotik und als Teilgebiet der Semantik die Lehre von den Wortbedeutungen. Die Semasiologie ist eine Verfahrensweise der Lexikologie, bei der man zuerst von einem Wort ausgeht und dann dessen Bedeutungen aufzeigt. Semasiologische Fragestellungen im juristischen Sinn sind beispielsweise „Was bedeutet das Wort *Recht*?“ oder „Was ist der Unterschied (oder die Gemeinsamkeit) zwischen *Gesetz* und *Norm*?“. Da ein Wort als Homonym oder

---

gegossen werden. Greimas/Courtés, *Semiótica: Diccionario razonado de la teoría del lenguaje*. SS. 60–62.

54 σημασία [semasia] (σημασία: Bedeutung).

Polysem je nach Kontext verschiedene Bedeutungen haben kann, untersucht die Semasiologie auch immer den Zusammenhang zwischen Text und Wort, ohne den sich solche Mehrdeutigkeiten nicht auflösen lassen.

Die semantische Dimension des juristischen Diskurses macht für manche die gesamte Semiotik des Rechts aus. Dann werden bestimmte Bedeutungen und Bezeichnungsweisen für fixiert erklärt: Sie gehören quasi zum ehrwürdigen, bewahrenswerten Bestand der Rechtsgesellschaft. Ebenso konserviert die juristische Dogmatik eine ganz bestimmte Zeichenbedeutung und setzt sie in Beziehungen zueinander, die als Kommentar abrufbar, tradierbar und verpflichtend zu benutzen sind. Die im Rechtskommentar und der Dogmatik konservierte Bedeutung hat in der Moderne eine besondere verfassungsrechtliche Aufgabe erhalten: Sie soll die Gesetzesbindung garantieren. Diese Version von Semantik wurde von Müller kritisiert, der aus einer frühen Kritik des Verfassungstextes in einem interdisziplinären Projekt Bausteine für die Erstellung einer rechtsstaatlichen Verfassung zu entwickeln versucht hat. Das Ziel besteht darin, dies in eine neu strukturierte Rechtsdisziplin zu übersetzen. Diese Strukturierung soll den Prozess der Erzeugung juristischen Sinns zunächst einmal diskutierbar und insofern auch öffentlich darstellbar machen.

Friedrich Müller, Ralph Christensen und Dietrich Busse gehören zu den Autoren, die versuchen, vor allem die empirisch-sprachliche Qualität des Rechtstextes selbst zum Ausgangspunkt möglicher Gesetzesbindung zu machen. Müller stellt fest, dass der Positivismus als eine immer noch problematische Frage der Rechtswissenschaft angesehen wird, die die Strukturierende Rechtslehre durch ein neues Gesamtkonzept der Rechtsanwendungslehre lösen möchte.[55] So wendet sich die Strukturierende Rechtslehre gegen die subjektiven und objektiven Auslegungstheorien, in denen die Norm dem Rechtsanwender vorgegeben ist. Ihre zentrale These ist die der Nichtidentität von Normtext und Norm.[56] Der Text ist nur ein „Leitfaden", dem selbst noch keine Normativität zukommt. Sie behauptet, dass die Norm am Ende des Rechtsanwendungsprozesses steht, d. h. sie wird im Akt der Rechtsanwendung erst konstruiert. Die Strukturierende Rechtslehre begreift ihre Tätigkeit als „Rechtserzeugungsreflexion",[57] als „Theorie der Praxis".[58] Sie beschreibt die Rechtspraxis, um diese in einem zweiten Schritt am Rechtsstaatsprinzip zu messen und von dessen Anforderungen her zu strukturieren.[59]

---

55 Müller/Christensen, *Juristische Methodik*, Rn. 75 f.

56 Müller/Christensen, *Juristische Methodik*, Rn. 162.

57 Müller/Christensen. *Juristische Methodik*, Rn. 214.

58 Busse, *Juristische Semantik*, S. 228 f.

59 Siehe Klatt, *Theorie der Wortlautgrenze*, S. 83.

Busse sieht „Semantik“ nicht als semiotische Dimension neben Syntax und Pragmatik. Vielmehr erscheine Pragmatik in nicht verdinglichender Form erst dann möglich, wenn der Werkzeugcharakter der Bedeutung überwunden und aufgegeben wird. Busse findet „etwas Rührendes“ in dem juristischen Vertrauen in die Verlässlichkeit der Sprache, in dem hypostasierten Produkt eines „Sprechermeinens“ oder in der Konstruktion von Verwendungsregeln.[60] So werde der sprachschöpferische Umgang mit Texten in der Institution Recht von allen diesen angeblich methodischen und linguistikbezogenen Lehren übersehen. Der Anteil allgemeinsprachlicher Elemente an der Explikation eines Normtextes sei so gering, dass von einer durchgängigen Fachlichkeit seiner Interpretation in allen ihren Elementen gesprochen werden müsse.[61]

Christensen widerlegt die Auslegungsprobleme und Auslegungsvorstellungen aus der klassischen juristischen Methodenlehre, die sich auch durch neuere Modelle nicht retten lassen, wie sie als Semantik, als Decodierung oder als hermeneutische Konkretisierung des Gesetzes in den letzten Jahrzehnten eingeführt wurden. Er findet das Scheitern dieser Methodenlehre in der Tatsache, dass die Gerichte sich zu einer Bindung an den Inhalt des Gesetzes bekennen, obwohl sie tatsächlich etwas anderes tun und auch tun sollen. Die Semantik zeige, dass kein natürliches Verhältnis zwischen Normtext und Sachverhalt bestehe. Damit trete der Rechtsanwender in den Hintergrund, nachdem seine „führende Rolle“ beseitigt ist; jetzt sei er nur noch ein „juristisches Werkzeug“. Der Gesetzestext komme durch den Richter als Medium zum Ausdruck. Den „Urteilsspruch“ des Gerichts entlehne man bis heute aus dieser Vorstellungswelt. Folgt man ihr, würde die Gesamtheit der Urteilssprüche auf einem Code beruhen, mit dem die gesetzliche Zeichenkette jeder Einzelentscheidung zugeordnet würde. Das ist der bisher nicht aufgegebene Anspruch der juristischen Semantik.[62]

3. Juristische Pragmatik

Schließlich gibt es eine pragmatische Dimension; diese beschäftigt sich nicht nur mit den bezeichneten Gegenständen und den Zeichen, die diese Gegenstände bezeichnen, sondern auch mit der Beziehung zwischen den Wörtern und dem Individuum (Leser oder Sprecher), der Beziehung zwischen linguistischen Ausdrücken und menschlichen Aktivitäten. Die Beziehung zwischen Sendern und

---

60 Busse, *Juristische Semantik*, S. 226.

61 Busse, *Recht als Text. Linguistische Untersuchungen zur Arbeit mit Sprache in einer gesellschaftlichen Institution*, S. 190.

62 Christensen, *Der Richter als Mund des sprechenden Textes*, S. 154.

Empfängern von Rechtszeichen wird von der juristischen Pragmatik erfasst, deshalb muss sie immer in vollständiger Weise als eine solche zwischen mindestens zwei Personen und der zwischen ihnen kommunizierten Bedeutung (Zeichen) aufgefasst werden. Die Bedeutung eines Zeichens ergibt sich aus seiner Verwendung in einer Situation. Aus pragmatischer Sicht erscheinen relevante Zusammenhänge schnell unübersichtlich, sodass Beobachter dazu tendieren, entweder nur die Wirkung von Botschaften auf ihre Empfänger oder die Absichten der Sender zu thematisieren, die Eingang in die übermittelte Botschaft gefunden haben.

Im Umfeld der Judikative handelt es sich dabei um Beziehungen im Verfahren. Der Gerichtssaal ist ein bedeutendes Feld juristischer Pragmatik, aber auch alle Textformen in Akten, die schriftlich übermittelt werden, in Urkunden, in Urteilen, enthalten wesentliche Momente der Pragmatik. Eine konsequent pragmatische Auffassung des Rechts würde das Verständnis der Rechtsdisziplin verändern. Wenn Bedeutungen aus dem Spiel der Positionsdifferenzen immer wieder neu entstehen, vermindert sich die zeitunabhängige Bedeutung vor allem im Gesetzbuch, und stattdessen treten persönliche und situative Differenzen hervor.

Diese Untersuchung beschäftigt sich vorrangig mit der semantischen Ebene, auch wenn pragmatische Aspekte analysiert werden. Es werden nicht die Themen in Betracht gezogen, die der sprachlichen Wissenschaft entsprechen, wie die Grammatik, die Phonologie, die Etymologie, die Philologie, usw., auch wenn die juristische Sprache aus dieser Perspektive untersucht werden kann. Die syntaktische Dimension des Rechts und von anderen normativen Sprachen wurde schon von der deontischen Logik[63] untersucht. Auch wenn diese Analysen hilfreich sein könnten, wird hier auf sie verzichtet, weil sie wenig hilfreich sind, um verstehen zu können, wie Juristen denken.

63 Deontische Logik ist der Bereich der Logik, in dem es um normative Begriffe wie Verpflichtung, Erlaubnis, usw. geht. Eine bestimmte deontische Logik ist ein formales System, in dem es für derartige Begriffe formale Ausdrücke gibt, üblicherweise *OA* für eine Verpflichtung, A zu tun, und *PA* für die Erlaubnis, A zu tun. Der Begriff *deontisch* stammt von dem Altgriechischen *déon*, deutsch: *das Nötige, das Angemessene.* Platon: *Kratylos.* Siehe auch von Wright, *Deontic Logic* in: *Mind*, 1951, S. 1–15.

Kapitel 2: Sprachliche Unbestimmtheiten und Rechtssprache

I. Sprachliche Unbestimmtheiten und Sprachspiele bei Wittgenstein

Die Sprache ist immer unvollkommen. Sprachliche Ausdrücke tauchen aus Sicht Wittgensteins in der Praxis als sogenannte Sprachspiele auf. Welche Bedeutung aus diesen sprachlichen Ausdrücken abgeleitet werden kann, hängt davon ab, welches Sprachspiel von den Teilnehmern verwendet wird. Man kann sagen, dass die sprachlichen Ausdrücke sich wie eine Art „Spiel" verhalten, weil die Art und Weise wie Sprecher eine Sprache benutzen bzw. sie gebrauchen, wie in einem Spiel, von Regeln abhängt. Die Sprache reagiert auf das Verhalten ihrer Teilnehmer. Im Fall der Sprache sind es Regeln, die von den Teilnehmern als Kommunikationsphänomene verinnerlicht werden. Wenn diese Regeln nicht gelten, können das Thema und die jeweilige Situation nicht verstanden werden.

Das bedeutet nicht, dass jedes Wort verwendet werden kann, um ein beliebiges Objekt oder eine Tätigkeit zu benennen. In der Praxis können nur diejenigen sprachlichen Bedeutungen verwendet werden, die im Einklang mit den Regeln des jeweiligen sozialen Umfelds anerkannt sind. Auch wenn die Teilnehmer oft zwischen verschiedenen Sprachspielen wählen können, können sie diese Spiele nicht erfinden, wenn sie wollen, dass ihre Worte verstanden werden. Beim Sprechen versucht man, an bestimmten Spielen teilzunehmen, d. h. sich an Kommunikationsphänomenen zu beteiligen.[64] Das Spiel beinhaltet, mit den anderen Teilnehmern zu kommunizieren. Um dies zu erreichen, müssen die sozial geteilten Regeln des Sprachspiels respektiert werden. Oft kann man zwischen verschiedenen Spielen wählen, die mit der jeweiligen Sprechsituation harmonieren, in der man sich befindet.

> „§68 [. . .] Was ist noch ein Spiel und was ist keines mehr? Kannst du die Grenzen angeben? Nein. Du kannst welche ziehen: denn es sind noch keine gezogen. (Aber das hat dich noch nie gestört, wenn du das Wort „Spiel" angewendet hast).
> Aber dann ist ja die Anwendung des Wortes nicht geregelt, das „Spiel", welches wir mit ihm spielen. Es ist nicht überall von Regeln begrenzt; aber es gibt ja auch keine Regel dafür z. B., wie hoch man im Tennis den Ball werfen darf, oder wie stark, aber Tennis ist doch ein Spiel und es hat auch Regeln".[65]

---

64 Rieger, *Unscharfe Semantik*, S. 62 ff.

65 Wittgenstein, *Philosophische Untersuchungen*, S. 33.

Selbst die „Grammatik“ eines Wortes kann eine antinomische Interpretation unterstützen, z. B. ist die Grammatik des Wortes „Gerechtigkeit“ im Rahmen ihrer üblichen Bedeutungen mit entgegengesetzten Ansichten verbunden, da dieser Begriff die sprachliche Funktion hat, bei der Verteidigung jeder politisch-moralischen Position oder sektoralen Interessengruppe zu überzeugen (rhetorischer Effekt). Jeder Sprecher wird sagen (und die meisten wahrscheinlich glauben), dass diese Position „richtig“ ist. Die Funktion der Überzeugungskraft ist eine der häufigsten in der Verwendung von Sprache.

Wittgenstein bezeichnet „Grammatik“ als eine ungeschriebene Regel, die die Sprache und die Sprachspiele regiert.[66] Hier wird der Begriff „Grammatik“ nicht in der technischen Bedeutung verstanden, die er unter den Linguisten hat, wo er sich in der Regel speziell auf die syntaktischen Regeln für den Aufbau von Sätzen bezieht.

Die Grammatik eines Wortes enthält all die verschiedenen verbalen Ausdrucksformen, in denen dieses Wort in charakteristischer Weise verwendet wird. So versucht die Wittgenstein'sche Grammatik die Beziehung zwischen einem Ausdruck und ihrem jeweiligen Gebrauch zu bestimmen. Aber es kommt vor, dass, wie im Fall von „Gerechtigkeit“, der Ausdruck und ihr Gebrauch widersprüchlich in ihrer „Grammatik“ sein können. Die meisten der Konflikte in der Auslegung der moralischen Regeln oder juristischen Prinzipien entstehen aus „grammatischen Widersprüchen“ die der juristischen Sprache inhärent sind. Die Art und Weise, in der die Sprache verwendet wird, hat ihren Ursprung in dem Verhalten selbst und in der Erfahrung der Sprecher. Durch verschiedene Sprachspiele kann auf verschiedene Weise kommuniziert werden, sodass, je nach Umstand, das Wählen zwischen den möglichen Sprachspielen also auch bedeutet, zwischen verschiedenen Lebensformen zu wählen.

> „§23. Das Wort „Sprachspiel“ soll hier hervorheben, daß das Sprechen der Sprache ein Teil einer Tätigkeit oder einer Lebensform ist.[67] §546. Worte sind auch Taten.[68] §7. Ich werde auch das Ganze: der Sprache und der Tätigkeiten, mit denen sie verwoben ist, das Sprachspiel nennen“.[69]

Dies ist so, weil das menschliche Leben, wie wir leben und was wir sehen, nicht nur ein gelegentlich kontinuierlicher Fluss ist, sondern es bietet wiederkehrende

66 Pitkin, *Wittgenstein: el lenguaje, la política y la justicia*, S. 175.
67 Wittgenstein, *Philosophische Untersuchungen*, S. 11.
68 Wittgenstein, *Philosophische Untersuchungen*, S. 146.
69 Wittgenstein, *Philosophische Untersuchungen*, S. 5.

Muster, Regelmäßigkeiten, charakteristische Weisen von Tun und Sein, Fühlen und Handeln, Sprechen und Interagieren. Weil Muster, Regelmäßigkeiten, Konfigurationen erkennbar sind, nennt Wittgenstein sie „Formen“ und weil es Muster in dem Gewebe der menschlichen Existenz gibt, nennt er sie „Lebensformen“.[70]

Es gibt keine Garantie, dass alle Teilnehmer immer genau die gleichen Regeln benutzen, sogar wenn sie dieselbe Sprache sprechen oder sie die gleichen Ausdrücke verwenden. Worte können in verschiedenen Spielen verwendet werden, in diesem Sinne sind sie wie Karten, die unterschiedlich funktionieren, je nachdem, in welchem Spiel sie benutzt werden. Außerdem können die Regeln jedes Sprachspiels einen großen Spielraum haben, abhängig von ihrem jeweiligen Kontext. Diese Regeln sind normalerweise viel weniger präzise als z. B. Schachregeln, nicht nur, weil es viel mehr Worte als Schachfiguren gibt, sondern auch, weil sie in Lebenssituationen angewendet werden, in denen es viele Möglichkeiten gibt, die Worte zu wählen. Dies führt dazu, dass es zahlreiche mögliche Unbestimmtheiten in einem Kommunikationsspiel gibt, hier werden im Folgenden nur u. a. Mehrdeutigkeit, Vagheit, Lückenhaftigkeit, Inkonsistenz, Wertbegriffe, Dispositionsbegriffe, Vorverständnisse und illokutionäre Kraft analysiert.

II. Sprachliche Unbestimmtheiten und Rechtsregeln

Man kann behaupten, dass der Jurist bei einer unbestimmten Rechtsregel zwei verschiedene Fragen lösen muss: 1) Welche Bedeutung kommt der Rechtsregel zu? 2) Auf welche Fälle ist die Rechtsregel anzuwenden? Diese Fragestellungen können auf folgende Weise analysiert werden: 1) Unter einem Begriff wird hier ein Prädikat verstanden. 2) Jeder Begriff verfügt über einen Begriffsinhalt und einen Begriffsumfang. 3) Der Begriff drückt seinen Inhalt aus und bezeichnet seinen Umfang. 4) Die Bedeutung des Begriffes bildet der Begriffsinhalt, den Bezug des Begriffes und den Begriffsumfang. 5) Unter dem Bezug eines Begriffes ist die Klasse jener Objekte zu verstehen, die unter den Begriff fallen.

Jeder Begriff kann sowohl einer Bedeutung als auch einem Bezug zugeordnet werden. Die Bedeutung ergibt sich aufgrund der semantischen Regeln der Sprache. Eine Person, die die Sprache beherrscht, kann daher die Bedeutung des Begriffes vor jeder Erfahrung angeben, aber dasselbe gilt nicht für den Bezug

---

70 WITTGENSTEIN, *Philosophische Untersuchungen*, S. 9, 88.

eines Begriffes. Nur auf der Basis bestehender Erfahrung kann überprüft werden, ob ein Objekt ein Element der Klasse jener Objekte ist, die der Rezipient darunter versteht. Bei der Interpretation eines Rechtsbegriffes in einer Rechtsregel gibt es zwei Möglichkeiten, die Zuordnung einer Bedeutung oder die Zuordnung eines Bezugs. In diesem Sinn kann man unter Unbestimmtheit eines Rechtsbegriffes zweierlei verstehen, die Unbestimmtheit der Bedeutung und die Unbestimmtheit des Bezuges.

Mehrdeutigkeit und Vagheit eines Rechtsbegriffes dürfen nicht miteinander verwechselt werden, beide Phänomene sind unabhängig voneinander. Ist die Bedeutung eines Rechtsbegriffes unbestimmt, so ist dieser mehrdeutig. Ist der Bezug eines Rechtsbegriffes unbestimmt, so ist dieser vage. Die Unbestimmtheit eines Rechtsbegriffes überträgt sich auf die Rechtsregeln, in denen er erscheint. Ein Beispiel einer vagen Rechtsregel wäre etwa die Regel: „Den Haltern von Kleinfahrzeugen ist ein jährlicher Steuerabzug in der Höhe von [...] zu gewähren". Die Vagheit der Rechtsregel steht im Zusammenhang mit der Vagheit des Rechtsbegriffes „Kleinfahrzeug". Was ist genau ein „Kleinfahrzeug"? Hier können die Fahrzeuge in zwei Klassen unterteilt werden, die Klasse der Kleinfahrzeuge und die Klasse der Fahrzeuge, die keine Kleinfahrzeuge sind. Jedes Fahrzeug muss nur einer der beiden Klassen angehören. Einige Fälle werden allerdings Schwierigkeiten bereiten. Es sind diejenigen Fälle, in denen man nicht genau weiß, ob das infrage stehende Fahrzeug der einen oder der anderen Klasse zuzuordnen ist. Solche Fälle verhindern eine klare Abgrenzung zwischen der Klasse der Kleinfahrzeuge und der Klasse der Fahrzeuge, die keine Kleinfahrzeuge sind. Der Bezug des Begriffes „Kleinfahrzeug" bleibt unbestimmt, weil sich die Klasse der Kleinfahrzeuge nicht exakt umreißen lässt. Der Begriff „Kleinfahrzeug" ist daher vage. Auch der Begriff „Halter eines Kleinfahrzeuges" bleibt vage. Die Vagheit dieses Rechtsbegriffes lässt sich demnach auf die obige Rechtsregel anwenden.

Ein Beispiel für eine Rechtsregel, die unter Mehrdeutigkeit leidet, wäre die Regel „Unbestimmte Gesetzesbegriffe sind im Sinne des Gesetzes auszulegen". Die Mehrdeutigkeit dieser Rechtsregel ist eine Folge der Mehrdeutigkeit des Rechtsbegriffes „unbestimmter Gesetzesbegriff". Was ganz allgemein für unbestimmte Rechtsbegriffe festgestellt wurde, gilt auch für unbestimmte Gesetzesbegriffe. Unter der Unbestimmtheit kann entweder 1. Mehrdeutigkeit oder 2. Vagheit, oder sogar 3. Mehrdeutigkeit und Vagheit verstanden werden. So gibt es für den Rechtsbegriff „unbestimmter Gesetzesbegriff" drei Bedeutungsmöglichkeiten.

Wenn für „unbestimmte Gesetzesbegriffe" jeweils einer dieser drei Rechtsbegriffe eingesetzt wird, so erhält man drei verschiedene Rechtsregeln, von denen jede eine Bedeutungsmöglichkeit repräsentiert. Es ist klar, wie die Mehrdeutigkeit des Rechtsbegriffes auf die Rechtsregel übertragen wird. Es wurde schon gesagt, dass hinter dem Problem der unbestimmten Rechtsregel zwei verschiedene Fragen stehen können. Die erste ergibt sich dann, wenn die Rechtsregel mehrdeutig ist: Welche Bedeutung kommt der Regel zu? Hier muss verstanden werden, dass der Rechtsregel nicht bloß eine, sondern mehrere Bedeutungen zukommen, die alle möglichen Bedeutungen der Rechtsregeln darstellen.[71] In diesem Fall gelangt man nur dann zu einer eindeutigen Rechtsregel, wenn die mehrdeutige Rechtsregel durch eine eindeutige ersetzt wird. Die zweite Frage stellt sich dann, wenn die Rechtsregel vage ist: Auf welche Fälle ist die Rechtsregel anzuwenden? Die Antwort ist, dass die Klasse der Fälle, auf die die Rechtsregel anwendbar ist, sich nicht exakt angeben lässt. Auch im zweiten Fall, wie Thaler darstellt, „kommt man nur dann zu einer exakten Rechtsregel, wenn man der vagen Rechtsregel eine Zusatzregel hinzufügt. Eine solche Zusatzregel müsste eine Definition darstellen, die den vagen Rechtsbegriff, durch den die Rechtsregel zu einer vagen wurde, durch einen exakten Rechtsbegriff ersetzt. Man ersetzt auf diese Weise die vage Rechtsregel durch eine exakte“.[72]

III. Sprachliche Unbestimmtheiten und andere unklare Fälle

Normalerweise, wenn man über sprachliche Unklarheiten nachdenkt, dann denkt man an Mehrdeutigkeit und Vagheit, aber diese erste Annäherung ist mangelhaft. Neben 1) Mehrdeutigkeit und 2) Vagheit als am häufigsten vorkommende Unklarheit, gibt es andere unklare Fälle, die den Kommunikationsprozess stören könnten. Im Folgenden werden 3) Porosität (open texture), 4) Inkonsistenz, 5) Wertbegriffe, 6) Dispositionsbegriffe, 7) Vorverständnisse und 8) illokutionäre Kraft analysiert.

1. Mehrdeutigkeit

„Dieser Bereich wird zur Verhütung von Straftaten durch die Polizei videoüberwacht!“. Wer begeht die Straftaten? Dieser Satz kann mindestens zwei verschiedene Lesarten haben. Worte und Ausdrücke sind in verschiedener Hinsicht unscharf. Im Regelfall haben verschiedene Wörter im allgemeinen Sprachgebrauch unterschiedliche Bedeutungen.[73] In einigen Fällen bezeichnen sie aber

---

71 Thaler, *Mehrdeutigkeit und juristische Auslegung*, S. 6.
72 Thaler, *Mehrdeutigkeit und juristische Auslegung*, S. 7.
73 Koch/Rüßmann, *Juristische Begründungslehre*, S. 192.

auch denselben Gegenstand. Dann spricht man von Synonymen. Interessanter ist der Fall, dass ein und demselben Wort verschiedene Bedeutungen beigelegt werden, dass es also mehrdeutig ist. Mehrdeutigkeit liegt dann vor, wenn ein Ausdruck in verschiedenen Kontexten nach gänzlich verschiedenen semantischen Regeln verwendet wird. Sind die verschiedenen Verwendungsweisen durch einige gemeinsame semantische Regeln bestimmt, so spricht man von Mehrwertigkeit.

Der auslegende Jurist wird mit mehrdeutigen Rechtsbegriffen konfrontiert. Die herkömmliche Jurisprudenz tendiert allerdings dazu, Mehrdeutigkeiten nicht zur Kenntnis zu nehmen. Sie ist immer auf der Suche nach der „einzig möglichen Bedeutung" einer Rechtsregel und der „einzig möglichen Interpretation" eines juristischen Falls. Dieses Problem ergibt sich, weil eine Rechtsregel, auch wenn das normalerweise vergessen wird, mehrere Bedeutungsmöglichkeiten hat. So stellt der Interpretierende sich auf den Standpunkt, dass irgendeine Prämisse übersehen wurde, aufgrund derer sich die einzig mögliche Bedeutung der Rechtsregel „zwingend" ableiten lässt. Man tut so, als ob es kein Problem der Mehrdeutigkeit von Rechtsregeln gäbe, sondern ein Problem, das dadurch entsteht, dass man die gegebene Rechtslage nicht ganz überschaut. Nur wenn die fehlenden Prämissen „gefunden" werden, aufgrund derer sich die „einzig mögliche" Bedeutung der Rechtsregel „zwingend" ableiten lässt, befindet man die Rechtslage für richtig.

Die herkömmliche Jurisprudenz geht häufig von der These aus, dass das Recht eindeutig ist. Tritt eine mehrdeutige Rechtsregel auf, wird eine Zusatzregel hinzugefügt, die zusammen mit den mehrdeutigen Rechtsregeln eine eindeutige Bestimmung ergibt. Aber selbst wenn man nicht den Standpunkt vertritt, dass das Recht eindeutig sein muss, wird man dazu tendieren, einer Rechtsregel die naheliegendste Bedeutungsmöglichkeit zuzuordnen, ohne lange nachzudenken, ob die Rechtsregel nicht auch andere Bedeutungsmöglichkeiten haben kann. So wird der Interpretation in vielen Fällen verborgen bleiben, dass im Grunde eine mehrdeutige Rechtsregel vorliegt.[74]

Manchmal wird vergessen, dass jede Rechtsregel potentiell mehrdeutig ist. Es wird der Rechtsregel, um möglichst keine Bedeutungsmöglichkeiten auszulassen, in einem ersten Schritt ein Maximum an Bedeutungsmöglichkeiten zugeordnet. Hier wird zumeist eine Abstrichmethode angewendet, d. h. es werden alle Bedeutungen gestrichen, die sich bei näherer Betrachtung nicht als mögliche Bedeutungen erweisen.[75] Man versucht als Auslegungsergebnis nicht eine

74 Thaler, *Mehrdeutigkeit und juristische Auslegung*, S. 13
75 Thaler, *Mehrdeutigkeit und juristische Auslegung*, S. 14.

eindeutige Rechtsregel zu erhalten, sondern auf eine mehrdeutige Rechtsregel zu stoßen. Auch wenn diese Methode absurd erscheinen mag, da hier scheinbar nach Problemen und nicht nach Lösungen gesucht wird. Dieser Eindruck muss sich noch verstärken, wenn die Rolle der Jurisprudenz in der Vermittlung zwischen Rechtsetzung und Rechtsvollziehung analysiert werden soll. Der Rechtsanwender kommt der sowieso schon verunsicherten Rechtsvollziehung nicht nur zu Hilfe, sondern zeigt auch bei bisher problemlosen Fällen ungeahnte Probleme auf. Eine tiefere Erörterung dieses Themas kann an dieser Stelle nicht erfolgen. Hier soll nur anhand eines kurzen Vergleichs mit den Naturwissenschaften gezeigt werden, dass auch in anderen Disziplinen eine ähnliche Methode Anwendung findet.

Auch wenn Feyerabend schon gezeigt hat, dass die wissenschaftliche Methode überschätzt wird, werden naturwissenschaftliche Theorien und Hypothesen weiter durch Experimente getestet.[76] Diese Methode enthält zwei Dimensionen. Erstens, solche Fälle, die die Theorie oder Hypothese bestätigen. Die zweite Möglichkeit ist die Falsifizierung einer Theorie, d. h. solche Fälle, die die Theorie nicht bestätigen, um ihre Falschheit zu zeigen. Diese zweite Methode sucht also nicht nach Lösungen, sondern wie die schon vorgeschlagene Methode nach Problemen und Inkonsistenzen, d. h. nach Fällen, die die Theorie nicht erklären kann bzw. bei denen sie versagt. In einem ersten Schritt will eine Methode dieser Art einer Rechtsregel ein Maximum an Bedeutungsmöglichkeiten zuordnen, um dann in einem zweiten Schritt alle die Bedeutungen zu streichen, die sich als nicht zutreffend erwiesen haben.

Ein solches Vorgehen setzt drei Elemente voraus, die mit der untersuchten Rechtsregel in einem inhaltlichen Zusammenhang stehen. 1. die Rechtsbegriffe, die in der Rechtsregel auftreten, 2. die Rechtsregel selber, 3. die Rechtslage, die aus der untersuchten Rechtsregel und anderen Rechtsregeln gebildet wird. Mit diesem Vorgehen werden die Grenzen der Bedeutung festgelegt. Erst wenn die Grenzen so abgesteckt werden, wird die Bedeutung eines Ausdrucks überschaubar. Es wird dann erst festgestellt, welche Bedeutungen einer Rechtsregel im Rahmen einer Rechtslage möglich sind und welche nicht.

Zusammenfassend lässt sich Folgendes sagen: Die Untersuchung einer Rechtsregel in Bezug auf ihre Bedeutungsmöglichkeiten erfolgt also in der Weise, dass die ganze Rechtslage im System nachgebildet wird und zwar in expliziter Form. Da im System alles explizit gemacht werden muss, kann im System festgestellt werden, welche Bedeutungsmöglichkeiten der Rechtsregel im Rahmen

---

76 Feyerabend, *Against Method: Outline of an Anarchistic Theory of Knowledge*, S. 154.

der nachgebildeten Rechtslage zukommen. Da voraussetzungsgemäß die im System nachgebildete Rechtsregel der Rechtsregel der untersuchten Rechtsordnung entsprechen muss, kann das im System gewonnene Ergebnis auf die Rechtsordnung zurückübertragen werden. Der Rechtsregel der untersuchten Rechtsordnung kommen genau die Bedeutungsmöglichkeiten zu, die der nachgebildeten Rechtsregel im System zugeordnet werden.[77]

2. Vagheit

Im Gegensatz zur Mehrdeutigkeit resultiert die Unentscheidbarkeit aufgrund von Vagheit nicht aus einer Unklarheit darüber, welche der alternativen Verwendungsregeln maßgeblich sind, d. h. Vagheit liegt dann vor, wenn die für die Verwendung eines Ausdrucks maßgeblichen semantischen Regeln nicht ausreichen, um über die Anwendbarkeit oder Unanwendbarkeit des Ausdrucks in jedem Falle entscheiden zu können. Außerdem kann die Anwendung vager Ausdrücke zu folgenden Situationen führen: Hinsichtlich einiger Gegenstände kann klar entschieden werden, dass der fragliche Ausdruck auf sie anwendbar ist (positive Kandidaten); auf einige andere kann die Aussage ebenso unzweifelhaft nicht angewendet werden (negative Kandidaten); schließlich verbleibt eine Klasse von Gegenständen, hinsichtlich derer über Anwendung bzw. Nichtanwendung nicht entschieden werden kann (neutrale Kandidaten).[78]

Die Vagheit und die Mehrdeutigkeit bilden unter dem Titel „Unbestimmtheit des Rechts" ein zentrales Methodenproblem der Rechtswissenschaft. In der Rechtsprechung, die auch in „hard cases" zu Entscheidungen gezwungen ist, stellen sich Vagheits- und Unbestimmtheitsprobleme mit besonderer Dringlichkeit. Die Rechtsprechung hat es täglich mit dem Problem zu tun, einen Gesetzestext, der einen generischen Sachverhalt formuliert, auf einen Einzelfall anzuwenden. Tatsächlich gleicht aber kein Fall in allen Einzelheiten dem anderen. Juristen sind ständig mit der Frage befasst, ob ein einzelner Sachverhalt noch unter einen fraglichen Begriff fällt („Normkonkretisierung", „Subsumtionsproblem").

Aber ist Vagheit immer ein Problem? Hat sie immer eine negative Konnotation? Mit der Abkehr von der Philosophie der Idealsprache um 1937 wird die Vagheit nicht länger als wahrscheinlich unüberwindliches Hindernis bei der Entwicklung einer idealen und präzisen Normsprache betrachtet, sondern wird selbst zum Regelfall. Sie wird nicht mehr als der Sammelbegriff für all das, was sich auf dem Weg zur absoluten Präzision als unbrauchbar erwies verwendet.

---

77 THALER, *Mehrdeutigkeit und juristische Auslegung*, S. 19.

78 KOCH/RÜßMANN, *Juristische Begründungslehre*, S. 194 f.

In der philosophischen Schule von Cambridge kommt es in den 1930er Jahren zu einem durch Wittgenstein initiierten Auffassungswandel, der für den Status und die Bewertung der Vagheit in Philosophie und Recht relevant ist. Dessen Analogien von Sprache und Fotografie sind bekannt. Nach Wittgenstein ist es manchmal die unscharfe Fotografie, die man braucht (und man könnte hinzufügen: die das juristische System braucht).[79] Wittgenstein hat sich mit seinem *Tractatus logico-philosophicus* in die Reihe der Vertreter der Philosophie der Idealsprache eingereiht und vertrat die für sie charakteristische Auffassung, greift aber teilweise über diese hinaus. Ihm ging es darum, eine logisch vollkommene Sprache zu schaffen und mit ihrer Hilfe Missverständnisse aufzuklären; Missverständnisse, die die Ursache philosophischer Probleme sind. Aber in den posthum erschienenen *Philosophischen Untersuchungen* wendet er sich dann deutlich von der zuvor vertretenen Auffassung der Philosophie der Idealsprache ab, da er erkennt, welche Probleme mit dem logischen Atomismus verbunden sind. Aus seinen Ideen entwickelt sich eine „neue" Sprachphilosophie, die andere Akzente setzt und als ein Paradigmenwechsel in der analytischen Sprachphilosophie gedeutet wird.

Die Vagheitstheoretiker, die in ihrer Auffassung weitgehend mit derjenigen der älteren Pragmatiker übereinstimmen, gehen davon aus, dass Präzision der Flexibilität der natürlichen Sprache und auch der Wissenschaftssprache unter Umständen sogar abträglich sei. Aufgrund dieses anders orientierten Zugangs zum Phänomen der Vagheit wird der Weg frei für neue Theorien, Methoden und Beschreibungsansätze. Vor allem jedoch widmet man sich vermehrt der Beschreibung der tatsächlichen Verwendung vager Ausdrücke in der Alltagskommunikation.

3. Porosität (Open Texture)

Der Begriff der Porosität wurde von Friedrich Waismann in seinem Werk Verifiability formuliert. Auch wenn es Ähnlichkeiten zwischen den von Waismann entwickelten Ideen und denen Ludwig Wittgensteins gibt, ist Waismanns Arbeit ganz autonom. Nach Waismann: „[. . .] we can never exclude altogether the possibility of some unforeseen situation arising in which we shall have to modify

---

79 „71: Man kann sagen, der Begriff 'Spiel' ist ein Begriff mit verschwommenen Rändern. – Aber ist ein verschwommener Begriff überhaupt ein Begriff? – Ist eine unscharfe Photographie überhaupt ein Bild eines Menschen? Ja, kann man ein unscharfes Bild immer mit Vorteil durch ein scharfes ersetzen? Ist das Unscharfe nicht oft gerade das, was wir brauchen?" WITTGENSTEIN, *Philosophische Untersuchungen*, S. 34.

our definitions. [...] we introduce a concept and limit it in some directions".[80] Die Porosität der Begriffe wird in diesem Sinn von dem wesentlichen Mangel an empirischer Analyse produziert: Eine Beschreibung kann nicht immer schlüssig nachgewiesen sein.[81] Dies bedeutet, dass die Kenntnis der Tatsache immer unvollständig ist. Darüber hinaus verhindert diese Situation die Einrichtung einer Inferenzregel, die eine Aussage aus einer anderen abzuleiten erlaubt, d. h. die Definitionen der Begriffe, deren Bedeutung ein empirisches Konzept ist, funktionieren nicht als notwendige und hinreichende Bedingungen für seine Verwendung. Die Porosität ist in diesem Fall mit dem mehr oder weniger allgemeinen Charakter eines Konzeptes verknüpft. Bei der Vagheit sind die Konzepte im Vergleich mit anderen zu allgemein, sie sind nicht präzise, aber in der Porosität als potentielle Vagheit kann das Konzept durch das Vorliegen veränderter Umstände als ungenau bezeichnet werden.

Waismann war der Erste, der auf den Unterschied zwischen den empirischen Begriffen Vagheit und Porosität hingewiesen hat. Die Vagheit besteht darin, dass die semantischen Regeln schon hinsichtlich bekannter Phänomene nicht ausreichen, um in jedem Falle über Anwendbarkeit bzw. Unanwendbarkeit des fraglichen Ausdrucks zu entscheiden. So ist der Vorgang der Geburt menschlichen Nachwuchses zweifellos seit Längerem bekannt. Dennoch wurde der Ausdruck *Mensch* in der Umgangssprache und der daran anknüpfenden Gesetzessprache nicht hinreichend präzise verwendet.

Einerseits lassen sich Vagheiten stets beseitigen, indem wir die Regeln für den Gebrauch sprachlicher Ausdrücke ergänzen. Andererseits gibt es keine Maßnahmen gegen die Porosität. Es ist unmöglich, potentielle, unbekannte Erfahrungen und Entdeckungen festzulegen. Sogar ein präziser Begriff, für den es aktuell keinerlei neutrale Kandidaten gibt, ist nicht bewahrt vor neuen Entdeckungen. Neue Entdeckungen machen einen vorher nicht vagen Begriff vage. Man könnte deshalb die Porosität potentielle Vagheit nennen. Wären z. B. Menschen noch Menschen, wenn sie die Größe eines Sperlings hätten?[82] Das genannte Beispiel hat auch juristische Folgen, denn wenn man behauptet, dass solche „Wesen" keine Menschen sind, dann wären sie außerhalb des Völkerrechts und ohne juristischen Schutz.

---

80 Waismann, *Verifiability*, S. 42.

81 "[...] The absence of a conclusive verification is directly due to the open texture of the terms concerned" Waismann, *Verifiability*, S. 43.

82 Haba, *El espejismo de la interpretación literal*, Band I., S. 128.

Kein Konzept ist so begrenzt, dass es keinen Raum für Zweifel gibt. Ein Konzept wird in einige Richtungen begrenzt. Nach Waismann: „The notion of gold seems to be defined with absolute precision, say by the spectrum of gold with its characteristic lines. Now what would you say if a substance was discovered that looked like gold, satisfied all the chemical test for gold, whilst it emitted a new sort of radiation? [...] We tend to overlook the fact that there are always other directions in which the concept has not been defined. And if we did, we could easily imagine conditions which would necessitate new limitations. In short, it is not possible to define a concept like gold with absolute precision, i. e. in such a way that every nook and cranny is blocked against entry or doubt. That is what is meant by open texture of a concept".[83]

Die Porosität ist in der Tat eine grundlegende Eigenschaft der meisten empirischen Begriffe. Sie verhindert die schlüssige Überprüfung der meisten unserer empirischen Aussagen. Nehmen Sie eine beliebige Aussage über materielle Objekte. Die Begriffe, die dort vorkommen, sind nicht erschöpfend, was bedeutet, dass man nicht alle möglichen Bedingungen, in denen sie verwendet werden, voll erfassen kann. Es bleibt immer die Möglichkeit, so schwach sie auch sein mag, dass man einiges nicht berücksichtigt, was relevant für deren Nutzung sein könnte. Das bedeutet, man kann nicht alle möglichen Umstände, unter denen die Aussage wahr oder falsch ist, voraussehen. Es wird immer eine Menge von Unsicherheit sein. So behauptet Esser: „In unserem Rechtssystem wird mit guten Gründen der Sprache eine „offene" Bedeutung zugestanden, auf der Seite der Normsprache wie der Feststellungssprache".[84]

Im Bereich des Rechtspositivismus wird bei der Beschreibung der richterlichen Tätigkeit argumentiert, dass unter bestimmten Umständen – in sogenannten harten Fällen – Richter eine kreative Tätigkeit innerhalb des richterlichen Ermessens entwickeln. Obwohl die Gründe für diese diskretionäre Aktivität variieren, ist ein gemeinsamer Punkt, den Begriff der Porosität zu erklären und als eine Quelle der Unbestimmtheit des Rechts zu nutzen. Durch die menschliche Unfähigkeit, die Zukunft vorwegzunehmen, ist es unmöglich, eine präzisere Sprache zu entwickeln.[85]

83 Waismann, *Analytic-Synthetic IV*, S. 115–124.

84 Esser, *Vorverständnis und Methodenwahl in der Rechtsfindung. Rationalitätsgrundlagen richterlicher Entscheidungspraxis*, S. 50.

85 "In all fields of experience, not only that of rules, there is a limit, inherent in the nature of language, to the guidance which general language can provide". Hart, *The Concept of Law*, S. 126.

In den folgenden Auszügen zeigt Hart, dass die Porosität eine sprachliche Unbestimmtheit ist, die richterliches Ermessen „erlaubt“, ebenso wie die Porosität verantwortlich für das Fehlen schlüssiger Nachweise ist: „The open texture of law means that there are, indeed, areas of conduct where much must be left to be developed by courts or officials striking a balance, in the light of circumstances, between competing interests? which vary in weight from case to case“.[86] „The open texture of law leaves to courts a law-creating power far wider and more important than that left to scorers, whose decisions are not used as law-making precedents“.[87] „[...] courts characteristically use in exercising the creative function left to them by the open texture of law in statute or precedent“.[88] „[...] it is patent [...] that the open texture of law leaves a vast field for a creative activity which some call legislative“.[89] Diese Details, die den spezifischen Charakter des richterlichen Ermessens zeigen, scheinen auch zu bestätigen, dass dies etwas anderes als nur die sprachliche Unbestimmtheit ist.

4. Inkonsistenz

Während die Porosität mit der Vagheit verbunden ist, ist die Inkonsistenz von der Mehrdeutigkeit geprägt. Inkonsistenz tritt auf, wenn es zwischen den Sprechern, die eine bestimmte Sprache verwenden, keine ausreichende Einigung über Regeln für die Nutzung eines Begriffs gibt, genauer: Mit Inkonsistenz ist das vermutlich weitverbreitete Phänomen gemeint, dass innerhalb einer Sprachgemeinschaft ein und dasselbe Wort von verschiedenen Sprechern in mehr oder minder stark voneinander abweichender Weise gebraucht wird.[90] Dies führt dazu, dass diese Worte in unterschiedlicher Weise benutzt werden (normalerweise mehrdeutige Worte), ohne zu wissen, warum sie manchmal in einer bestimmten Weise und manchmal in unterschiedlicher Ausprägung verwendet werden. In extremen Fällen kann dies sogar dazu führen, dass ein und dieselbe Person verschiedene Arten eines gegebenen Begriffes verwendet.

Die Inkonsistenz kann auch als das Gegenteil von Konsistenz definiert werden, in diesem Sinn behauptet Opp: „Die meisten empirisch orientierten Sozialwissenschaftler dürften darin übereinstimmen, dass unpräzise Begriffe wie etwa ‚Freiheit‘, ‚Wesen‘, ‚Sein‘ u. ä. erheblich präzisiert werden müssen, um in

86 Hart, *The Concept of Law*, S. 135.
87 Hart, *The Concept of Law*, S. 145.
88 Hart, *The Concept of Law*, S. 147.
89 Hart, *The Concept of Law*, S. 204.
90 Koch/Rüßmann, *Juristische Begründungslehre*, S. 193.

den Sozialwissenschaften fruchtbar sein zu können. Weiterhin dürfte allgemein akzeptiert sein, dass Begriffe einheitlich d. h. eindeutig verwendet werden sollten. Dies bedeutet, dass verschiedene Wissenschaftler einen Begriff nicht in unterschiedlicher Bedeutung verwenden sollten".[91]

Wenn man diese Definition von „Konsistenz" akzeptiert, ist zu prüfen, ob der Begriff in einer intersubjektiven Weise verwendet wird. Im Gegensatz dazu ist ein Begriff; „inkonsistent", wenn es widersprüchliche Bedeutungen und keine intersubjektiven Regeln der Nutzung gibt, um zu entscheiden, welche von den verschiedenen Bedeutungen anwendbar sind. So weist ein Wort wie „Gerechtigkeit" ein hohes Maß an Inkonsistenz auf.

5. Wertbegriffe

Eine eigenständige Rolle spielen in der juristischen Methodendiskussion die sogenannten „wertausfüllungsbedürftigen" Begriffen wie z. B. „sittenwidrig" oder „verwerflich".[92] Sie funktionieren als Eingangstore für richterliche Wertungen. Demgemäß versuchen diejenigen, die an einer dogmatischen Verteidigung des Gesetzesbindungspostulats sowie an einer Klärung der Möglichkeiten und Grenzen der Gesetzesbindung interessiert sind, den Einfluss der Richter bei der „Auslegung" solcher Begriffe herunterzuspielen.[93] Es liegt die Vermutung nahe, dass es sich bei den „wertausfüllungsbedürftigen" Begriffen um sogenannte „Wertbegriffe" handelt, über deren semantischen Gehalt in der analytischen Philosophie eine ausführliche Diskussion geführt wurde und wird. Als Wertwörter werden Ausdrücke angesehen wie „gut", „unrecht" oder „lobenswert". Die Annahme scheint berechtigt, dass Ausdrücke wie „sittenwidrig" und „unzüchtig" zur Klasse dieser Wertwörter zu zählen sind.[94]

Einen wesentlichen Fortschritt in diesem Thema erreichte Stevenson, indem er die Unterscheidung von emotiver und deskriptiver Bedeutung sprachlicher Zeichen vorschlug. Stevenson meint, dass Differenzen in der Ethik auf zwei verschiedene Ursachen zurückgeführt werden können. Einerseits können

---

91 Opp, *Methodologie der Sozialwissenschaften. Einführung in Probleme ihrer Theoriebildung und praktischen Anwendung*, S. 131.

92 So Koch/Rüßmann: „Neben den vagen Begriffen scheint es noch eine weitere Art von Begriffen zu geben, die einer Bindung des Rechtsanwenders an den semantischen Gehalt des Gesetzes Grenzen setzen, nämlich die Wertbegriffe, die teilweise auch als wertausfüllungsbedürftige oder normative bezeichnet werden", Koch/Rüßmann, *Juristische Begründungslehre*, S. 201.

93 Koch, *Über juristisch-dogmatisches Argumentieren im Staatsrecht*, S. 48.

94 Koch, *Über juristisch-dogmatisches Argumentieren im Staatsrecht*, S. 49.

Teilnehmer unterschiedliche Auffassungen über Sachverhalte haben; solche Uneinigkeit nennt Stevenson „disagreement in belief“. Anderseits können Teilnehmer unterschiedliche Haltungen oder Einstellungen zu Tatsachen haben; solche Uneinigkeit werden von Stevenson „disagreement in attitude“ genannt. Stevenson schreibt: „Let us begin by noting that “disagreement” has two broad senses: In the first sense it refers to what I should call “disagreement in belief”. This occurs when Mr. A believes p, when Mr. B believes not-p, or something incompatible with p. and when neither is content to let the belief of the other remain unchallenged [...] In the second sense the word refers to what I shall call “disagreement in attitude”. This occurs when Mr. A has a favorable attitude to something, when Mr. B has an unfavorable or less favorable attitude to it, and when neither is content to let the other's attitude remain unchanged“.[95]

Man muss dabei wie Koch beachten, dass, trotz Einigkeit über die Sachverhalte auch aufgrund Uneinigkeit über Einstellungen Differenzen in ethischen Diskussionen auftreten können. Aus der beschriebenen Unterscheidung zwischen Uneinigkeit über Sachverhalte – „disagreement in belief“ – und Uneinigkeit über Einstellungen – „disagreement in attitude“ – folgert Stevenson, dass die Analyse ethischer Ausdrücke einer Sprache mindestens zwei Bedeutungskomponenten aufweisen muss: eine Komponente, welche die tatsächlichen Annahmen eines Sprechers übermittelt, und eine Komponente welche Haltungen eines Sprechers übermittelt. Dementsprechend unterscheidet Stevenson zwischen deskriptiver Bedeutung, „descriptive meaning“, und emotiver Bedeutung, „emotive meaning“, sprachlicher Ausdrücke. Unter deskriptiver Bedeutung wird die Eignung (disposition) sprachlicher Zeichen verstanden, beim Hörer das Auftreten sachlicher Annahmen zu bewirken, unter emotiver Bedeutung die Eignung, emotionale Reaktionen wie z. B. Einstellungen zu erzeugen.[96]

Deutlicher noch geht Hare von der Gebrauchstheorie der Bedeutung aus. Er kommt zu dem Ergebnis, dass das Wertprädikat „gut“ sowohl zum Empfehlen (wertende Bedeutung) wie zum Beschreiben (beschreibende Bedeutung) verwendet wird.[97] Die „beschreibende Bedeutung“ von „gut“ kennt man nach Hare dann, wenn man die sogenannten „Kriterien der Anwendung“ von „gut“ kennt.[98] Dabei ist es für den Gebrauch von „gut“ charakteristisch, dass hinsichtlich verschiedener Klassen von Gegenständen je verschiedene „Kriterien der

95 Stevenson, *The Nature of Ethical Disagreement*, S. 1 ff.

96 Koch, *Über juristisch-dogmatisches Argumentieren im Staatsrecht*, S. 51.

97 Hare, *Die Sprache der Moral*, S. 152

98 Hare, *Die Sprache der Moral*, S. 138.

Anwendung" maßgeblich sind. Z. B. müssen *Chronometer*, *Feuerlöscher* und *Menschen* ganz verschiedene Bedingungen erfüllen, damit sie „gut" genannt werden können. Im Gegensatz dazu bleibt die „wertende Bedeutung" konstant: Immer wenn wir einen Gegenstand „gut" nennen, so empfehlen wir ihn.[99]

6. Dispositionsbegriffe

In der Psychologie versteht man als „Dispositionen" Neigungen, die Menschen haben können, genauer: Dispositionen sind Eigenschaften von Personen, die nur aufgrund von Reaktionen auf Stimuli festgestellt werden können.[100] Leider können Neigungen nicht direkt beobachtet werden. Auch in der Gerichtspraxis scheinen solche Begriffe, mit denen man scheinbar etwas über „innere Zustände" aussagt, eine erhebliche Rolle zu spielen: Es gilt etwa zu entscheiden, ob jemand vorsätzlich gehandelt hat, die Zueignungsabsicht hatte oder glaubwürdig ist.[101] Mit Dispositionsbegriffen bezeichnet man Eigenschaften von Gegenständen, die sie dazu disponieren, auf bestimmte Umstände in gleichförmiger und gesetzmäßiger Weise zu reagieren.[102]

Diese Dispositionsbegriffe bereiten nun gewisse Schwierigkeiten. So z. B. gilt ein Zeuge etwa als glaubwürdig, wenn er bei der Sache bleibt, sich gewählt ausdrückt, seriös wirkt, eine konsistente Aussage macht. Wirkt er im Gegenteil zu musterhaft, so erweckt dies allerdings Zweifel an seiner Glaubwürdigkeit. Hier wird keineswegs versucht, sich über diese richterlichen „Alltagstheorien" zu mokieren, sondern eine grundsätzlichere Frage anzusprechen: Es erscheint nicht möglich, einen abschließenden Katalog von Bedingungen für das Vorliegen von „Glaubwürdigkeit" zu formulieren. Möglicherweise würden sich

---

99 Hare, *Die Sprache der Moral*, S. 127, 131.

100 „In diesem Fall werden wir sagen, daß immer, wenn die Bedingung S für das Ding oder für seine Umgebung erfüllt ist, das Ereignis R an dem Ding eintritt. In diesem Fall werden wir sagen, daß das Ding die Disposition besitz, auf S durch R zu reagieren, oder kurz gesagt, daß es die Eigenschaft D_{SR} hat." Carnap, *Theoretische Begriffe der Wissenschaft. Eine logische und methodologische Untersuchung*, S. 571.

101 Koch, *Über juristisch-dogmatisches Argumentieren im Staatsrecht*, S. 55.

102 Koch, *Über juristisch-dogmatisches Argumentieren im Staatsrecht*, S. 55. „Man bezeichnet Begriffe, die durch Reduktionssätze eingeführt werden, als Dispositionsbegriffe. Damit ist folgendes gemeint. Mit Reduktionssätze werden solche Eigenschaften eingeführt, die nicht „direkt" beobachtbar sind, sondern die erst dann Objekten zugeschrieben werden können, wenn bestimmte Operationen ausgeführt wurden". Opp, *Methodologie der Sozialwissenschaften. Einführung in Probleme ihrer Theoriebildung und praktischen Anwendung*, S. 118.

Verhaltensweisen, die eine als „glaubwürdig" beurteilte Person in einer von ihr nicht vorhergesehenen Situation zeigt, veranlassen, ihr Urteil zu revidieren. Ob damit lediglich das allgemeine Problem der Porosität angesprochen ist, oder ob Dispositionsbegriffe eine besondere Art der „Zukunftsoffenheit" aufweisen, muss in einer präziseren Diskussion der logischen Struktur von Dispositionsbegriffen geklärt werden.

7. Vorverständnisse

Die Vorverständnisse sind von entscheidendem Charakter für das Verständnis von Sprache, sogar für die wissenschaftliche Erkenntnis im Allgemeinen und sicherlich auch in Bezug auf die nicht-wissenschaftliche Erkenntnis. Dieser Begriff kann in sehr allgemeiner Weise wie ein „Grundverständnis für das Leben" verstanden werden.

Wie Durkheim behauptete: „Man cannot live among things without forming ideas about them according to which he regulates his behaviour. But, because these notions are closer to us and more within our mental grasp than the realities to which they correspond, we naturally tend to substitute".[103] Statt die Dinge zu betrachten, um sie zu beschreiben und zu vergleichen, sind die Menschen zufrieden mit dem Bewusstsein ihrer eigenen Ideen. Die Menschen haben nicht auf das Aufkommen der Sozialwissenschaft gewartet, um Vorstellungen über Recht, Moral, Familie, Staat und Gesellschaft selbst zu entwickeln. Die Organisation von Familie, Verträgen, strafrechtlichen Sanktionen, Staat und Gesellschaft erscheint eine bloße Weiterentwicklung unserer Vorstellungen von Gesellschaft, Staat, Gerechtigkeit usw.[104]

Die Vorverständnisse sind mit den Prozessen der Sozialisation verbunden, die jeder hat und die im Allgemeinen für die dort herrschende Kultur gelten. Es ist vor allem die Art und Weise, wie die Welt unter einem sozialen Aspekt verstanden wird. Innerhalb dieser wird das Verständnis von Texten und insbesondere von juristischen Texten entwickelt. Das Vorhandensein von Vorverständnissen ist nicht etwas, das nur in der juristischen Argumentation erscheint, aber hier soll bestimmt werden, wie es in das Verständnis der juristischen Sprache eingreift, obwohl das juristische System auch einige berufliche Besonderheiten hat. Dies bedeutet nicht, dass Juristen dominante gesellschaftliche Vorstellungen nicht teilen. Die Vorverständnisse sind wie Gesetzestexte zu verstehen, weil diese im Wesentlichen Fragen des gesellschaftlichen Lebens betreffen.

---

103 Durkheim, *The Rules of Sociological Method*, S. 60.
104 Durkheim, *The Rules of Sociological Method*, S. 62.

Die Idee von der grundlegenden Rolle des Vorverständnisses wurde von Esser aus Gadamers Ideen aufgegriffen. Der Philosoph Gadamer war der Erste, der sagte, dass das Vorhandensein von Vorverständnis völlig normal in hermeneutischen Prozessen ist und auch eine bedeutende Rolle bei der Rechtsauslegung spielt.[105] So sind die Rechtssprache und die Rechtsauslegung von Vorverständnissen geprägt. Dieselben Prinzipien einer Rechtsordnung, die angesichts der Vielfältigkeit unterschiedlichen ethischen Gehalts unter diese Richtlinien fallen, können nicht ohne Rückgriff auf ein Vorverständnis als Leitfaden der Sozialpolitik und der juristischen Kontrolle angewendet werden.[106]

8. Illokutionäre Kraft

Mit der illokutionären Kraft soll ein weiteres Merkmal beachtet werden, welches auch zu sprachlichen Missverständnissen führen kann. Diese ist, was man die Kraft eines sprachlichen Ausdrucks nennt. Es ist genau die Frage, die Austin stellt: Welcher illokutionäre Akt wird durchgeführt? Dieser Aspekt betrifft nicht die Aussagen, sondern die Einstellung, die der Gesprächspartner einnehmen soll, um richtig verstanden zu werden. Tatsächlich kann der gleiche Inhalt ein Befehl, ein Rat, eine Anforderung oder eine einfache Feststellung von Tatsachen darstellen. Wenn zum Beispiel jemand sagt, „die Gesetze sind unantastbar", kann dies als einfache Behauptung über die faktischen Merkmale des Gesetzes, als eine Warnung (ihre Verletzung kann zu einer Sanktion führen), als ein Befehl (in dem Sinne, dass eine Handlung gefördert wird) oder als eine Bewertung (man äußert Bewunderung), usw. verstanden werden.

Es besteht der Bedarf, zwei Arten von Fragen zu unterscheiden. Die erste Frage kann auf zwei Weisen formuliert werden: Wie soll man einen bestimmten Ausdruck verstehen? Oder, welche ist dessen illokutionäre Kraft? Die zweite

---

105 Laut Gadamer: „Was so von der Vormeinung des Sprachgebrauchs gilt aber nicht minder von den inhaltlichen Vormeinungen, mit denen wir Texte lesen und die unser Vorverständnis ausmachen" GADAMER, *Hermeneutik I: Wahrheit und Methode*, S. 273.

106 ESSER, *Vorverständnis und Methodenwahl in der Rechtsfindung. Rationalitätsgrundlagen richterlicher Entscheidungspraxis*, S. 100. Siehe auch GIZBERT-STUDNICKI, Tomasz. *Der Vorverständnisbegriff in der juristischen Hermeneutik*, S. 476 ff. Diese Idee kann auch ohne Verwendung von „hermeneutischer Philosophie" ausgedrückt werden z. B. Ross: „One often comes across the view that statutory interpretation can or must take as its starting point the ordinary meaning of the words as warranted by usage. This view is illusory. No such meaning exists. Only the context and the desire to find „good" or „reasonable" meaning in relation to a given situation determines the meaning of the individual words". Ross, *On law and justice*, S. 117 f.

Frage verweist darauf, was mit diesem Ausdruck gemeint ist. Die erste Frage spiegelt Ratlosigkeit und Verwirrung über die „Natur“ der verbalen Handlung wider. Wie soll man diese Worte verstehen? Wie einen Auftrag, einen Rat, eine Warnung, eine Drohung, eine Bitte, eine Anweisung, eine Anforderung, eine Behauptung, eine Frage, eine Einladung, ein Kompliment, einen Witz usw. Die zweite Frage ist abweichend von dem Beschriebenen. Man weiß bereits, dass es eine Frage oder eine Anregung ist, aber man weiß nicht, worum gebeten oder was vorgeschlagen wird. Oder man weiß, es ist ein Befehl oder ein Verbot, jedoch weiß man nicht, was gefordert wird oder verboten ist.

Dies ist, was Austin einen „illokutionären Akt“ der Sprache nannte. Um die „Natur“ des illokutionären Aktes festzustellen, muss man bestimmen, wie der Ausdruck verwendet wird: So werden wir im Vollzug eines lokutionären Aktes auch einen weiteren Akt vollziehen, wie etwa eine Frage stellen oder beantworten, informieren, eine Versicherung abgeben, warnen, eine Entscheidung verkünden, eine Absicht erklären, ein Urteil fällen, berufen, appellieren, beurteilen; identifizieren, beschreiben oder auch zahlreiche weitere derartige inhärente Vorwegnahmen vornehmen.[107]

---

107 Austin, *How to do things with words*, S. 98.

Kapitel 3: Anspruch auf Präzision der Rechtssprache

I. Zur sprachlichen Präzision

Konfuzius wurde einmal gefragt, womit er beginnen würde, wenn er ein Land zu verwalten hätte:

> „Ich würde den Sprachgebrauch verbessern" antwortete der Meister. Seine Zuhörer waren erstaunt. „Das hat doch nichts mit unserer Frage zu tun", sagten sie, „was soll die Verbesserung des Sprachgebrauchs?". Der Meister antwortete: „Wenn die Sprache nicht stimmt, so ist das, was gesagt wird, nicht das, was gemeint ist; ist das, was gesagt wird, nicht das, was gemeint ist, so kommen die Werke nicht zustande; kommen die Werke nicht zustande, so gedeihen Moral und Kunst nicht, gedeihen Moral und Kunst nicht, so trifft die Justiz nicht, trifft die Justiz nicht, so weiß die Nation nicht, wohin Hand und Fuß setzen. Also dulde man keine Willkürlichkeit in den Worten. Das ist es, worauf alles ankommt".[108]

Recht muss objektiv und transparent sein. Dieses Prinzip der modernen Staatslehre schaffte die Willkür der absolutistischen Rechtsauslegung ab. Die Sprache der Normen muss präzise, allgemeinverständlich und effizient sein. Also kann behauptet werden, dass es für die Rechtssprache drei Gebote gibt: a) die Rechtsstaatlichkeit verlangt ein objektiv-rational arbeitendes, wissenschaftlich fundiertes Justiz- und Verwaltungssystem. Diesen Anforderungen wird nur eine hochentwickelte Fachsprache gerecht, die alle erforderlichen Inhalte klar, eindeutig und vollständig wiedergeben kann. Das ist das Gebot der Präzision. b) die Rechtsstaatlichkeit soll die Transparenz staatlichen Handelns gewährleisten. Normen sind Verhaltensregeln und richten sich daher nicht nur an den Fachmann, sondern auch an den Bürger der diese verstehen muss. Das ist das Gebot der Allgemeinverständlichkeit. c) der Grundsatz der Wirtschaftlichkeit und Sparsamkeit verpflichtet alle Staatsorgane zur Sprachökonomie. Das ist das Gebot der Effizienz.[109]

Diese Hauptanforderungen an die Rechtssprache sind bei der hohen Komplexität der juristischen Materie oft miteinander unvereinbar. So bemerkt OTTO: „Eine präzise Fachsprache wird nicht die Verständlichkeit der Gemeinsprache

---

108 Konfuzius, *Gespräche*, S. 79.

109 OTTO, *Die Paradoxie einer Fachsprache*, S. 49.

haben. Und, von der Effizienz her betrachtet, kann die Präzision leicht als Weitschweifigkeit, kann bürgernahes Erläutern von Fachausdrücken rasch als teurer Luxus erscheinen".[110] Die zahlreichen Schichten innerhalb der Rechtssprache sind gerade auf die unterschiedliche Gewichtung der „drei Gebote" in jedem konkreten Fall der Fachkommunikation zurückzuführen.[111] Dass die Rechtssprache als eine präzise, verständliche und effiziente Sprache ein Ideal bleibt, ist jedoch nicht nur auf die Unvereinbarkeit dieser drei Anforderungen zurückzuführen, sondern auch darauf, dass jede Anforderung für sich allein ebenfalls nicht immer gewährleistet werden kann.

Auch wenn die Themen Allgemeinverständlichkeit und Effizienz der Sprache sehr relevant sind, wird hier nur die Präzision der Rechtssprache analysiert. Rechtssprache strebt, ähnlich anderen Fachsprachen, ebenfalls nach Präzision. Diesem Streben liegt vor allem die Notwendigkeit der Rechtssicherheit zugrunde, die nur durch eine klare unmissverständliche Ausdrucksweise gewährleistet werden kann. Man kann sagen, dass eine sprachliche Formulierung richtig ist, wenn sie nicht unbestimmt ist. Das bedeutet, dass sie in dem Maße richtig ist, in dem sowohl der Sprecher als auch die tatsächlichen oder potentiellen Hörer der Formulierung einen gleichen Sinn zuweisen, zumindest in Bezug auf den gegebenen Text. Aber es soll nicht vergessen werden, dass die Unbestimmtheit der Umgangssprache sich in erster Linie in Mehrdeutigkeit, Vagheit und Inkonsistenz manifestiert, d. h. eine Sprache erreicht Präzision, wenn sie sich von diesen drei sprachlichen Unbestimmtheiten freimacht. Je weniger sprachliche Unbestimmtheiten eine Sprache enthält, desto präziser ist diese Sprache. Dementsprechend impliziert Präzision eine dreifache Anforderung an die Semantik einer Sprache: a) dass die Regeln der Verwendung dieser Sprache in höchstmöglichem Grade lückenfrei konstruiert werden (Entfernung von Inkonsistenzen) b) dass es für die kleinste Anzahl von Zeichen (Termini) die Zulassung einer minimalen Anzahl von Objekten (Entfernung von Mehrdeutigkeit) gibt und c) die Zulassung einer Mindestzahl von neutralen Kandidaten (Entfernung von Vagheit).

Es sei daran erinnert, dass in der wissenschaftlichen Sprache diese Anforderungen nur in Verbindung mit einem Kreis von Kennern entstehen können. Sie richten sich an die Verwendung einer solchen Sprache von Spezialisten in der jeweiligen Disziplin. Ein Konzept "t" ist dann präzise, wenn die Spezialisten in der Lage sind, für jeden konkreten Fall zu entscheiden, ob ein bestimmtes Ereignis „t" zugeordnet werden kann. Konzept bezieht sich auf eine Reihe von

---

110 Otto, *Die Paradoxie einer Fachsprache*, S. 50.
111 Otto, *Die Paradoxie einer Fachsprache*, S. 51 f.

Daten, welche die Merkmale des Konzepts bestimmen. Wenn man also wissen möchte, ob dieser Begriff sich auf ein bestimmtes Ereignis bezieht, müssen wir eine hinreichend vollständige Information zu diesem haben, um zu bestimmen, ob ein solches Ereignis tatsächlich die Merkmale des Begriffs der Frage erfüllt. Und wenn diese Information unvollständig ist, wird die richtige Benutzung des Konzepts in Bezug auf den Fall zweifelhaft. Wir sollten auch nicht vergessen, dass die Präzision graduelle Unterschiede enthält. Sie kann höher oder niedriger sein. Die Präzision eines Konzeptes ist größer, je kleiner die Menge der Ereignisse ist, die im Zusammenhang mit diesem Begriff stehen und umgekehrt; je niedriger der Grad der Präzision ist, desto größer ist die Menge.[112]

Es gibt natürlich keine abschließende Kontrolle über den Grad der Präzision, den ein Konzept bietet. Das lässt sich nur für einen befristeten Zeitraum überprüfen, aber man kann versuchen, die Präzision eines Begriffes zu erhöhen, auch wenn in den Sozialwissenschaften eine Perfektion in dieser Hinsicht nie erreicht werden kann. Normalerweise lässt sich nicht vermeiden, dass es Ereignisse gibt, die nicht klassifiziert werden können, zumindest nicht in eindeutiger Art und Weise. Aber das schließt nicht aus, dass prinzipiell das Konzept zielführend bezüglich seiner Anwendung verfolgt werden kann.

Es sollte beachtet werden, dass die Präzision eines Begriffes nicht eine immanente Dimension an sich ist, sondern immer von der Tatsache abhängt, dass seine Verwendung intersubjektiv ist und damit innerhalb eines Kreises von Spezialisten der Sprache infrage steht. Da das Konzept der Intersubjektivität der Schlüssel dafür ist, in welchem Maße eine sprachliche Formulierung korrekt ist, ist es angebracht, an einige Dinge zu erinnern. Die Wahrheitskriterien, die die zeitgenössische Wissenschaft dominieren, zeigen die Möglichkeit der intersubjektiven Kontrolle des Wissens, d. h. die Verifikation und die Kontrolle über die Legitimation einer wissenschaftlichen Aussage hängen davon ab, ob die Wissenschaftler mit der Anwendung dieser Kriterien und der Gültigkeit der Ergebnisse einverstanden sind, um festzustellen, ob diese Ergebnisse ohne Risiko von Missverständnissen sinnvoll kommuniziert werden können. Dies erfordert die Verwendung einer Sprache, die in der Regel von zwei Spezialisten in der betreffenden Disziplin eindeutig verstanden werden kann.

Kurz gesagt, die Intersubjektivität einer Wissenschaft besteht aus einem Diskurs, der bestimmten Grenzen unterliegt, d. h. einem Diskurs, auf den die folgenden wesentlichen Merkmale anwendbar sind: a) die Verwendung einer Sprache, die in der Regel eindeutig zwischen Spezialisten in der jeweiligen Disziplin

112 Haba, *El espejismo de la interpretación literal*, Band. II, S. 7 f.

verstanden werden kann, b) dass das Verfahren und die Ergebnisse dieser Disziplin durch diese Sprache verständlich ausgedrückt werden können, c) dass eine Vereinbarung zwischen den Experten über die Verwendung einer solchen Sprache, über die Verfahren und auch über die Legitimation der Ergebnisse besteht. Da diese Bemerkungen elementar sind, wenn mehr Präzision gewonnen werden soll, dürfen sie nicht übersehen werden. Somit hängt die Präzision von der Intersubjektivität ab, aber Intersubjektivität spielt nur in solchem Umfang eine Rolle, als dass sie mit den Zielen von solchen Formulierungen verbunden ist.

Es wäre sinnlos, eine hochgradig intersubjektive juristische Sprache zu konstruieren, wenn aus irgendeinem Grund diese Intersubjektivität nicht genug wäre, um spezifische juristische Probleme zu lösen. In einem solchen Fall wäre das nicht wirklich eine Präzisierung der traditionellen juristischen Sprache. Wenn zum Beispiel in einer Strafbestimmung, die Delikte gegen die „guten Sitten" bestraft, der Begriff „gute Sitten" durch den Buchstaben „F" ersetzt wird, gewinnt man keine Präzision, weil man den semantischen Inhalt von „F" bestimmen muss, und das ist nicht einfacher, nur weil der Buchstabe „F" leichter identifizierbar ist als „gute Sitten". Das Problem ist es nicht „F" zu identifizieren, sondern der konzeptuelle Inhalt von „F". Es reicht nicht, dass eine Formel präzise ist, sondern sie muss präzise in dem Zusammenhang sein, in dem sie steht.

Prinzipiell gibt es keine Methode, um mehr Präzision in juristischen Formulierungen zu erreichen, aber sobald solche Formulierungen vorgeschlagen werden, dann sollten sie geprüft werden, um zu bestimmen, ob sie in ausreichendem Maß Intersubjektivität besitzen. Die Hauptsache ist, dass der Jurist die grundlegenden heuristischen Ideen nicht vergisst: Es ist nicht ausreichend, dass die Formulierungen mehr oder weniger „technisch" sind; sie werden nur echte Präzision gewinnen, wenn der Juristenkreis durch ihre Verwendung die gleichen praktischen Lösungen erreicht. Maßstab all dieser Bemühungen um die Gewinnung von mehr Präzision im Recht sollte der Anspruch der Intersubjektivität sein.

II. Ist es wünschenswert, eine sehr präzise Sprache für das Recht zu schaffen?

Jedes Wort hat seine eigene Täuschung. Die Vorstellung von Klarheit und Unklarheit eines Konzeptes sind zwei Seiten ein und desselben Phänomens, des Mangels einer kritischen Einstellung zur Sprache. Man misstraut normalerweise unklaren Vorstellungen, aber viel gefährlicher als die unklare Sprache ist die präzise Sprache, die (ohne Verdacht zu erregen) zu Verwirrung und Fehlern führt. Die Täuschung liegt in der Ablenkung der Aufmerksamkeit des Betrachters, während der eigentliche Trick vollzogen wird.[113]

Präzision stellte man sich als Ideal vor, welches jeder Jurist verfolgt und in allen Fällen wünschenswert ist.[114] Diese Aussage ist nicht ganz korrekt, denn in der Tat ist die Präzision für Juristen nicht das eigentliche Ziel. Sie ist keine Voraussetzung für alle Sprachen, jedoch eine Anforderung an bestimmten Sprachen, damit sie bestimmte Zwecke erfüllen. Diese Anforderung ist nur korrekt in dem Maße, wie solche Zwecke effektiv durch die Techniken der Präzision erreicht werden können. Zwecke, die in der Praxis nicht erreicht werden können, werden auch nicht durch die Präzision der Sprache erreicht. Die Sprache selbst hat keine Macht, die Realität zu bilden oder in der Forschung die Daten zu ersetzen. Auch wenn sie nicht aufhört, Einfluss auf die beiden Ebenen ausüben.

In Bezug auf die Rechtssprache gibt es im Wesentlichen zwei Arten von Problemen, die deutlich voneinander unterschieden werden sollten: 1. Ist es wirklich möglich, eine hinreichend präzise Rechtssprache zu erschaffen? 2. Wenn ja, wäre es wünschenswert, eine sehr präzise Sprache, insbesondere für den praktischen Zweck des Rechts im gesellschaftlichen Leben, zu nutzen? Sowohl die Möglichkeit als auch die Wünschbarkeit, eine mehr oder weniger präzise Sprache zu gebrauchen, hängen von diesen beiden Fragestellungen ab.

In der alltäglichen Kommunikation kann die Unpräzision auch ein Vorteil sein. Auch wenn die Reproduktion von fast identischem Verhalten ein wertvolles Ergebnis von entwickelten Kommunikationssystemen ist, schließt dies nicht aus, dass eine weniger extreme Präzision oft bequemer für die Flexibilität der sozialen Beziehungen ist. Auch für das Recht ist es zweckmäßig, zumindest in Bezug auf bestimmte Arten von Fällen, dass es eine offene Sprache toleriert, d. h. eine Sprache die keinen hohen Grad an Präzision aufweist.

Für manche Juristen sind Ungenauigkeiten in der Rechtssprache notwendig, damit das Recht seine soziale Rolle erfüllen kann. Tatsache ist, dass verschiedene Begriffe von Juristen genutzt werden, diese aber nicht alle den gleichen Grad an Genauigkeit oder Ungenauigkeit haben: Manche sind mehr, manche weniger genau, abhängig vom Kommunikationsziel, aber auch von der Fähigkeit des Verwenders, Rechtstexte zu verfassen.

---

113 Salas, *Magia verbal: La manipulación del lenguaje en el discurso jurídico, político y social*, S. 93.

114 „The word precise is itself as loose as water" Mellinkoff, *The Language of the Law*, S. 295.

Wenn das Recht eine Wissenschaft ist, ist es keine exakte Wissenschaft, so z. B. die Idee, die dem Common Law zugrunde liegt, dass die Dinge nicht zu präzise sein sollen; es ist demnach egal wie „genau geschnitten" bzw. wie präzise ein Grundsatz ist (*how thin a principle is sliced*), es wird immer möglich sein, neue Präzisierungen zu machen.

Eine vollkommene Präzision kann manchmal inkompatibel für bestimmte Zwecke der Rechtssprache sein und niemand sollte akzeptieren, dass diese Zwecke aus Gründen der Präzision geopfert werden. Präzision kann manchmal etwas zerstören oder ein Problem verschleiern, das sofort klar sein sollte. Dementsprechend ist ab und zu Präzision nicht wünschenswert, auch wenn sie möglich wäre.

Die juristische Sprache ist ein besonderer Fall der Umgangssprache. Dies führt dazu, dass die Rechtssprache ein hohes Präzisionsniveau nicht erreichen kann. Aus diesem Grund müssen juristische Aussagen immer interpretiert werden. Die Flexibilität, der Reichtum der Nuancen und die Elastizität der Umgangssprache sind ihre Stärke und Schwäche zugleich.[115]

Bei der Betrachtung der verschiedenen Ansichten, die in der Debatte über die Präzision der juristischen Sprache präsentiert werden, muss man darüber nachdenken, dass nicht alle Autoren das gleiche Ideal der Präzision teilen. Doch immerhin scheint jeder zu akzeptieren, dass die Rechtssprache im Allgemeinen einen ausgeprägteren Grad an Präzision als die einfache Umgangssprache haben muss.

1. Verteidiger einer präzisen Rechtssprache

Mehr Präzision in der Rechtssprache ist nicht nur wünschenswert, sondern auch eine der Aufgaben, auf die Juristen hinarbeiten müssen. Genau dieser Gedanke hat einige Autoren dazu veranlasst, Vorschläge zu entwickeln, um ein kohärenteres und effektiveres System zu schaffen. Im Folgenden wird die Denkweise der Autoren analysiert, die zwar unterschiedliche Methoden anwenden, sich aber darüber einig sind, dass eine konsequentere Verwendung einer auf Präzision abzielenden Rechtssprache erforderlich ist.

---

115 Larenz, *Methodenlehre der Rechtswissenschaft*, S. 307.

a. *Präzision der Rechtssprache und Deduktionszusammenhang (Klug, Schreiber)*

Schreiber kommt zu dem Schluss, dass die Sprache der Gesetze präzise ist, und schlägt vor, den Bereich der Auslegung zu bestimmen und diesen von dem Rechtsschöpfungs- und Präzisierungsbereich zu unterscheiden. Solange sich die Auslegung an die Verwendungsregeln der Sprache hält, solange besteht die Zuordnung von juristischer Entscheidung zur Rechtsnorm. Mit der genauen Unterscheidung von Auslegung und Rechtsschöpfung hat man jedoch auch die Unsicherheit beseitigt, welche für Auslegungsverfahren zulässig sind. Das Kriterium besteht darin, dass es sich nur dann um Auslegung handelt, wenn die Zuordnung von juristischer Entscheidung und Rechtsnorm klar definiert ist, es sich insbesondere dann nicht um Auslegung handelt, wenn diese Zuordnung nicht besteht.

Könnte man davon ausgehen, dass die Ausdrucksfähigkeit der verwendeten Sprache hinreiche, die juristischen Regelungen genau zu fassen, und dass der Gesetzgeber jede Rechtsnorm nach jeder Richtung hin genau durchdächte, so würde eine Unterscheidung von Auslegung und Rechtsschöpfung das Problem ausreichend klären. Da es aber auch ungenaue gesetzliche Regelungen gibt, genügt es nicht, nur Kriterien anzugeben, nach denen ein Gesetzgeber eine bestimmte Wertentscheidung getroffen hat oder nicht. Es ist dann auch möglich, dass eine Regelung zwar vorliegt, aber der vorliegenden Regelung nicht entnommen werden kann, in welchem Sinne der Gesetzgeber den Konflikt entscheiden wollte.[116]

In diesem Falle spricht man besser von Präzisierung. Ist die Präzisierung auch insofern mit der Rechtsschöpfung verwandt, als die Rechtsanwendung auf die entsprechenden Rechtsnormen allein nicht mehr gestützt werden kann, so ist der Unterschied zur Rechtsschöpfung doch bedeutsam, gerade in Bezug auf das Geltungsproblem, da in diesem Falle der Gesetzgeber nicht geschwiegen hat, sondern eine Regelung geben wollte, die Regelung aber nicht hinreichend genau formuliert ist. Dementsprechend ist die Präzisierung der Rechtsnormen keine Rechtsschöpfung.[117]

Die Auslegungsmethoden können nicht beliebig gewählt werden. Insbesondere können sie nicht nach dem Ergebnis der Auslegung ausgerichtet werden, sondern sind aus dem Begriff der Rechtsgeltung abzuleiten, der für die Geltung der Rechtsnormen zugrunde gelegt wurde. Damit ist das Verfahren der

116 Schreiber, *Die Geltung von Rechtsnormen*, S. 167.
117 Schreiber, *Die Geltung von Rechtsnormen*, S. 185.

Auslegung eindeutig bestimmt und es besteht keine Möglichkeit, durch Auslegung unbefriedigende juristische Regelungen abzuändern oder von einem bestimmten Standpunkt aus als fehlend empfundene Rechtsnormen durch geeignete Regelungen zu ersetzen.

Die Regeln der Auslegung lassen die Zuordnung juristischer Entscheidungen zu bestimmten Rechtsnormen zu. Die Regeln der Präzisierung und der Rechtsschöpfung geben einer juristischen Entscheidung eine andere Grundlage. Die Frage, ob sich eine Rechtsanwendung mit der Auslegung begnügen muss oder die Präzisierung oder die Rechtsschöpfung heranziehen darf, ist eine Frage, die nur in Bezug auf ein neues Wertesystem oder Normensystem beantwortet werden kann. Es ist nicht Sache der Wissenschaft, solche Normen selbst zu setzen.

Die Auslegung der Sprachregeln wurde schon erklärt, aber was sind genau die Regeln, die die Auslegung bestimmen? Schreiber behauptet, dass das Auslegungsproblem im Zusammenhang mit den Regeln der Sprache gelöst werden solle. Mit der Erklärung des Deduktionszusammenhangs lässt sich das Problem der Auslegung näher einkreisen. Der Deduktionszusammenhang regelt die Beziehung zwischen Rechtssätzen derart, dass aus der Geltung bestimmter Rechtssätze die Geltung anderer Rechtssätze erschlossen werden kann. Das für die Praxis der Rechtsanwendung bedeutendste Beispiel ist die Ableitung einer juristischen Entscheidung aus Rechtsnormen.[118] Aber auch die Gewinnung neuer Rechtsnormen aus anderen Rechtsnormen, genauer gesagt, die Bestätigung von Rechtsnormen aus der Geltung anderer Rechtsnormen, wird durch Bestehen eines Deduktionszusammenhangs ermöglicht oder durch Nichtbestehen eines solchen verneint.

Die Frage des Deduktionszusammenhangs muss derart gelöst werden, dass stets entscheidbar ist, ob ein Deduktionszusammenhang besteht oder ob er fehlt. Diesen Zusammenhang stellt man dadurch her, dass man geeignete Regeln aufstellt, nach denen die Geltung der einen Sätze aus der Geltung der anderen Sätze bestätigt werden darf.[119] Die Schlussregeln, die man der Rechtssprache zugrunde legt, können nicht in irgendeiner Weise frei gewählt werden, sondern müssen dem Deduktionszusammenhang entsprechen, der in den lebenden Sprachen üblich ist.[120] Der Deduktionszusammenhang, wie er in der wissenschaftlich

---

118 Klug, *Juristische Logik*, S. 49.

119 Coing, *Die juristischen Arbeitsmethoden und die Lehren der allgemeinen Hermeneutik*, S. 9.

120 Sax, *Das strafrechtliche Analogieverbot*, S. 49.

präzisierten Sprache verwendet wird, wird durch die Einsetzungsregeln und die Grundschlussregeln adäquat beschrieben.

Die Einsetzungsregel bestimmt, dass man in einem allgemeinen Satz die Variablen durch Individualkonstanten, die dem Bereich der Variablen angehören, ersetzen darf.[121] Will man aus einer Rechtsnorm eine juristische Entscheidung gewinnen, so hätte man bei dem Verfahren der Einsetzung die Gattungsnamen durch die entsprechenden Eigennamen zu ersetzen.

Die Grundschlussregel bestimmt, dass man aus der Geltung einer Implikation und deren Vordersatzes auf die Geltung des Nachsatzes schließen darf.[122] Hierbei kann die Implikation auch mehrere Vordersätze haben. Der Schluss auf den Nachsatz ist in diesem Fall nur dann erlaubt, wenn alle Vordersätze gelten. Will man eine juristische Entscheidung aus einer Rechtsnorm ableiten und bedient man sich der Grundschlussregel, so entspricht dies dem Verfahren, aus der Geltung der Rechtsnorm und der Wahrheit der Sätze, die die Tatbestandvoraussetzungen beschreiben, auf die Rechtsfolge zu schließen.

b. Das Rechtssystem als ein konstruiertes Modell? (Bobbio, Becquart)

Bobbio stellt fest, dass der Jurist in der Lage ist, durch eine Gesetzesauslegung die Rechtssprache zu einer wissenschaftlichen Sprache zu machen. Der Jurist ist auf diese Weise Interpret des Gesetzes, konstruiert also das Recht. Jede Wissenschaft findet in der Sprachanalyse einen kritischen Teil, d. h. die Schaffung einer genauen Sprache, in welcher die wissenschaftliche Forschung gemacht wird. Die Aufgaben des Juristen als Interpret hängen von den Eigenschaften dieser Sprache ab, die auf kritische Weise analysiert werden soll, um eine wissenschaftliche Form zu gewinnen. Dementsprechend findet Bobbio drei verschiedene Phasen.[123]

In der ersten Phase soll eine Reihe von Regeln, die bestimmen, wie ein Begriff verwendet wird, festgelegt werden. Weiterhin ist es notwendig, die Unzulänglichkeit der Rechtssprache zu beheben. Der Jurist versucht, eine hermetische Sprache zu schaffen, d. h. die Auswirkungen, die bereits in den Regeln der betreffenden Sprache enthalten sind, explizit zu machen. Das ist so, weil es auf der Grundlage des juristischen Systems eine Grundregel gibt, wobei alle Sätze eine hermetische Einheit bilden. Diese Norm erleichtert, einfache Sätze in eine sinnvolle Ordnung zu stellen. Der Fortschritt der Rechtswissenschaft ist abhängig

121 Klug, *Juristische Logik*, S. 38.
122 Klug, *Juristische Logik*, S. 38.
123 Bobbio, *Scienza del diritto e analisi del linguaggio*, S. 354.

von dem Mut des Juristen, diese Aufgabe in die Hand zu nehmen, ohne Zugeständnisse an die Tradition zu machen. Der Rechtsanwender soll die Vielzahl von Bedeutungen in Kontexten oder Sprachen, in denen sie eingeschrieben sind, berücksichtigen. Auf diese Weise kann eine kohärente und einheitliche Sprache, die die Missverständnisse und Unklarheiten reduzieren kann, entwickelt werden.[124]

Das angegebene Verfahren werde dazu beitragen, eine große Zahl von Streitigkeiten zwischen Rechtsanwälten zu überwinden. Es gibt verschiedene Arten von Schwierigkeiten: Diejenigen, die ihren Ursprung nicht in dem Mangel an Strenge der Sprache haben, sondern sich durch die Abwesenheit von Regeln ergeben, um bestimmte Fälle zu lösen. Für solche Situationen wird die gleiche Strenge in der Behandlung dieser Probleme zeigen, dass sie unlösbar sind.

Becquart denkt, dass die juristische Sprache das wichtigste Verfahren der juristischen Technik ist. Dementsprechend wird der Jurist versuchen, das ideale Modell dieser Sprache zu bestimmen, um die juristische Sprache eines Landes an ein solches Modell anzupassen. Die Entwicklung der Sprache ist Gegenstand einer Spannung zwischen zwei Trends: einerseits der Notwendigkeit, Präzision zu erreichen; andererseits soll die Präzision kein Hindernis in der Lebensdynamik der Sprache sein.[125]

Becquart behauptet, dass in einer idealen juristischen Sprache jeder Begriff jederzeit eine der folgenden Eigenschaften haben soll: Flexibilität oder Präzision. Allerdings finden sich diese Eigenschaften selten in der Rechtssprache. Manche Begriffe sind bedeutungslos, instabil, oder mehrdeutig, andere verursachen wegen ihres etymologischen Hintergrunds unlösbare Fehler. Becquart kann als „Optimist“ klassifiziert werden. Dies liegt daran, dass trotz der durch ihn diagnostizierten Mängel dieser Sprache nach Becquart dennoch die ideale Rechtssprache erreicht werden kann.[126]

c. *Die Hermeneutik und das Problem der Präzision (Esser, Müller)*

Einige Autoren erkennen, dass die Rechtstexte allein nicht ausreichend sind, um in vollem Umfang die Interpretationen zu ermitteln, sondern diese auch nach anderen Kriterien, die nicht von den Texten selbst abhängen, untersucht werden müssen. Andere Autoren glauben jedoch, dass es eine einzige „richtige“ Interpretation für eine gegebene Situation gibt. Laut Esser gibt es keine Vorlage

---

124 Bobbio, *Scienza del diritto e analisi del linguaggio*, S. 364.
125 Becquart, *Les mots á sens multiples dans le droit civil*, S. 21.
126 Becquart, *Les mots á sens multiples dans le droit civil*, S. 23.

oder Methodik, wie man zu einem besseren Verständnis der richterlichen Arbeit kommen kann. Die wirklich wichtige Aufgabe besteht darin, eine neue Methode gegen bekannte Probleme oder bisher nur zum Teil erkannte, zu finden. Die Überprüfung sollte auf ein ausreichend weites Verständnis von Strafverfolgung beruhen. Normalerweise meint man, dass die Bedeutungen direkt aus dem Gesetzestext „extrahiert" sind, aber man merkt bei konkreten Fällen, dass die Gesetze selbst mehrdeutig sind. Außerdem sollte man nicht vergessen, dass in dem Rechtsanwendungsprozess ein Akt des Willens seitens des Richters erforderlich ist, ein Willensakt, der nicht mit der Existenz der Norm oder dem Akt des Verstehens selbst identifiziert werden kann.

Esser nahm wahr, dass das Problem darin besteht, dass sich die Werturteile in den Ursprüngen der juristischen Methodik befinden. Die juristische Argumentation erkennt die Existenz von sozialen Werten an, die Grundlage des Rechtes sind. Der Jurist ist von ihren Werten geprägt und vor dem Einsteigen in die Prüfung von Gesetzestexten und Fällen hat er schon eine Idee, was als „richtig" gewertet wird. Dies sind Vorverständnisse, die die Rechtsanwender von Rechtstexten haben, d. h. intellektuelle Operationen, um Vorbewertungen der Rechtspolitik zu extrahieren. Esser unterstreicht die außerordentlich aktive und erweiterte Rolle, die der Richter in der Rechtsbestimmung hat. So kann man behaupten, dass unbestimmte Rechtsbegriffe einfache Grenzformen in der Aufgabe der Judikative sind.[127]

Müller schlägt für die juristische Methodik einen Ansatz vor, der als „hermeneutisch" bezeichnet werden kann. Müller behauptet, dass die Umsetzung der Rechtsnorm nicht ein rein kognitiver Prozess sein kann, jedoch sagt er auch, dass am Ende die „Individualisierung" der Norm nur zu einem bestimmten Ergebnis führen kann. Müller weist darauf hin, dass dieses Ergebnis nicht vorab im Text festgelegt ist, sondern sich aus der Struktur des Rechtssatzes ergibt, d. h. aus dem Verhältnis zwischen dem Text und dem Normbereich. Eine solche Struktur bezieht sich auf die Präzision des Textes. Die Unterschiede zwischen Gesetzestexten über die Möglichkeit der Ergänzung einer wörtlichen Auslegung sind abhängig von den strukturellen Unterschieden zwischen den Rechtssätzen. Die Texte selbst sind nicht mehr oder weniger eindeutig, es hängt alles von der regulatorischen Struktur ab. Wenn bestimmte Texte sehr klar zu sein scheinen und andere viel weniger klar scheinen, bedeutet das nicht, dass die Unterschiede zwischen ihnen eine grammatische Ordnung haben, sondern, dass sich ein solches Ergebnis aus dem Vorverständnis des Juristen ergibt.[128]

---

127 Esser, *Vorverständnisse und Methodenwahl in der Rechtsfindung*, S. 62.
128 Müller, *Juristische Methodik*, S. 154 ff.

Müller räumt die Möglichkeit ein, dass ein gleicher Text verschiedene Interpretationen haben kann, aber für ihn findet diese Möglichkeit zwischen Juristen und Nicht-Juristen statt. Nach Müller gibt es für die Juristen unter Berücksichtigung der Struktur nur eine richtige Einschätzung über den Grad der Klarheit des Textes. Daher sollten alle Juristen zugeben, dass es zu einem gegebenen Fall nur eine richtige Antwort gibt und dass diese erreichbar sein sollte.

Jeder der zuvor vorgestellten Autoren wurde von verschiedenen philosophischen Strömungen inspiriert, jedoch vereint sie ein grundlegender Mangel: Keiner von ihnen erkennt die Elemente, die zu der vermeintlich *richtigen Auslegung* führen.

2. Skeptiker einer präzisen Rechtssprache

Für einige Autoren liegt die Lösung der Probleme, die das Rechtssystem betreffen, nicht in der Präzision der Sprache. Für sie bestehen die wichtigsten Aspekte des Rechtssystems betreffend hauptsächlich aus Betrachtungsweisen soziologischer und psychologischer Art. Im Folgenden wird die Denkweise einiger Autoren analysiert, die der präzisen Sprache und der richtigen Interpretation gegenüber skeptisch eingestellt sind.

a. Der Mythos der „richtigen Interpretation“ (Llewellyn, Frank)

Die zentrale Idee der Juristen, die auch Skeptiker genannt werden können, ist, dass die Sprache der Gesetze, obwohl der Versuch der Gesetzgeber hierzu besteht, nicht immer eindeutig und klar ist.[129] Skeptiker misstrauen dem, was am Wichtigsten im Recht ist, dem, was auf dem Papier steht, z. B. die Gesetze. Daher die scharfe Kritik von Llewellyn an denjenigen, die denken, dass das Recht aus „Paper rules“ besteht. Typisch ist die Annahme, dass eine Regel oder eine Norm, die auf dem Papier steht, Bedeutung in der Praxis hat. Eine solche Annahme ist nicht konsistent mit dem, was in der Realität passiert. In der Tat, wie Roscoe Pound darstellte, gibt es große Unterschiede zwischen dem, was das Gesetz sagt, und dem, was in der Praxis gilt: zwischen „law in books“ und „law in action“.

Die Behauptung „Dies ist die Norm“ bedeutet für gewöhnlich nur: „Man findet diese Formulierung von Wörtern in den Gesetzbüchern“. Aber was bedeutet

129 „Denn nicht so liegt der Sachverhalt, daß Lücken im Gesetz sich hier und da wohl vorfinden, nein, getrost darf man behaupten, daß nicht weniger Lücken als Worte da sind. Kein einziger Begriff ist bis in seine Urmerkmale zerlegt, wenige nur sind definiert und diese wenigen wieder nur durch andere, selber undefinierte Begriffe“ KANTOROWICZ, *Der Kampf um die Rechtswissenschaft*, S. 12.

das genau? „Die Gerichte handeln effektiv durch die Befolgung eines niedergeschriebenen Rechtssatzes“ oder „die Gerichte verweisen immer auf eine bestehende Bestimmung, wenn ein entsprechender Kontext vorliegt“. Oder soll damit Folgendes ausgedrückt werden: „Die Menschen steuern ihr Verhalten durch den Inhalt, der hinter der Bestimmung steht?“ Oder „verhalten sich die Menschen lediglich auf die Art und Weise wie diese Bestimmung es ihnen aufzeigt?“.[130]

Das traditionelle juristische Denken ist auf Wörter zentriert, aus diesem Grund ist es schwierig, von den Wörtern abzusehen. Da es sich um die Wörter einer juristischen Norm handelt, wird vernachlässigt, dass diese sich auf das Verhalten auswirken und eben ein Verhalten sogar auf eine effektive und exakte Weise formen, sodass sich das Verhalten vollständig an die Wörter anpasst. Damit setzen wir voraus, dass die Amtsführung der Richter mit den allgemein anerkannten Vorschriften in den Büchern übereinstimmt.[131]

Eine realistische Forschung über das Recht soll bestimmen, inwieweit das Recht auf dem Papier wirksam ist. Nach Frank ist die weitverbreitete Idee, dass das Recht stabil und wahr ist, irrational und sollte als eine Illusion oder ein Mythos eingestuft werden. Der grundlegende juristische Mythos (Basic Legal Myth), besteht darin, dass das Recht vollständig vorhersagbar sein kann.[132] Die Rechtslehre und der Diskurs der Judikative hängen von diesem Mythos ab. Aus diesem Mythos entsteht die Idee, dass es für jeden Fall nur eine richtige Lösung gibt, die bereits im positiven Recht voreingestellt wird und, dass der Richter diese finden soll. Gegen einen solchen Ansatz äußert sich Frank. Die Entwicklungen, die er präsentiert, entsprechen den Beobachtungen von Holmes: „Allgemeine Sätze entscheiden keine konkreten Fälle“. Frank lenkt die Aufmerksamkeit auf zwei Dinge, die oft übersehen werden, sowohl im juristischen Denken als auch in wissenschaftlichen Projekten des Rechts. Nämlich die doppelte Unbestimmtheit, die sich aus einerseits der Sprache der Juristen, andererseits der unermesslichen Realität ergibt.

Dies bedeutet, dass es keinen sicheren juristischen Diskurs gibt, keine im Voraus festgelegten Kriterien. Selbst in dem Fall, dass die Präzision den Diskurs verbessern und mit vorhandenen Kenntnissen der Sozialwissenschaften verbinden könnte, würde nicht verhindert, dass die Lösung für einen Fall schwierig zu

130 Llewellyn, *Recht, Rechtsleben und Gesellschaft*, S. 61.
131 Llewellyn, *Recht, Rechtsleben und Gesellschaft*, S. 66.
132 Frank, *Law and the Modern Mind*, S. 37.

bestimmen ist. Frank verspottet die Vorstellungen, die Juristen normalerweise äußern.[133]

Die komplette Sicherheit des Rechtssystems kann nur eine Illusion, ein Mythos sein. Das ist die Kernaussage von Franks Theorie. Er betont außerdem, dass der Wunsch nach Sicherheit einfach das Produkt von Kindlichkeit in unserer Denkweise ist. Es erinnert an den Glauben der Kinder an die elterliche Autorität, die sogar in der Wissenschaft manifestiert ist. Es besteht demnach ein die Rechtswissenschaft prägender grundlegender *juristischer Mythos*, nämlich die Illusion, dass das Gesetz eindeutig, vollständig und unveränderbar ist.

b. Open Texture als Hindernis für Präzision (Hart)

Hart meint, dass nicht die Unbestimmtheit der Begriffe ein Problem ist oder zumindest nicht immer ein Problem ist. Oft ist es besser, keine klaren Grenzen für die Konzepte zu haben, weil die „relative Unbestimmtheit der Zwecke" auch nützlich sein kann. Aber oft ist es notwendig, die Präzision zu erhöhen, um genauer zu definieren, was man mit Konzepten erreichen will. Man kann nicht hoffen, dass eine einfache Definition, auf vollständige Weise und für alle Zwecke die Praxis des Rechts erklärt. Man weiß jedoch, dass die Grenzen eines Konzepts sehr erhellend für viele Zwecke sein können.

Hart sagt, dass jede Regel konkrete Fälle auf der Grundlage einer allgemeinen Sprache klassifiziert. Aber für jede Regel muss man zwischen verschiedenen Fällen unterscheiden, d. h. zwischen den Fällen, dass die Regel anwendbar oder unanwendbar ist. Bei der ersten Gruppe handelt es sich um die eindeutigen Fälle hinsichtlich des Kerns des besagten Rechtssatzes, die breite Masse der gewöhnlichen Situationen. Die andere Gruppe von Fällen hingegen entstammt einem Ort der Unbestimmtheit, einem „Halbschatten", einer Linie der Vagheit, sie kommt an die Grenzen der Regel. Es handelt sich um Bereiche, die man als „Open Texture" bezeichnet. Nichts kann die Existenz dieser Dualität zwischen Kern und Halbschatten vollständig auslöschen, da immer die Möglichkeit besteht, dass Letzterer von irgendeinem Punkt ausgeht, der die Anwendung des besagten Konzepts relativiert.[134]

---

133 „Myth making and fatherly lies must be abandoned – Santa Claus story of complete legal certainty; the fairy tale of a pot of golden law which is already in existence and which the good lawyer can find, if only he is sufficiently diligent; the phantasy of an aesthetically satisfactory system and harmony, consistent and uniform, which will spring up when we find the magic wand of a rationalizing principle" Frank, *Law and the Modern Mind*, S. 260.

134 Hart, *The Concept of Law*, S. 152 ff.

Hart weist darauf hin, dass es neben der Abhängigkeit von der verwendeten Sprache zwei andere Unbestimmtheitsfaktoren in der Normenanwendung gibt, der Umstand, dass das Wissen über die Tatsachen, auf die eine Regel angewendet werden kann, nur relativ ist, und das mit ihr verfolgte Ziel unbekannt sein könnte. Diese Unsicherheit der Regeln kann nie vollständig gelöst werden. Das ist auch nicht möglich durch die Verwendung bestimmter Canones der Auslegung, weil diese aus einigen allgemeinen Richtlinien zur Sprache bestehen, die wiederum aus allgemeinen Begriffen bestehen, die interpretiert werden müssen. Die eindeutigen Situationen, also diejenigen, in denen die allgemeinen Fachbegriffe anscheinend keinen Interpretationsspielraum benötigen, dort, wo die Identifizierung der Fälle, auf die sich die Termini beziehen, keine Probleme bereitet oder wie automatisiert abläuft. Dies sind die Situationen, die sich ausschließlich auf geläufige Fälle beziehen, nämlich auf jene, die immer in ähnlichen Kontexten auftreten und auf einem allgemeinen Konsens über die Anwendung der klassifizierenden Termini bezüglich der verwendeten Normen basieren.[135]

Es besteht kein Zweifel daran, dass die Gerichte ihre Entscheidungen derartig strukturieren, dass sie den Eindruck erwecken, dass die Entscheidungen die nötige Konsequenz vorbestimmter Regeln darstellen, deren Bedeutung unveränderlich und klar ist. In einfachen Fällen kann dies so sein, aber in der Mehrzahl der Fälle lassen weder die Gesetze noch die Vorentscheidungen ein einziges Ergebnis zu. In den wichtigsten Fällen gibt es immer die Möglichkeit einer Wahl. Der Richter muss zwischen den möglichen alternativen Bedeutungen des Wortlautes eines Gesetzes wählen oder bei divergierenden Interpretationen bestimmen, was eine Vorentscheidung ausdrückt. Die juristischen Regeln können einen zentralen Kern von unumstrittener Bedeutung besitzen und in einigen Fällen kann es sich als schwierig erweisen, sich eine Debatte über die Bedeutung einer Regel vorzustellen. Dennoch bestehen alle Regeln aus einem Halbschatten der Ungewissheit, bei dem der Richter zwischen Alternativen wählen muss. Aber die Effektivität der Normen im gesellschaftlichen Leben soll nicht ignoriert werden. Sie werden im Grunde als Regeln verwendet, und nicht als bloße Gewohnheiten oder Vorhersagen.

c. *Interpretationsprobleme (Ross)*

Ross unterstreicht die Tatsache, dass manchmal die einzelnen Worte bedeutungslos sind. Laut ihm existieren Unsicherheitsfaktoren, die die Umgangssprache beeinflussen, und auch situative Kontexte sind bedeutsam, um sprachliche

135 Hart, *The Concept of Law*, S. 157 ff.

Ausdrücke zu interpretieren. All dies trifft auch in Bezug auf die Gesetzestexte und auf den juristischen Diskurs im Allgemeinen zu; ein gewisses Maß an Ungenauigkeit ist immer unvermeidlich.

Ross unterscheidet zwischen drei Auslegungsproblemen: syntaktischen, logischen und semantischen. Die Ersten sind solche, die die Verbindung zwischen den Worten in dem Satz betreffen. Die Zweiten beziehen sich auf den Zusammenhang zwischen Ausdrücken in einem bestimmten Kontext, in dem drei Elemente examiniert werden: Inkonsistenz, Redundanz und Voraussetzung. Schließlich befasst sich die dritte Art, die sich an der Basis der Streitigkeiten zwischen Juristen befindet, mit semantischen Problemen der Auslegung im engeren Sinne, denjenigen, die in Bezug auf die Bedeutung der einzelnen Worte oder Sätze bestehen.[136]

136 Ross, *On Law and Justice*, §XXV, §XXVI, §XXVII.

2. Teil: Grundlagen einer Theorie der juristischen Interpretation

Die juristische Interpretation kann auf verschiedene Bereiche angewendet werden, aber nicht nur gesetzliche Interpretationen, sondern auch andere Quellen des Rechts wie Verwaltungsvorschriften, Gerichtsurteile, Rechtsgeschäfte usw., sogar ungeschriebene Quellen – wie z.B. juristische Gewohnheit – können interpretiert werden. Zudem findet man die Interpretation der Fakten selbst und hat damit Daten, die aus juristischer Sicht relevant sind. Z.B. bei der Bestimmung, ob jemand bestimmten Verpflichtungen nicht nachgekommen ist, fragt man, ob diese Handlung in gutem Glauben durchgeführt wurde. Hier wird die Auslegung von Gesetzestexten betrachtet, aber es gibt keine Einstimmigkeit unter Juristen darüber, was unter dem Wort „Interpretation" verstanden wird. Die Idee, welche Menschen darüber haben, kann weiter oder enger gefasst sein, sowohl in Bezug auf das Subjekt als auch auf den Gegenstand.

Es geht um die sog. „Gesetzesauslegung", wenn man versucht, den normativen Sinn eines Texts zu finden. Andere Juristen jedoch meinen, dass es keine Auslegung an sich gibt, und dass sie nur stattfinde, wenn ein Text Verständnisschwierigkeiten macht oder unklar bleibt, d.h. wenn es Zweifel gibt, ob der Wortlaut gültig oder ungültig für bestimmte Situationen ist.

Zum Thema, wer zur Auslegung befugt ist bzw. auslegen kann, ist es allgemein anerkannt, dass das Gesetz von bestimmten Personen ausgelegt wird, z.B. von Richtern, Rechtsanwälten usw. Diese „legen" das Gesetz „aus", um einen normativen Sinn für einen bestimmten Fall zu extrahieren, obwohl der Grad der „Verbindlichkeit" dieser Leistung je nachdem, wer Rechtsanwender ist, variieren kann.[137] Man benutzt jedoch die Verwendung des Wortes „Auslegung" im wörtlichen Sinne nur für diejenigen Fälle, in denen solche Aktivitäten durch eine Behörde durchgeführt werden: durch Richter, die Verwaltung usw.

Jedes Gesetz muss interpretiert werden, um den möglichen Sinn zu finden und für den jeweils vorliegenden Fall zu bestimmen, und dies im besten Fall so, dass dieses Gesetz nicht mehr als einen möglichen juristischen Sinn hat. Die Auslegung des Rechts ist eine Aktivität des Denkens, durch die jemand einen Zusammenhang zwischen einem juristischen Sinn und den semantischen Inhalten eines juristischen Textes herstellt. Jedes Gesetz muss so interpretiert werden,

---

137 Batiffol, *Questions de la interprétation juridique*, S. 13.

dass es verständlich ist. Die Frage ist: Was ist der Sinn eines Gesetzes und was kann als „Sinn" verstanden werden?[138]

Drei Hauptfragen werden in dem folgenden Abschnitt zu den „Grundlagen einer Theorie der juristischen Interpretation" gestellt:

1. Was kann als juristische Interpretation verstanden werden?
2. Welche Rolle spielt die Wortlautgrenze in der juristischen Interpretation?
3. Was kann als Rechtsfortbildung verstanden werden?

Der erste Punkt geht der Frage nach, welche Eigenschaften man in der juristischen Interpretation finden kann, die diese als eine besondere Auslegung charakterisiert, und ob es möglich ist, die Normen in grammatischen Formen zu interpretieren. Dies führt zu der zweiten Frage dieses Teils, der Wortlautgrenze. Dieses Thema betrifft die Fragen nach dem Wortlaut und der Grenze der Interpretation eines Textes. Hier wird die Wortlautgrenze von verschiedenen juristischen Methodenlehren untersucht und beleuchtet. Die dritte Frage betrifft das Problem der Rechtsfortbildung. Hier werden die gesetzesergänzende Rechtsfortbildung und die gesetzesübersteigende Rechtsfortbildung untersucht.

138 Capella, *El derecho como lenguaje*, S. 249.

Kapitel 1: Zur Gesetzesauslegung

I. Begriff und Ziel einer Gesetzesauslegung

Rechtsanwender dürfen keine beliebigen semantischen Interpretationsnormen wählen, sondern müssen in der semantischen Interpretation einen Zusammenhang zwischen der Formulierung des gesetzlichen Tatbestandes und der Sachverhaltsbeschreibung herstellen. In der juristischen Auslegung ist es kennzeichnend, dass der Rechtsanwender, d.h. der Ausleger, den Text selbst zum Sprechen bringen will, ohne etwas hinzuzufügen oder wegzulassen.[139] Dieses Postulat der Gesetzesbindung findet seinen verfassungstheoretischen Hintergrund in der Gewaltenteilungslehre.[140]

Die juristischen Methodenlehren leben mit einer eigenartigen Widersprüchlichkeit. Sie unterscheiden zwischen dem Auslegungsziel und den Auslegungskriterien. Um beide werden erbitterte (Meinungs-)Schlachten geführt. Aber der Sieg auf dem Feld „Auslegungsziel" bleibt in der Regel folgenlos. Vielfach lassen Autoren das, was sie zu dem Ziel der Auslegung an Erkenntnis gewonnen haben, bei der Erläuterung der Auslegungskriterien selbst außer Betracht; und wenn sich in Rechtsprechung und Literatur zu einem konkreten Problem eine methodengerechte Auslegung findet, unterbleibt in der Regel eine Aussage zum Auslegungsziel. Dies belegt, dass die übliche Art, wie in Auslegungsziel und Auslegungskriterien aufgespalten wird, fraglich ist.[141] Demnach soll an dieser Stelle das Ziel der Auslegung getrennt behandelt werden, aber schon gleich mit dem Hinweis, dass die Erkenntnisse aus diesem Abschnitt nicht isoliert einsetzbar sind, sondern auch bei den Auslegungskriterien Beachtung finden sollen.

Ziel der Auslegung ist es, die Bedeutung des Gesetzes zu erkennen. Dafür gibt es grundsätzlich zwei Möglichkeiten: Man geht vom Gesetzesverfasser, vom Gesetzgeber (von seinem Willen oder von seinen Worten) aus oder man geht von Zielen außerhalb von Gesetzgeberwillen und Gesetzestext aus. Bevor man

---

139 Koch/Rüßmann, *Juristische Begründunglehre*, S. 163.

140 In Art. 20 III GG heißt es: „Die vollziehende Gewalt und die Rechtsprechung sind an Gesetz und Recht gebunden" und Art 97 lautet: „Die Richter sind unabhängig und nur dem Gesetz unterworfen".

141 Rüthers, *Rechtstheorie mit juristischer Methodenlehre*, S. 437, Rn. 725.

sich für eine der beiden Möglichkeiten entscheidet, muss man zunächst wissen, warum man eigentlich ein Gesetz auslegt.

II. Juristischer Sinn und Gesetzesauslegung

Der Begriff „Sinn" ist mehrdeutig. Hier wird „Sinn" auf eine sehr weitgefasste Weise verstanden. Es wird jeder geistige Inhalt identifiziert, der an den Text eines Gesetzes als seine Bedeutung gebunden ist, soweit diese Inhalte in der ein oder anderen Art und Weise zu der gesetzlichen Vorschrift als angemessen erachtet werden.

Man bezeichnet diesen Sinn als eine semantische Dimension, d.h. als die Bedeutung eines sprachlichen Ausdrucks, die aus einem Wort oder einem Satzgefüge besteht. In erster Linie ist es wichtig zu bedenken, dass solche Sinne jederzeit konventionell sind. Daher kann ein juristischer Text in jedem Fall in unterschiedlicher Weise interpretiert werden; d. h., dass der gleiche Signifikant hiernach unterschiedliche Sinne haben kann, entweder zeitgleich oder entlang einer geschichtlichen Entwicklung. Das Problem eines Dolmetschers ist nichts Anderes. Er muss entscheiden, welche Konventionen am besten zu wählen sind und ob sie eine oder mehrere mögliche Bedeutungen haben.

Natürlich verfügt die Rechtssprache über eine umfangreiche Vergangenheit und ist auf eine Umgangssprache angewiesen, deshalb ist es erforderlich, mit Gruppen von Klängen zu arbeiten, die schon mit Bedeutungen belegt sind und nicht ignoriert werden können.[142] Aber man sollte nicht vergessen, wenn man vage und mehrdeutige juristische Begriffe bestimmt, dass diese Bedeutungen konventionell sind und sich verändern können.

Nichtsdestotrotz gibt es Interpretationstheorien, die dieses so relative Merkmal des Sinns, welches an den Text gebunden ist, gewissermaßen nicht kennen. In dieser Arbeit hingegen stimmt das wesentliche Kriterium, um Interpretationsfragen des Gesetzes zu untersuchen, mit dieser grundlegenden Idee überein: Der Ablehnung von Verallgemeinerungen bezüglich der linguistischen Effekte, welche variabel und lokal sind.[143]

Natürlich gibt es gute und schlechte Formulierungen und Ausdrücke, die sich je nach Kommunikationsabsichten als besser oder schlechter passend erweisen. Die Sprache, die die Welt zum Ausdruck bringt, ist nicht nur Sache von Konventionen. Es gibt gute und schlechte Sprachsysteme.[144] Man braucht nicht zu

---

142 Becquart, *Les Mots à sens multiple dans le droit civil français*, S 30.

143 Hirsch, *Validity in Interpretation*, S. 29.

144 Villey, *Philosophie du Droit. Définitions et fins du droit*, S. 214.

leugnen, dass die angepassten Sprachkonventionen angemessen sein können, um diese oder jene Elemente auszudrücken. Aber die gute oder schlechte Bewertung ist nur ein Werturteil aus einer Perspektive mit bestimmten Kommunikationsabsichten.

Angesichts der unvermeidlichen konventionellen Natur der juristischen Bedeutung ist es möglich, zwischen verschiedenen Arten von Sinn zu unterscheiden. Williams war vielleicht der Erste, der die Bedeutung dieser Unterschiede für die Arbeit der Rechtsanwender betont hat. Worte haben nach Williams keine „wahre" Bedeutung, außer wenn die „übliche Bedeutung" als solche betrachtet wird. Jede Definition bezieht sich auf eines von drei Dingen:

(i) auf die „übliche Bedeutung",
(ii) eine besondere Bedeutung als zweckgebundene oder
(iii) einfach auf eine gewünschte Bedeutung.[145]

In der wissenschaftlichen Diskussion über die Definition der Bedeutung passt nur der Typ (i). Viele Probleme, die sich auf die empirische Welt zu beziehen scheinen, bestehen in Wirklichkeit aus einfachen Definitionsfragen. Jede Frage zum Beispiel, die in der Form „Was ist...?" oder „Was ist die Beschaffenheit von...?" auftaucht, drückt das Bedürfnis nach Definition eines bestimmten Wortes aus. In diesem Fall wird keine Information über die empirische Welt verlangt, außer wenn diese dazu beiträgt, eine eindeutige Definition festzulegen.[146]

Andererseits muss zwischen drei Sinnarten unterschieden werden: 1) dem verstandenen Sinn, d. h. dem, den der Sprecher oder Schreiber versteht, 2) dem geläufigen Sinn, d. h. dem Sinn, der den Wörtern von gewöhnlichen Hörern oder Lesern zugemessen wird und 3) dem bestehenden Sinn, d. h. dem, der den Wörtern wirklich durch einen besonderen Leser oder Hörer zugesprochen wird. Verwirrung entsteht dann, wenn 1) von 3) abweicht.[147]

Schließlich muss auch zwischen a) wörtlichem Sinn und b) anderen zugewiesenen Bedeutungen, die ein Gesprächspartner den jeweiligen Wörtern verleiht, unterschieden werden. Beide Formen können ihrerseits für jeden der weiter oben unterschiedenen drei Sinntypen Anwendung finden. Außerdem unterscheidet man, wie es Battifol tut, wie folgt zwischen zwei generellen Bedeutungen des Wortes *Sinn*: Bei der ersten handelt es sich um die Bedeutung, dass ein Terminus oder ein Satz die Zeichen eines Gedankens sind, den sie vermitteln.

---

145 Siehe Williams, *Language and the law*, S. 72 ff.
146 Hospers, *An Introduction to philosophical analysis*, S. 4 ff.
147 Williams, *Language and the law*, S. 72.

Bei einer zweiten zeigt die Bedeutung eine Richtung auf, die der Aktion gegeben werden muss. Es wird davon ausgegangen, dass diese Orientierung der wesentliche Inhalt der Norm ist und ihre Interpretation innehat.[148]

Die oben erwähnte Unterscheidung kann bestimmen, wie der Auslegungsprozess durchgeführt werden soll, um die Ziele der Entwicklung klarer zu unterscheiden. In einer ersten Phase steht der Sinn eines Textes, wie ihn der Autor kommuniziert, d.h. die Gedanken des Autors in ihrer mehr oder weniger bewussten Komplexität.

In einer zweiten Phase gibt der Text einen Weg vor, dem es zu folgen gilt; er hat eine Lösung für die Situationen vorgegeben, die aus einem bestimmten Blickwinkel gesehen werden, sodass der Interpret der aufgezeigten Richtung folgen wird, um unabhängig von der anfänglichen Vorschrift etwas konstruieren zu können. Der Text ist ein Gedanke, der von denjenigen erkannt werden soll, an die er gerichtet ist; dies kann nur durch Worte erreicht werden, deren Sinn durch Regeln bestimmt werden.[149]

1. Gemeinsamer Sinn und juristischer Sinn

Wenn ein Dolmetscher sagt, dass, um die Bedeutung der Begriffe erfassen zu können, diese mit dem „normalen Sprachgebrauch" übereinstimmen müssen, ist zu klären, auf welche Art von Verwendung er sich bezieht, weil der Begriff des „normalen Sprachgebrauchs" mehrdeutig ist. Horak weist zurecht darauf hin, wenn er diese Mehrdeutigkeit, basierend auf den Argumenten der römischen Juristen, prüft.[150] Er unterstreicht, dass in Argumentationen, die auf Wahrscheinlichkeit basieren, nicht nur Bestätigungen, sondern auch Einschätzungen eine Rolle spielen. Die Interpretation beruht nicht so sehr auf dem Sprachgebrauch an sich, sondern, nach der Meinung der Juristen, auf seiner Verwendung.

Jetzt steht der Interpret von Gesetzestexten vor einer ersten Alternative, denn manchmal muss man mindestens zwischen zwei Arten von Bedeutungen wählen. Auf der einen Seite stehen die alltäglichen Bedeutungen, gängige Begriffe. Aber auf der anderen Seite findet man immer mehr technische Bedeutungen, d.h. streng juristisch: Bedeutungen, die Juristen gewissen Ausdrücken geben. Zwischen den beiden Bedeutungen existiert eine Art von Spannung. Spannung kann auch zwischen alltäglichen Bedeutungen und anderen Bedeutungen

---

148 Batiffol, *Questions de l'interprétation juridique*, S. 25.

149 Batiffol, *Questions de l'interprétation juridique*, S. 26.

150 Horak, *Rationes decidendi I. Entscheidungsbegründungen bei den älteren römischen Juristen bis Labeo*, S. 224.

auftreten. Zum Beispiel ist es für die Auslegung bestimmter Begriffe möglich, sie auf andere Bedeutungsbereiche zu beziehen, z.B. Bereiche wie Philosophie, Theologie und Politik.

Die meisten Juristen sind geneigt, vorzugsweise den technischen Sinn der Worte zu verwenden. Larenz erklärt, dass der Gesetzgeber die Umgangssprache verwendet, soweit sie an den Bürger gerichtet ist und von ihnen verstanden werden kann. Aber in bestimmten Sprachfeldern, speziell juristischen, durch die man einen höheren Grad an Genauigkeit erreichen kann, spart man sich eine ganze Reihe von komplizierten Erklärungen.[151] In Gesetzestexten haben die Ausdrücke der juristischen Sprache eine besondere Bedeutung erworben (z.B. Vertrag, Nichtigkeit, Nachfolge usw.). Sie sind in der Regel – in Übereinstimmung mit dieser Bedeutung – richtig verwendet. Sie berücksichtigen keine anderen Bedeutungen, die als Varianten dieser Wörter in der Alltagssprache in Erscheinung treten. Der Kreis der möglichen Bedeutungen, unter denen nach nichtsprachlichen Kriterien ausgewählt wird, wird so erheblich reduziert. Daher müssen wir uns im Prinzip bei der Auslegung von Gesetzen an den technischen und juristischen Umgang mit der Sprache halten. Doch für Larenz ist diese Regel nicht frei von Ausnahmen und man muss zu dem allgemeingültigen Sprachgebrauch zurückkehren, sobald das Gesetz den speziellen Einsatz verlassen hat.[152]

Ohnehin sollte hinterfragt werden, was die richtige juristische Sprache ist. Heck stellt fest, dass weder das menschliche Sprachverständnis noch die spezifischen juristischen Bedeutungen frei von Ungenauigkeiten sind. Unter Nicht-Juristen, meint Heck, ist die Rechtserkenntnis unendlich vielfältig, d.h. die gleiche Norm oder Regel kann die unterschiedlichsten Ideen hervorrufen. Und für die Rechtssprache ist es manchmal nicht möglich, ihre Grenzen anderen Rechtskenntnissen (nicht-sprachlichen sozusagen) zu setzen, weil die vorherrschenden Rechtsvorstellungen immer eine Folge der globalen Rechtskenntnisse sind. Die Schwierigkeiten der Abgrenzung sind sogar noch größer, wenn man bedenkt, dass man bei der Interpretation nicht die Bedeutung der einzelnen isolierten Begriffe bestimmen sollte, sondern den konkreten Vorschlag als Ganzes verstehen soll.

Man darf auch nicht vergessen, wie Bartholomeyczik behauptet, dass sehr oft die gleichen Fachbegriffe in verschiedenen Gesetzen verwendet werden, häufig sogar in unterschiedlicher Weise innerhalb des gleichen Gesetzes.[153] Man

---

151 Larenz, Karl. *Methodenlehre der Rechtswissenschaft*, S. 307.

152 Larenz, Karl. *Methodenlehre der Rechtswissenschaft*, S. 309.

153 Bartholomeyczik, Horst. *Die Kunst der Gesetzesauslegung: Eine wissenschaftliche Hilfe zur praktischen Rechtsanwendung*, S. 21.

unterscheidet auch zwischen der jeweiligen Verwendung einer Terminologie in bestimmten Gesetzen und der Verwendung in anderen, allgemeinen Gesetzen. Aber, selbst wenn man akzeptiert, dass die Sprache des Gesetzes in einem technischen Sinn verstanden werden muss, gibt es immer noch Schwierigkeiten, solch einen Sinn zu präzisieren; die Meinungen sind in dieser Hinsicht unterschiedlich. Obwohl alle anerkennen, dass die juristische Sprache ein Subtyp der Alltagssprache ist, beurteilen sie die einen näher, die anderen weniger nah am Ungenauigkeitsgrad, der Letztere ausmacht.

2. Identitätstheorie und Andeutungstheorie

Angesichts der Vielzahl von Bedeutungen, die in der Sprache des Gesetzes vorhanden sind, können zwei Arten von Lösungen vorgestellt werden: die sogenannte Identitätstheorie und die Andeutungstheorie. Nach der ersten Theorie, die die radikalere ist, wird der Inhalt des Gesetzes auf den strikten Sinn der sprachlichen Formulierung beschränkt, auf das Geschriebene und den Wortlaut selbst.

Gemäß der zweiten Theorie, die weniger radikal ist und auf eine höhere Akzeptanz stößt, könnte man bei der Interpretation zu einem Punkt gelangen, an dem als Sinn eines juristischen Textes Ideen zugelassen werden. Somit stellt die linguistische Formel, aus der der Wortlaut besteht, nur eine Grenze für die Auslegung des Sinnes dar, sodass nur die semantischen Inhalte, die mit dem Text in Einklang stehen, als Bedeutung verstanden werden können. Für dieses Kriterium ist beispielsweise eine Auslegungsregel wie folgt möglich: Die Durchführung einer Angemessenheit des Gesetzes ist nicht jenseits ihres Wortlautes möglich.

Diese Regel wurde von Zimmermann, basierend auf einer Analyse der Rechtsprechung der höchsten deutschen Gerichte, aufgestellt.[154] Und diese Regel ist, nach Meinung des Autors, ein grundlegendes Merkmal der objektiven Theorie der Interpretation. Auch Reinicke stellt fest, dass der BGH sowie andere deutsche Gerichte, ausdrücklich die Andeutungstheorie akzeptiert haben. Der Gerichtshof zieht in Betracht, dass der Wille des Gesetzgebers nur in jenen Fällen gefunden wird, in denen dieser Wille Ausdruck in den Worten des Gesetzes ist.[155]

---

154 Zimmermann, *Der Wortlaut des Gesetzes im Spiegel höchstrichterlicher Rechtsprechung*, S. 1263.

155 Reinicke/Reinicke, *Die Bedeutung des Wortlauts bei der Auslegung von Gesetzen nach der Rechtsprechung des Bundesgerichtshofes.*

Andererseits muss man anmerken, dass dieser Wille seine Ausdrucksweise im Gesetz finden soll und, je einfacher und klarer der Wortlaut ist, desto schwieriger wird es, andere Interpretationen zu rechtfertigen.[156] Auch Geny stimmt dieser Theorie zu, wenn sie auch nicht so benannt wird. Tatsächlich sagte er, dass der Gesetzgeber nicht verlangen kann, dass eine Regel befolgt wird, die nichts mit dem tatsächlichen Horizont dessen zu tun hat, wie ein Gesetz beachtet und angewendet wird. Das soll auf eine weit gefasste Weise interpretiert werden, um der Gesetzgebung genug Macht zu gewähren.[157]

Einige Autoren erkennen, inspiriert von der Andeutungstheorie, dass der Gesetzestext nur eine Rolle in der Bestimmung der Grenzen des Sinnes spielt. Das bedeutet, dass die Interpretation nicht über das hinausgehen kann, was, vom linguistischen Standpunkt her betrachtet, als „möglicher Sinn der Worte" auftaucht.

Obwohl der Wortsinn in den meisten Fällen kein ausreichendes Kriterium für die Auslegung ist, weil diese sogar unterschiedliche Interpretation enthalten kann, kann man auch behaupten, dass der mögliche Wortsinn, d.h. die Menge der Bedeutungen, die nach dem allgemeinen Sprachgebrauch mit einem bestimmten Ausdruck verknüpft sind, als Auslegungsgrenze im engeren Sinn bezeichnet wird.[158]

Neumann, der eine Reihe von Entscheidungen des deutschen Strafrechts analysiert hat, findet einen allgemeinen Trend in ihnen: Sie stellen eine verbale Zustimmung eines „möglichen Sinnes der Wörter als Grenze der Interpretation" dar, sogar dann, wenn die angewandte Argumentation eindeutig über diese Grenze hinausgeht.[159]

Innerhalb des gleichen Feldes, das dem möglichen Sinn entspricht, können noch weitere unterschiedliche juristische Lösungen gefunden werden. Dieser Weg lässt, im Gegensatz zu einer weniger flexiblen Konzeption (Identitätstheorie), die Möglichkeit von extensiven Interpretationen zu, welche von den restriktiven Interpretationen unterschieden werden sollen, immer wenn es nicht eine Korrektur dieser bedeutet. Das Ziel ist es daher, dass die Bedeutung des Gesetzes ein Standbein findet, einen Hinweis auf den Wortlaut des entsprechenden Textes

---

156 Clauss/Clauss, *Zum Begriff „Eindeutig"*, S. 602.

157 Gény, *Méthode d'interpretation et sources en droit privé positif: essai critique.* Band II, S. 119.

158 So Larenz, *Methodenlehre der Rechtswissenschaft*, S. 303.

159 Neumann, *Der „mögliche Wortsinn" als Auslegungsgrenze in der Rechtsprechung der Strafsenate des BGH*, S. 142.

(Andeutungstheorie). Aber die Wahrheit ist, dass solche Grenzen auf eine mehr oder weniger elastische Weise entwickelt werden können.

Wie kann man solche Flexibilität beschränken? Es wird gesagt, dass der Richter in den Fällen keine Wahl hat, in denen die gesetzliche Formel hinreichend klar zu sein erscheint. Aus diesem Prinzip, welches eine häufig vorkommende Vorstellung wie Gesetze interpretiert werden sollen, repräsentiert, ergibt sich eine Regel wie die folgende: Wenn der Wortlaut klar ist, der Sinn eindeutig, dann gibt es keinen Raum für Interpretation, es gibt keine gerichtliche Entscheidung gegen diesen Sinn.[160]

3. Sens-clair Doktrin

Für gewöhnlich wird gesagt, dass für den Richter keine Wahlmöglichkeit bei jenen Fällen besteht, bei denen die legal anwendbare Formel als genügend „klar" erscheint. Das ist es, was unter der Doktrin des klaren Sinnes bekannt ist. Das Prinzip bezieht sich auf eine Idee, die weit zurückreicht, nämlich auf das römische Recht: Cum in verbis nulla ambiguitas est, non debet admitti voluntatis quœstio (Wenn der Wortlaut eindeutig ist, sollte man nicht nach der Absicht des Gesetzgebers fragen).[161] Daher das folgende Ergebnis: Wenn der Sinn des Textes klar ist, muss die wörtliche Auslegung vorgenommen werden, auch wenn diese nicht mit dem wirklichen Ziel der Vorschrift übereinstimmt.[162] Diese Idee entspricht dem, was in England als „goldene Regel" bezeichnet wird. Sobald die Absicht des Gesetzgebers ausgedrückt wurde, zählt der Ausdruck, nicht die Absicht.[163]

Coing kritisiert jedoch, dass auch bei eindeutigen Texten eine Abweichung möglich ist, solange man nachweisen kann, dass sie nicht dem wahren Sinn des Gesetzes widerspricht, aber in diesem Fall würde die Nachweispflicht demjenigen zukommen, der eine Lösung vorschlägt, die vom offensichtlichen Sinn abweicht.[164]

Wie auch immer, diese Doktrin setzt das Bestehen eines festen, einzigartigen, eindeutigen und klaren wörtlichen Sinns voraus. Allerdings sagt diese Doktrin

---

160 Zimmermann, *Der Wortlaut des Gesetzes im Spiegel höchstrichterlicher Rechtsprechung*, S. 1262.

161 Clauss, *General Semantics*, S. 14.

162 Perelman, *Logique juridique*, S. 36

163 Esser, *Grundsatz und Norm in der richterlichen Fortbildung des Privatrechts: rechtsvergleichende Beiträge zur Rechtsquellen- und Interpretationslehre*, S. 287.

164 Coing, *Grundzüge der Rechtsphilosophie*, S. 273.

nichts darüber aus, wie man den Punkt klärt, wann und wie ein Text als „klar" oder „unklar" angesehen wird. Eine derartige Frage ist weit davon entfernt, eindeutig klar zu sein, denn, wie Clauss betont, die Begriffe „klar" und „eindeutig" sind alles andere als klar und eindeutig in sich selbst. Sie scheinen verständlich zu sein, aber sie sind es nicht. Die Idee von „unklar" ist unklar. Kurz gesagt wird angenommen, ob ein Text klar oder unklar ist, hängt von der Perspektive des Rechtsanwenders ab. So kann der gleiche Text klar und eindeutig für den Einen, aber unklar und mehrdeutig für den Anderen sein.[165]

Zudem können mit der Interpretation zwei verschiedene Ziele verfolgt werden. Es kann untersucht werden, welches Ziel die Gedanken einer anderen Person hatten, d.h. eine genetische Untersuchung, um zu bestimmen, was die eigentliche Bedeutung des Textes ist, die der Autor vermitteln will. Aber es ist auch möglich, dass der Interpret den infrage kommenden Sinn aus seinem eigenen Geist zieht: teleologische Untersuchung. Der Text wird mit bestimmten Werten verbunden und sein normativer Gehalt stellt eine praktische Anleitung dar.

Beide Ansätze können natürlich zu Ergebnissen führen, die sich nicht überlappen. Wenn der Interpret versucht, den Sinn aus der Perspektive des Gesetzgebers zu verstehen und er erreicht das nicht, kann er zu der Schlussfolgerung gelangen, dass der Text überhaupt nicht klar ist. Aber wenn stattdessen der Interpret versucht, den besten Sinn zu finden, abhängig von seiner eigenen Perspektive, wird er immer eine Lösung finden: Deshalb sind die Vorschläge selbst nicht klar oder unklar, sondern nur ihr Sinn ist mehr oder weniger klar, abhängig von der Sicht des Interpreten selbst.

Das bedeutet, einen Text als klar oder mehrdeutig zu betrachten, ist etwas, das von der Sicht des Interpreten abhängt, d.h., dass auch die Interpretation von der objektiven oder subjektiven Sicht des Interpreten abhängt. Außerdem muss man den zwei oben genannten Theorien eine dritte mögliche Sicht hinzufügen: die Perspektive der Bürger, die eine gesetzliche Regelung erfüllen sollen.[166]

Die Anwendung dieser Theorie selbst ist problematisch. Nicht nur die Unterscheidung zwischen einem klaren und unklaren Sinn eines Textes, sondern auch die Bedeutung von „Klarheit" selbst, ist umstritten. Clauss hat die Existenz einer relativ großen Anzahl von möglichen Varianten, die mit den Worten „klar" und „unklar" verbunden werden können, festgestellt.[167]

---

165 Clauss, *General Semantics*, S. 7.

166 Clauss, *Zum Begriff der Unklarheit*, S. 306 ff.

167 Clauss, *General Semantics*, S. 9.

Die Klarheit von Gesetzestexten ist etwas, was der Interpret seinen eigenen Absichten bzw. seiner Perspektive entsprechend bewertet, je nachdem, wie er sich ihnen gegenüber positioniert. Den Mangel an Klarheit im Gesetz kann man, wie Clauss bemerkt, auf eine der folgenden drei Arten von grundlegenden Referenzpunkten beziehen: den Gesetzgeber, den Interpreten und die Rechtssubjekte als Mitglieder der Rechtsgemeinschaft. Aber natürlich kann man hinzufügen, dass jede dieser Referenzpunkte wiederum auf unterschiedliche Weise verstanden werden kann, je nachdem welcher Gesetzgeber, welcher Interpret und welche Rechtssubjekte man betrachtet.

Die Analyse solcher Perspektiven entspricht dem, was Clauss als „operative" Bedeutung des Wortes bezeichnet hat. Er bezieht sich darauf, wie sich die Bedeutung der Begriffe ändert, abhängig vom Zweck und der Perspektive der Rechtsanwender. Diese Ebene, d.h. die operative Bedeutung des Wortes, muss unterschieden werden von einer anderen Ebene, der der operationellen Bedeutung des Wortes. Aus diesem Blickwinkel, im Gegensatz zu dem vorherigen, ist die Frage nicht so sehr herauszufinden, was dieser oder jener Einzelne durch die verwendeten Ausdrücke versteht, sondern die Untersuchung der praktischen Wirkungen (wie die Wörter wirken) unabhängig von der Bedeutung im Kopf der Person, die solche Begriffe verwendet.[168]

Wenn die operativen und operationellen Bedeutungen des Wortes nicht übereinstimmen, d.h. die praktischen Ergebnisse nicht dem von dieser Sprache verfolgten Ziel entsprechen, dann wird die allgemeine Semantik eine Rolle spielen. Das sorgt für die Korrektur der fehlerhaften Ausdrücke und verhindert so unerwünschte Effekte. Man spricht hier von „Nebenwirkungen", die mit der Verwendung eines Begriffes verbunden sind. Und es gibt sogar Fälle, in denen die Nebenwirkungen diametral gegenüber den angestrebten Zielen sind. Wenn der Interpret versucht, sich auf der Seite des Gesetzgebers zu positionieren, hat er verschiedene Möglichkeiten, dies zu tun. Erstens kann er sich ausschließlich dem Sprachgebrauch des jeweiligen Autors anpassen: Klarheit oder Mangel an Klarheit, im Sinne einer historischen wörtlichen Interpretation. Aber der Interpret kann sich auch auf gewisse Ziele des Gesetzgebers stützen, die er anderen Quellen entnimmt, die nicht dem Gesetz selbst zugehören: teleologische Interpretation. Schließlich gibt es auch einen Mangel an Klarheit im pragmatischen Sinne.

Aber wenn der vom Gesetzgeber angestrebte Sinn aus irgendeinem Grund nicht verstanden wird, kann der Interpret den Standpunkt ändern. Man kann also einfach nach dem Sinn fragen, den der Interpret selbst als den besten für

---

168 Clauss, *General Semantics*, S. 79.

diesen Text hält; im Sinne von Radbruch ist das eine eigenschöpferische Interpretation.[169] Oder der Interpret wird versuchen festzustellen, welchen möglichen Sinn der Gesetzgeber angenommen hätte, unter Berücksichtigung der vorherrschenden Vorstellungen. Aber auch im letzteren Fall kann der Rechtsanwender seine eigene Sicht verwenden, weil er zwischen verschiedenen Bewertungskriterien, die viel größer als die Perspektive des Gesetzgebers sind, wählen kann. Schließlich ist es auch möglich, dieses Problem aus der Sicht der Bürger im Hinblick auf das Gesetz zu analysieren. Also muss man sich bei der Interpretation einer Rechtsnorm fragen, ob diese klar genug und verständlich für alle Bürger ist, insbesondere für die Laien, die nicht über juristische Kenntnisse verfügen.[170]

III. Ist es möglich, die Normen in einer grammatischen Form zu interpretieren?

Autoren wie Kelsen und Hart äußern eine scharfe Kritik an der juristischen Denkweise, jedoch gibt es neben diesem Rechtspositivismus andere, die naiv genannt werden könnten und hinter denen „praktisches Denken" einiger Juristen gefunden werden kann. Sie ignorieren zugrundeliegende Probleme, die Analyse grundlegender Kriterien und ihre eigenen Grenzen. In den Augen eines naiven Rechtspositivisten ist alles klar und einfach: „So steht es im Gesetz und das ist ausreichend". Einerseits gibt es eine korrekte juristische Lösung, andererseits bestehen auch andere Lösungsmöglichkeiten. Der Jurist hat keine andere Möglichkeit, als sich für die erste der beiden Lösungen zu entscheiden. Und wenn man diese Rechtspositivisten fragt: Was wird getan, um zu wissen, was das Gesetz sagt? Nach welchen Bedingungen wird es interpretiert? Wahrscheinlich wird er, überrascht von der Frage, antworten: Die Lösung ist „offensichtlich nach den Bedingungen, auf die sich das Gesetz stützt!".[171]

Dieser naive Rechtspositivismus übernimmt eine grammatische Auslegung, die nicht zu größeren Problemen führt. Durch dieses Verfahren sollte jeder Rechtsanwender zum gleichen Ergebnis kommen. Für jeden Gesetzestext würde nur eine mögliche grammatische Auslegung existieren. Und das würde auch bedeuten, dass diese Art der Interpretation eine klare Abgrenzung hat. Beide Extreme (Univozität und Spezifität) übernehmen die Möglichkeit solcher

169 Radbruch, *Einführung in die Rechtswissenschaft*, 169.
170 Geyl, *Die Rechtssprache als Objekt der wissenschaftlich begründeten Sprachpflege*, S. 83.
171 Haba, *El espejismo de la interpretación literal*, Band II, S. 213.

Verfahren. Es sollte möglich sein, einen ziemlich präzisen Begriff zu erklären, d.h. der Methode die Grenzen von solch einer Interpretation aufzuzeigen.[172]

Engisch stellt fest, dass es im Bereich der juristischen Auslegung eine grundlegende Spaltung gibt, d.h. die Bedeutung von Gesetzestexten kann auf zwei Arten ermittelt werden: entweder durch eine Auslegung, die dem „wahren Sinn der Worte“ (Wortsinn) entspricht, oder durch eine Interpretation, die einen Sinn sucht, der durch andere Medien gesucht werden kann. Die erste dieser beiden Methoden ist die sogenannte grammatische Auslegung, die zweite ist die teleologische Auslegung.[173]

Die hier vorgestellten Ansichten versuchen klar zu bestimmen, was die grammatische Auslegung ist. In Bezug auf die grammatischen Aspekte wurde schon darauf hingewiesen, dass alle interpretativen Methoden von der Grammatik geprägt sind. Andererseits kann man argumentieren, dass nicht nur die Grammatik stets vorhanden ist, um Gesetze zu interpretieren, sondern dass dasselbe generell auch für die linguistischen Faktoren gilt. Oder, wenn man es aus einem anderen Blickwinkel sehen möchte, kann man argumentieren, dass keine interpretative Methode auf außersprachliche Erwägungen verzichtet kann.[174]

Aber solche Beobachtungen, auf die Haba hingewiesen hat, sind nicht genug um die Spezifität der grammatischen Auslegung zu verweigern. Es sei denn, als Ausgangspunkt wurde schon eine Vorbeurteilung vorgenommen. Wenn von vornherein eine weite oder enggefasste Vorstellung dessen, was man unter einem wörtlichen oder grammatischen Sinn versteht, eingenommen wird, dann ist es leicht, zu dem Schluss zu kommen, dass alle interpretativen Verfahren grammatisch sind und nach der vorgegebenen Definition bestimmt werden. So gesehen, ist die Möglichkeit oder Unmöglichkeit von grammatischen Methoden nicht mit einer empirischen Überprüfung, sondern mit einer terminologischen Frage in Zusammenhang zu bringen.[175]

Für Bobbio besteht in diesem Sinne die Auslegung immer aus einer Sprachanalyse. Obwohl er sie als eine Auslegung der Worte des Gesetzes, historische Interpretation, systematische Auslegung usw. vorstellt, ist es letztendlich immer eine grammatische Auslegung. In allen Fällen wird die Suche nach jenen Regeln durchgeführt, die die infrage stehenden Termini bestimmen: die „Grammatik“ (im weitesten Sinne) der Sprache eines Gesetzgebers. Die Interpretation des

---

172 Haba, *El espejismo de la interpretación literal*, Band II, S. 214.
173 Engisch, *Vom Weltbild des Juristen*, S. 105.
174 Haba, *El espejismo de la interpretación literal*, Band II, S. 225.
175 Haba, *El espejismo de la interpretación literal*, Band II, S. 225.

Gesetzeskerns besteht aus einer Ausweitung der Untersuchung von bestimmten Worten in immer zahlreicheren Kontexten und weniger aus dem Zusammenhang mit dem ursprünglichen Kontext. Durch Interpretation des Gesetzeskerns soll verstanden werden, ob die Verwendung sprachlicher Mittel für die Festlegung der Bedeutung eines Wortes oder einer Wortgruppe geeignet ist.[176]

Die sogenannte historische Interpretation ist die Analyse der normativen Aussagen, welche in vergangenen Zeiten gültig waren. Die systematische Auslegung analysiert den Zusammenhang von normativen Aussagen mit anderen ähnlich stehenden Regelungen. Im Grunde ist auch die Interpretation der Absicht eine grammatikalische Auslegung. In dieser ersten Phase der Forschung stehen dem Rechtsanwender alle Mittel zur Verfügung und diese Mittel sind die Regeln der Verwendung der Fachsprache oder die „Grammatik" der jeweiligen Sprache eines bestimmten Gesetzgebers.[177]

Die vorgestellten Ansichten bedeuten nicht unbedingt, dass es keine Möglichkeit der Verwendung einer rein wörtlichen Auslegung gibt. Worauf Bobbio hinweist ist nur, dass für die Auslegung eines Gesetzes auch andere Aussagen verwendet werden können, aber auch dann werden diese durch eine Sprachanalyse zur Verfügung gestellt. Folglich, obwohl alle Interpretationen grammatikalische Auslegungen sind, schließt dies nicht aus, dass sich eine wörtliche Auslegung von anderen Arten der Interpretation unterscheiden lässt. Die wörtliche Auslegung dagegen würde sich ausschließlich oder zumindest in erster Linie auf die Sätze, aus denen der Gesetzestext besteht, beziehen.

Im Gegensatz dazu weist Müller darauf hin, dass eine grammatikalische Auslegung, d. h. eine, die direkt mit dem Text selbst verbunden ist, kaum offensichtliche Ergebnisse liefern kann. Ihre Objektivität ist begrenzt, weil sie von den Entwicklungen und Einschätzungen des sprachlichen Sinns abhängt. Die Ergebnisse, die der etymologischen Art zugeordnet werden können, sind nicht anwendbar, wenn es um die Konkretisierung des gültigen Rechts geht. Kurz gesagt, die „Objektivität" basiert auf bestehenden sprachlichen Konventionen, entweder generell oder zumindest im Rahmen der Rechtswissenschaft.[178]

Müller weist darauf hin, dass, wenn Kriterien der „sprachlichen Objektivität" folgen, heißt das, dass man immer bereit ist, zu erkennen, dass die sprachliche Bedeutung eines Textes ihren Ursprung in einer sprachlichen Konvention hat; dann gäbe es einen stabilen Ausgangspunkt, um zwischen den Bedeutungen, die

176 Bobbio, *Scienza del diritto e analisi del linguaggio*, S. 359.
177 Bobbio, *Scienza del diritto e analisi del linguaggio*, S. 359.
178 Müller, *Juristische Methodik*, S. 155

zwischen diesen sprachlichen Übereinkommen legitimiert sind, zu unterscheiden. Wenn man bereit ist, die Konventionen zu respektieren, ohne Erwägungen über die Gerechtigkeit in einem konkreten Fall, wird das Feld der Unbestimmtheit von Rechtstexten stark reduziert. In Situationen, in denen die Interpretation fraglich ist, würde es dann ausreichen, auf die Meinung von Linguisten zurückzugreifen. Diese Spezialisten könnten die vorherrschende Konvention anhand der geltenden semantischen Kriterien überprüfen. Es wird dennoch zweifelhafte Fälle geben, aber ihre Zahl wird deutlich sinken.[179]

Im Gegensatz zu dem, was Müller darstellt, führt die Tatsache, dass sprachliche Konventionen verwendet werden, vielleicht nicht zu einem Mangel der „Methode" der grammatischen Auslegung, sondern das Gegenteil trifft zu. Und das Paradoxe ist, dass diese Hypothese, die Müller ablehnt, vielleicht die Einzige ist, für die er uns einige Hinweise bietet, um normative Bedeutungen zu erfassen. Die Tatsache ist, dass er keine anderen Kriterien, die zumindest den relativen Grad der Intersubjektivität der sprachlichen Konventionen stützen, zeigen kann.

Die Texte des Gesetzes können jeweils mit mehr als einem normativen Sinn verbunden werden. Unter diesen Bedingungen stellt sich die Frage, was die Macht des Textes selbst ist, um die endgültigen Ergebnisse seiner Auslegung zu bestimmen? Welche Rolle spielen oft selbst die Buchstaben des Gesetzes für den Interpreten? Was geprüft werden soll, ist, inwieweit der Rechtsanwender glaubt, dass die Lösung von der sprachlichen Formulierung abhängt. Anders ausgedrückt, in welchem Maße ist der Jurist an die Gesetzessprache gebunden? Diese Frage wurde mehr als einmal von juristischen Theoretikern gestellt und oft mit der Rolle der grammatikalischen Auslegung verknüpft.

Normalerweise lautet der wesentliche Punkt wie folgt: Wenn es einen Text gibt, der „klar" formuliert ist, versteht man, dass die grammatikalische Interpretation ausreicht, um die Bedeutung der Vorschrift zu finden. Aber wenn ein Text mehr oder weniger „unklar" ist, kann sich der Interpret der Situation auf zwei Arten nähern. Erstens ist es möglich, dass selbst in diesem Fall, eine aufmerksame Betrachtung des Textes selbst erreichen kann, den Sinn des Textes zu erklären, ohne auf Elemente zurückzugreifen, die außerhalb der wortwörtlichen Urteilskraft liegen. Zweitens wird der Textsinn der Verordnung zumindest in einem gewissen Maß dazu beitragen, der Aufklärungsarbeit eine Richtung zu geben; der Text wird schon eine Vorstellung von dem Rahmen der zu überprüfenden Norm geben, eine Hilfe, um mehr Klarheit zu erlangen.

---

179 Müller, *Juristische Methodik*, S. 155.

Generell stellt ein Gesetzestext zwei Sinngebungsmöglichkeiten vor, den normativen Sinn, der legitimiert ist, und einen anderen, den er verwirft. Heck behauptet, dass der textliche Sinn des Gesetzes eine doppelte Funktion erfüllt. Erstens eine positive Funktion, um eine konkrete Bedeutung des Textes zu wählen, d.h. eine bestimmte Vorstellung, die die Worte repräsentieren. Zweitens eine negative Funktion als Grenze für die Zulassung von allen möglichen Bedeutungen, die mit dem Text nicht harmonisieren.[180]

Larenz glaubt, dass jede Interpretation durch eine Analyse der Bedeutung des Wortes beginnt. Manchmal kann man sein Ziel durch die Klärung des Gebrauchs der Sprache erreichen. Allerdings fügt er hinzu, dass die Abweichungen von der Sprache nie vollständig ausgeschlossen werden können. Folglich entspricht der mögliche Sinn der Worte zwei Funktionen: Er ist der Ausgangspunkt der gerichtlichen Auslegung und gleichzeitig setzt er die Grenze für diese Tätigkeit.[181] Diese Begrenzung ist auf zwei Wegen denkbar. Dies geschieht entweder, wenn die Grenze ausschließlich von den üblichen Bedeutungen der Begriffe bestimmt werden würde oder wenn er ausgeweitet würde, um auch weniger häufige Bedeutungen zu erfassen, aber immer noch Bedeutungen, die mit dem Begriff verbunden sind. Diese Alternative ist wieder einmal ein Beleg für die Dehnbarkeit dessen, was sich als durch den Gesetzestext erfasst betrachten lässt oder dessen, was sich durch eine Wortanalyse von ihm loslöst. So könnte es sogar zweifelhaft sein, dass die Möglichkeit bestünde, eine Grenze zwischen Interpretation im engeren Sinn und Integration zu etablieren.

Nach Larenz ist eine Interpretation, die nicht in den Rahmen des möglichen Bereiches der Wörter passt, keine Interpretation, sondern wirklich eine Umdeutung der Bedeutung des Gesetzes, d.h. eine Rechtsfortbildung. Doch das bedeutet nicht, dass diese Umdeutung für den Richter tabu ist. Kurz gesagt, der Sinn der Worte hilft dem Leser oder dem Rechtsanwender als ein erster Leitfaden, hilft aber auch auf der anderen Seite, die Grenze der Auslegung zu markieren, jenseits davon beginnt schon die Rechtsfortbildung. Somit bestimmt die Interpretation des Gesetzestextes den Umfang für die Tätigkeit der Juristen. Diese Grenze bestimmt, inwieweit andere Auslegungsmittel verwendet werden können.[182]

---

180 Heck, *Das Problem der Rechtsgewinnung, Gesetzesauslegung und Interessenjurisprudenz, Begriffsbildung und Interessenjurisprudenz*, S. 60

181 Larenz, *Methodenlehre der Rechtswissenschaft*, S. 307 f.

182 Larenz, *Methodenlehre der Rechtswissenschaft*, S. 311.

Letztlich ist die Festlegung der Grenzen des Gesetzestextes eine Frage der interpretativen Entscheidungen. Davon hängt ab, ob solche Grenzen in der ein oder anderen Weise interpretiert werden. Und besonders zu beachten ist, dass nicht jede Verwendung von Sprache in der Lage ist, die gleichen Grenzen für die Bedeutung von Wörtern zu setzen. Die sprachliche Formulierung kann auch von dem sprachlichen und außersprachlichen Kontext, in dem Kommunikation stattfindet, abhängen. Es ist sehr unwahrscheinlich, dass eine Hypothese unter allen Umständen und verbalen Bedeutungen gilt. Manchmal ist eine Verwendung der Sprache die einzige Möglichkeit, um die Bedeutung eines Wortes darzustellen, manchmal wird anscheinend eine besondere Wortwahl nur zur Beschränkung gewählt und das ist nicht die einzige Möglichkeit, die Bedeutung eines Wortes zu bestimmen.[183]

Jeder Versuch eine „Grenze" für die richtige Auslegung zu finden, ist zum Scheitern verurteilt, weil letztlich nur allgemeine Formeln verwendet werden, die es nicht zulassen, eine wahre Grenze zu ziehen.[184] Viele kommen daher zu dem Schluss, dass die „Grenzfunktion" sehr schwach oder gar nicht vorhanden ist. Kriele weist z.B. darauf hin, dass die Idee von einem „möglichen Sinn des Wortes" vage und manipulierbar ist. Die Entscheidung darüber, ob man eine weite oder eine enger gefasste Auslegung bevorzugt, hängt nicht von der Bedeutung des Wortes ab, sondern von anderen Kriterien, d.h. von der Art und Weise, in der diese Interpretationen in einem spezifischen juristischen Bereich eingesetzt werden können. Dies bedeutet jedoch, versichert Kriele, dass sich die Interpretation, wenn keine andere Wahl bleibt, stillschweigend an Rechtskriterien orientiert.[185]

Ein Gesetzestext bietet nur einen „Ausgangspunkt" für die Interpretation, aber kann nicht unbedingt zu einem eindeutigen Interpretationsresultat führen. Eine solche Sichtweise entspricht der Andeutungstheorie. Kurz gesagt, sprachliche Mittel reichen allein in vielen Fällen nicht aus, um den Sinn des Rechtstextes zu erschließen.

---

183 Hirsch, *Validity in Interpretation*, S. 28.

184 Spies, *Gesetzeswortlaut und Auslegung*, S. 170.

185 Kriele, *Theorie der Rechtsgewinnung, entwickelt am Problem der Verfassungsinterpretation*, S. 223.

IV. Auslegungsmethoden

Auslegung kann als Sinnermittlung von Texten verstanden werden.[186] Die Sinnermittlung von Texten ist eine allgemeine Aufgabe und Arbeitsmethode der Geisteswissenschaft und in diesem Sinn ist die Besonderheit der juristischen Auslegung ihr Gegenstand: Die Rechtsnormen werden als Sollenssätze verstanden.[187] Die Auslegung dient dazu, die konkrete Bedeutung der Gesetzesbegriffe zu finden. So ist es das Ziel, diese Bedeutung zu bestimmen. Die Auslegungslehren folgen bestimmten Gesichtspunkten und die verschiedenen Auslegungsmethoden müssen je nach Auslegungsbedarf, der sich bei der Frage der Anwendung einer bestimmten Norm auf bestimmte Sachverhalte ergibt, in einzelnen Arbeitsschritten nacheinander auf den gleichen Normtext angewendet werden. Savigny hat bereits vier Auslegungsmethoden identifiziert[188], aber dieser Katalog ist nicht abgeschlossen und neuerdings wird auch über verfassungskonforme Auslegung, unionsrechtskonforme Auslegung, rechtsvergleichende Auslegung und authentische Auslegung diskutiert.

1. Grammatische Auslegung

Die grammatische Auslegung orientiert sich sowohl am Wortlaut als auch am sprachlichen Sinn eines Gesetzestextes, d.h. jede Auslegung eines Textes muss bei dem Wortsinn beginnen.[189] Ihr Ziel ist es, die Bedeutung zu ermitteln, die in dem Wort vorhanden ist. Kurz gesagt, die grammatische Auslegung beschäftigt sich mit der Frage „was wurde gesagt?" und nicht mit der Frage „was wurde gemeint?".

Im Rahmen der Auslegung nach dem Wortlaut geht es darum, den allgemeinen Sprachgebrauch zu bestimmen, und zu prüfen, ob es im Gesetz selbst eine für das Verständnis einzelner Worte des Gesetzes verbindliche Begriffsbestimmung gibt. Die Rechtsnorm wird also anhand ihrer sprachlichen Fassung ausgelegt,

---

186 Coing, *Die juristischen Arbeitsmethoden und die allgemeinen Regeln der Hermeneutik*, S. 13.

187 Horn, *Einführung in die Rechtswissenschaft und Rechtsphilosophie*, S. 120.

188 Die grammatische, die logische Auslegung, das historische und das systematische Element der Auslegung. Savigny, *System des heutigen Römischen Rechts*, S. 213.

189 „Mit der nicht sehr präzisen, aber nun einmal üblichen Vokabel grammatische Auslegung ist jedoch offenbar nur gemeint jene spezifische Methode der Sinnermittlung, die sich (zumindest fürs Erste) orientiert an der sprachgebräuchlichen (häufig lexikalisch zu erschließenden) Bedeutung der Worte und ihrer syntaktischen Zusammenfügung". Engisch, *Einführung in das juristische Denken*, S. 223.

wobei ein besonderes Augenmerk auf folgende Bereiche der Sprachwissenschaft zu legen ist: a) Bedeutung sprachlicher Zeichen, b) Arten sprachlicher Zeichen und ihr gegenseitiger Zusammenhang, c) Gebrauch sprachlicher Zeichen.

Die grammatische Auslegung setzt am Wortlaut des Gesetzes an. Sie beansprucht also, den Sinn einer Norm möglichst nahe an ihrem Wortlaut festzusetzen. Es wird folglich eine Interpretation der Rechtsnorm vorgenommen, um den Wortsinn des Gesetzes herauszufinden. Der Rechtsanwender muss eine Analyse vornehmen, welche Bedeutung dem Gesetzestext bzw. Wörtern der zu prüfenden Norm im Sprachgebrauch zukommt. Gibt es noch Situationen, bei denen die Rechtssätze mehrdeutig oder vage sind und sogar verschiedene Bedeutungen in der Alltags- oder Fachsprache beinhalten? In solchen Fällen wird die gebräuchlichste Verwendung des Begriffes benutzt. Kann es auch sein, dass die Alltagsbedeutung nicht dem juristischen Begriff entspricht? Dann ist auf die anderen Auslegungsnormen zurückzugreifen.[190]

Die Frage nach dem „Wortlaut" d.h. die Frage, wie der Sinn einer Rechtsnorm herausgefunden werden kann und in welchem Verhältnis solcherart Bedeutungsfindung zur eigentlichen Aufgabe der Juristen, Recht zu finden, steht, bildet das Zentrum aller rechtssemantischen Überlegungen und bezeichnet den Punkt, an dem linguistische Theorien Eingang in die juristische Methodik gefunden haben.[191]

2. Historische Auslegung

Die historische Auslegung betrachtet die Absicht des Gesetzgebers, ein bestimmtes Problem zu lösen und die rechtspolitische Debatte, die bei der Schaffung des Gesetzes stattgefunden hat. Wenn in einem Rechtsstreit Zweifelsfragen auftreten, versuchen die Gerichte, den Willen des historischen Gesetzgebers, der die Norm geschaffen hat, zu ermitteln und studieren zu diesem Zweck die Materialien, z.B. amtliche Begründungen, Gesetzentwürfe, Stellungnahmen und Beratungen des betreffenden Gesetzgebungsverfahrens.[192] So versucht die historische Auslegung, den Gebotsgehalt und den Normzweck gesetzlicher Vorschriften aus dem Kontext ihrer Entstehungsgeschichte zu ermitteln.[193] Dabei geht es um mehrere Schichten von Umständen und Einflüssen, die bei der Normentstehung

---

190 Rüthers, *Rechtstheorie mit juristischer Methodenlehre*, S. 442 f.

191 Mehr über das Thema von „Wortlautgrenze" siehe unten 2. Teil, Kapitel 2.

192 Horn, *Einführung in die Rechtswissenschaft und Rechtsphilosophie*, S. 122.

193 Coing, *Die juristischen Arbeitsmethoden und die allgemeinen Regeln der Hermeneutik*, S. 8.

mitwirken: a. den historisch-gesellschaftlichen Kontext, b. den geistes- und dogmengeschichtlichen Kontext, c. den Regelungswillen der Gesetzgebung.

Mit dem historisch-gesellschaftlichen Kontext sind die gesellschaftlichen Interessen, Konfliktsituationen und Zielvorstellungen gemeint, die zu der Normsetzung geführt haben. Hier ist die zentrale Frage nicht „Was wollte der Gesetzgeber mit diesem Gesetz erreichen?", sondern „Warum wollte der Gesetzgeber das erreichen?".

Des Weiteren ist die begriffs- und dogmengeschichtliche Ausgangslage, in welcher die Normsetzung beraten und formuliert wurde, zu beachten. Dieselben Begriffe können zum Entstehungszeitpunkt eine völlig andere Bedeutung gehabt haben. Wer die Sprache der Norm verstehen will, muss die Sprache der Normsetzer kennen. Nur sie vermittelt den ursprünglichen Gebotsinhalt der Norm. In der dogmengeschichtlichen Auslegung werden bei der Sinnfestsetzung z.B. Gesetzentwürfe, Vorläufernormen und andere Normtexte berücksichtigt und Entwicklungslinien der bisherigen Regelungen nachgezeichnet.

Betrachtet man den Regelungswillen der Gesetzgebung, geht es um die Ermittlung der rechtspolitischen Absichten und Steuerungsziele derer, die auf die Formulierung und die rechtspolitische Durchsetzung des Normsetzungsvorgangs maßgeblich Einfluss hatten. Das ist das Kernziel der historischen Auslegung.[194]

In Lehre und Rechtsprechung werden die historische und die genetische Auslegung normalerweise miteinander vermengt. Wenn z.B. das Bundesverfassungsgericht[195] die Auslegung aus „Gesetzesmaterialien und Entstehungsgeschichte" als „historisch" bezeichnet, ist das im engeren Sinn nicht ganz richtig. Vielmehr sollte diese als „genetisch" verstanden werden. Die genetische Auslegung arbeitet mit Form der Auslegung von bspw. Diskussionen, Überlegungen, Entwürfen, Parlamentsreden, Ausschlussberichten usw. Das ist nicht nur eine juristische Debatte, sondern auch eine politische Debatte, die sich mit der Geschichte hinter der Geschichte beschäftigt.[196] Die historische Auslegung arbeitet dagegen mit Normtexten, auch mit Normtexten, die nicht mehr gelten, und solchen mit nicht mehr geltenden Wortlauten. Zusammenfassend entstammt die genetische Auslegung der Frage, warum wurde das auf diese Weise geregelt? Die historische Auslegung entstammt der Frage, wie wurde das früher geregelt?

---

194 RÜTHERS, *Rechtstheorie mit juristischer Methodenlehre*, S. 476.
195 BVerfGE 11, 130
196 CHRISTENSEN, *Die Paradoxie richterlicher Gesetzesbindung*, S. 32.

Die historische Auslegung ist nicht frei von Kritik. Gegen sie gibt es verschiedene Einwände. Die bedeutendste Kritik ist jene bezüglich der Illusion eines einheitlichen Willens eines einzigen Gesetzgebers, der aus der absolutistischen Tradition stammt. Eine solche Idee ist nicht mehr zu halten.[197] Es gibt keinen sprechenden Willen oder eine sprechende Absicht, weil es im demokratischen System keinen individualisierbaren Gesetzgeber gibt.[198]

3. Systematische Auslegung

Unter dem Ausdruck systematische Interpretation versteht man die Auslegung des juristischen Einzelsatzes mittels eines wissenschaftlich ausgearbeiteten Systems übergeordneter Allgemeinbegriffe.[199] Das bedeutet, dass Texte ihren Sinn häufig aus den Kontexten gewinnen, in denen sie einerseits formuliert und andererseits rezipiert, verstanden werden. Das Gleiche gilt für Normen. Das richtige Verständnis des Gebotsinhalts ergibt sich oft aus der Stellung des Gebots innerhalb des Rechtssystems. Man kann behaupten, dass keine Rechtsnorm für sich alleine steht; sie muss als Teilelement der Gesamtrechtsordnung verstanden werden.[200] Kurz gesagt, die systematische Auslegung gebietet es, einen Rechtssatz im gesetzlichen Zusammenhang zu verstehen und nicht isoliert zu betrachten.[201]

Die systematische Auslegung wird meist beschrieben wie eine Auslegung, die nicht bei der auszulegenden Norm als solche ansetzt, sondern deren Inhalt durch ihre Stellung und Verbindung mit anderen Normen bestimmt ist. Looschelders und Roth behaupten z.B.: „Die systematische Auslegung erhält ihre Rechtfertigung aus dem Gedanken, dass jedes Gesetz, aber auch die Rechtsordnung als solche, ein geschlossenes Ganzes darstellt, dessen einzelne Teile weitgehend aufeinander abgestimmt sind und einander in vielen Bereichen inhaltlich bedingen. Eine einzelne Norm kann insofern nicht sinnvoll verwendet werden, ohne ihre Bezüge zu den übrigen Normen des betreffenden Gesetzes sowie den anderen Teilen der Rechtsordnung zu berücksichtigen".[202]

---

197 Rüthers, *Rechtstheorie mit juristischer Methodenlehre*, S. 477.

198 Röhl/Röhl, *Allgemeine Rechtslehre*, § 13.

199 Coing, *Die juristischen Arbeitsmethoden und die allgemeinen Regeln der Hermeneutik*, S. 9

200 Rüthers, *Rechtstheorie mit juristischer Methodenlehre*, S. 450.

201 Horn, *Einführung in die Rechtswissenschaft und Rechtsphilosophie*, S. 123.

202 Looschelders/Roth, *Juristische Methodik im Prozess der Rechtsanwendung, Zugleich ein Beitrag zu den verfassungsrechtlichen Grundlagen von Gesetzesauslegung und Rechtsfortbildung*, S. 149.

Die Logik der systematischen Auslegung beruht auf der Idee, dass die Rechtsordnung als ein widerspruchsfreies System funktionieren soll und deshalb soll es eine Abstimmung zwischen verschiedenen Normen geben. Bei der systematischen Auslegung wird die Rechtsnorm anhand von anderen Normtexten ausgelegt, d.h. aus dem Regel- und Bedeutungszusammenhang dieser verschiedenen Normen wird dann die Norm ausgelegt. Es ist auch möglich, dass innerhalb eines Satzes die einzelnen Absätze Hinweise für die Auslegung geben können. Überschriften und Titel der einzelnen Abschnitte können auf die nähere Bedeutung des auszulegenden Gesetzestextes hinweisen.

Gegen die systematische Interpretation ergibt sich häufig der Einwand, dass das Ziel nicht ist, ein System zu etablieren, sondern es anzuerkennen, was nur dank der anderen Interpretationsmethoden möglich ist. Nach dieser Ansicht ist die systematische Auslegung keine echte Auslegungsmethode, sondern ein Konstruktionsprinzip.[203]

4. Teleologische Auslegung

Die erste Frage jeder sinnvollen juristischen Auslegung muss lauten: Was wollten die Gesetzgeber mit der Rechtsnorm bewirken?[204] Dies ist eine teleologische Frage. Teleologie ist die Lehre davon, dass Handlungen zweckorientiert sind und durchgängig zweckmäßig ablaufen. Die teleologische Auslegung wird aktuell als eine der wichtigsten Auslegungsmethoden verstanden. Sie beschäftigt sich mit dem Zweck einer Rechtsnorm und kommt häufig zur Anwendung, wenn die anderen Auslegungsweisen ergebnislos bleiben oder nicht hilfreich genug sind. So ist die teleologische Auslegung eine Art Weiterentwicklung der anderen Auslegungsweisen, insbesondere der historischen Auslegung, weil sie an die Aufgabenstellung der Norm bei ihrem Erlass anknüpft und diese in die Gegenwart überführt: „Welchen Zweck erfüllt die Norm zum Zeitpunkt ihrer Anwendung?" Dabei muss man Rücksicht auf bestimmte Bedingungen wie moderne Lebensbedürfnisse, Wertvorstellungen und wissenschaftliche Erkenntnisse nehmen.

Das entscheidende Kriterium dieser Theorie zielt eben nicht auf den Willen des Normsetzers ab, sondern eben auf den objektiv in der Rechtsnorm zum Ausdruck kommenden Zweck. Man muss anmerken, dass dieser sich bei älteren Normen im Laufe der Zeit auch geändert haben könnte. Der Bundesgerichtshof geht bei seiner Rechtsprechung davon aus, dass keine Norm in ihrem Anwendungsbereich auf die vom Gesetzgeber vorausgesehenen Fälle begrenzt ist,

---

203 Zippelius, *Juristische Methodenlehre*, S. 43.

204 Rüthers, *Rechtstheorie mit juristischer Methodenlehre*, S. 434.

„denn sie ist nicht toter Buchstabe, sondern lebendig sich entwickelnder Geist, der mit den Lebensverhältnissen fortschreiten und ihnen sinnvoll angepaßt weitergelten will, solange dies nicht die Form sprengt, in die er gegossen ist“[205]. Solche Behauptungen sind umstritten und gegen diese Art der teleologischen Auslegung wird eingewendet, dass die Festsetzung des objektivierten Zwecks willkürlich vom Gesetzesanwender erfolgen kann. Was dieser durch die Zweckfestsetzung hineingelesen hat, kann er im Rahmen der teleologischen Auslegung auch wieder herauslesen. Außerdem wird kritisiert, dass solche Abweichungen vom Zweck des Gesetzgebers notwendig sein könnten, aber sie sind eigentlich nicht Teil der Auslegung.[206]

Nach Autoren wie Busse ergeben sich aus der teleologischen Auslegung einige Risiken. Denn häufig „kann das vermeintliche Abzielen auf den abstrakt gültigen Regelungszweck [...] nicht verdecken, dass hier tatsächlich massive Vorurteile, Wert- und Normvorstellungen rechtspolitischer, allgemeinpolitischer, moralischer und religiöser Art unreflektiert zur Wirkung kommen“.[207]

Ein anderes Problem ergibt sich aus der Grundstruktur der teleologischen Auslegung. Die Art der Auslegungsweise führt nicht zu einem sicheren und eindeutigen Ergebnis, sondern zu einer konfligierenden Vielfalt von möglichen Lösungen. Das gilt auch für die Teleologie dort, wo der Normtext eine Zweckbestimmung darstellt. Sie erfährt die Welt unabweisbar als kontingent. Das ergibt sich schon daraus, „dass historische Prozesse und damit alles menschliche Handeln nicht objektiv bestimmt sind, sondern ins Reich der Möglichkeiten fallen, d.h. immer auch anders ausfallen können als im konkreten Fall“.[208]

Die teleologische Interpretation bringt gleichzeitig eine Unsicherheit bezüglich des Ziels, das mit ihr verfolgt wird, mit sich. Angesichts der verschiedenen Zielsetzungen, die sich in einer pluralistischen Gesellschaft mit der einen Rechtsnorm verfolgen lassen, kann sie vor ihren möglichen Wirkungen nicht sicher sein. Die teleologische Auslegung muss einerseits methodisch nachvollziehbar sein und mit ihrer eigenen doppelten Kontingenz fertig werden und darf andererseits keine Werturteile überspielen.

---

205 BGHSt 10, 157, 159 f.

206 Rüthers, *Rechtstheorie mit juristischer Methodenlehre*, S. 436.

207 Busse, *Was ist die Bedeutung von Gesetzestexten?*, S. 93 ff.

208 Müller, *Juristische Methodik*, Rn. 364.

5. Andere Auslegungsmethoden

Gesellschaftlicher Wandel verursacht juristischen Wandel und dieser führt zu der spezifischen Entwicklung neuer Strukturen innerhalb eines juristischen Systems. So hat die Rechtswissenschaft für die Auslegung von Rechtsnormen weitere Auslegungsmethoden entwickelt, die die sogenannten „klassischen" ergänzen. Hier werden a. verfassungskonforme Auslegungen, b. unionsrechtskonforme Auslegungen, c. rechtsvergleichende Auslegungen und d. authentische Auslegungen analysiert.

a. Verfassungskonforme Auslegung

In der Bundesrepublik Deutschland bildet das deutsche Grundgesetz die höchste Rechtsquelle des juristischen Systems. Das bedeutet, dass nach dieser Rangordnung nachrangige Normen, etwa Normen des Bürgerlichen Gesetzbuchs, die mit dem höherrangigen Grundgesetz unvereinbar sind, ungültig sind. Anders gesagt, die Rangordnung im Recht verbietet es, dass niederrangige Normen mit dem höherrangigen Grundgesetz kollidieren. Diese Art von Auslegung wurde vom BVerfG in ständiger Rechtsprechung weiterentwickelt.

Unter verfassungskonformer Auslegung wird die Auslegung einer im Rang unter der Verfassung stehenden Rechtsnorm im Sinne der Verfassung verstanden.[209] Die Möglichkeit einer verfassungskonformen Auslegung endet allerdings dort, wo der Wortlaut einer Bestimmung eindeutig ist und nicht mehr im Sinne der Verfassung ausgelegt werden kann, die Grenzen einer Auslegung also überschreiten würde. Das Ergebnis einer verfassungskonformen Auslegung muss nicht nur vom Wortlaut des Gesetzes abgedeckt sein, sondern auch die prinzipielle Zielsetzung des Gesetzgebers wahren. Das gesetzgeberische Ziel darf nicht in einem wesentlichen Punkt verfälscht werden.[210]

Die Diskussion über die verfassungskonforme Auslegung bringt auch das Thema von der möglichen Kollision zwischen Gesetzgeber und Verfassungsgericht mit sich. Für jede Norm gibt es oft mehrere vertretbare Auslegungen. Ist das zu überprüfende Gesetz mit der Verfassungsauslegung des Gesetzgebers oder mit der Verfassungsauslegung des Verfassungsgerichtes vereinbar? Welche Verfassungsauslegung geht vor? Laut § 31 Abs. 1 BVerfGG geht die Entscheidung des Bundesverfassungsgerichts vor. Die Entscheidungen des Bundesverfassungsgerichts binden die Verfassungsorgane des Bundes und der Länder sowie alle

---

209 Zippelius, *Verfassungskonforme Auslegung von Gesetzen*, S. 108 ff.

210 So das Bundesverfassungsgericht in BVerfGE 119, 247 (274).

Gerichte und Behörden. Aus § 31 Abs. 2 Satz 1 BVerfGG ergibt sich auch, dass in bestimmten Fällen die Entscheidung sogar Gesetzeskraft hat, d.h. sie kann also den Gesetzgeber korrigieren.

b. *Unionsrechtskonforme Auslegung*

Der Europäische Gerichtshof hat gewohnheitsrechtlich anerkannt, dass das EU-Recht Vorrang vor dem nationalen Recht der Mitgliedstaaten hat. Aus diesem Vorrang folgt die Verpflichtung aller Organe der Mitgliedstaaten, insbesondere der Gerichte und Behörden, nationales Recht im Sinne der Vorgaben des EU-Rechts, also unionskonform, auszulegen.[211] Die Pflicht zur unionsrechtskonformen Auslegung soll auch den Vorrang über andere Auslegungsmethoden im Sinne einer Vorzugsregel beinhalten.[212] So bestimmen auch diese Grenzen der Auslegung das nationale Recht. In diesem Sinne führt die Unabhängigkeit der Gerichte nicht dazu, dass sie das Recht falsch anwenden könnten. Es besteht also ein Gebot zur richtlinienkonformen Auslegung. Dieses Gebot muss stets von den Gerichten beachtet werden.[213]

c. *Rechtsvergleichende Auslegung*

Einige Autoren vertreten, neben der klassischen Auslegungsmethode, die These von einer rechtsvergleichenden Auslegung. So behauptet Häberle, dass diese nicht zu den klassischen Auslegungskriterien gehört, aber sie im Rahmen der teleologischen Auslegung eine Reflektion über Sinn und Zweck von Rechtsnormen fördern kann.[214] Diese Auslegungsweise fragt, nach welchen Prinzipien denn in anderen Rechtsordnungen oder in anderen Rechtsgebieten geregelt wird.

Die rechtsvergleichende Auslegung spielt beim EuGH eine wichtige Rolle. Sie entspricht dem Prinzip der materiellen Verflechtung und Einheit von innerstaatlichem Recht und der Gemeinschaftsverfassung und dient damit der Wahrung der Rechtseinheit.[215] Der EuGH verwendet also die rechtsvergleichende

---

211 Es wird auch den Ausdruck richtlinienkonforme Auslegung verwendet, weil die meisten EU-rechtlichen Vorgaben in den Richtlinien der Europäischen Gemeinschaft und deren Rechtsnachfolgerin, der Europäischen Union, zu finden sind.

212 Roth/Jopen, *Die richtlinienkonforme Auslegung*, S. 265 f. Linhart, *Internationales Einheitsrecht und einheitliche Auslegung*, S. 52.

213 Heiderhoff, *Europäisches Privatrecht*, S. 52.

214 Häberle, *Grundrechtsgeltung und Grundrechtsinterpretation im Verfassungsstaat. Zugleich zur Rechtsvergleichung als „fünfter" Auslegungsmethode*, S. 916.

215 Henninger, *Europäisches Privatrecht und Methode*, S. 293.

Auslegung, wenn er auf die nationalen Rechtsordnungen der Mitgliedstaaten zurückgreift und daraus Schlüsse auf das Unionsrecht zieht.[216]

d. Authentische Auslegung

Unter dem Ausdruck authentische Auslegung versteht man eine Auslegung, die durch den Rechtssetzer selbst erfolgt. Jede Worterklärung einer Norm wäre streng genommen eine solche authentische Auslegung. Der Begriff wird allerdings enger gefasst und meint nur nachträgliche und unabhängige Auslegung durch den Rechtssetzer.[217] Das Ziel dieser Auslegungsmethode ist die *voluntas legislatoris* zu finden und in diesem Sinn ist sie mit der teleologischen Auslegung verbunden, aber ihr wichtigstes Merkmal besteht darin, dass diese Auslegung vom Verfasser oder Gesetzgeber stammt. Die authentische Interpretation ist eine besondere Form der Auslegung von juristisch relevanten Texten, insbesondere von Gesetzen, anderen Rechtsvorschriften oder von Verträgen. Eigentlich ist die authentische Interpretation im strengeren Sinn keine Auslegung, sondern die verbindliche Festschreibung einer Deutung als Willenserklärung des Gesetzgebers.

---

216 Heiderhoff, *Gemeinschaftsprivatrecht*, S. 47.
217 Savigny, *System des heutigen Römischen Rechts*, S. 208.

Kapitel 2: Jenseits der Wortlautgrenze: Die Rechtsfortbildung

I. Zur Wortlautgrenze

Die einzige Möglichkeit, um zu erkennen, ob wir uns in Gebieten aufhalten, die sich jenseits der Interpretation befinden, ist, ihr gelegentlich diffuses Wesen zu erkennen und zu verstehen; aber ist eine Trennungslinie bestimmbar, die den Unterschied zwischen der Interpretation und der Rechtsfortbildung markiert? Diese Trennungslinie könnte die sogenannte Wortlautgrenze sein. Im Folgenden wird analysiert, was genau unter diesem Terminus verstanden wird, seine Hauptfunktionen, die Weise, auf die sie von verschiedenen Strömungen der juristischen Methodenlehre verstanden wurde, sowie einen Präzedenzfall, in dem die Wortlautgrenzen überschritten wurden.

1. Terminologische Präzisierungen

Gemäß einer in der Rechtsmethodik weithin akzeptierten Sichtweise, ist jede Anwendung einer Norm entweder Interpretation oder Rechtsfortbildung. Die Grenze zwischen beiden ist durch den Wortlaut der Norm markiert. Jegliche Anwendung, die innerhalb des Wortlautes der Norm stattfindet, ist Interpretation. Jegliche Anwendung, die über den Wortlaut hinausgeht, ist Rechtsfortbildung.

Das Problem der Wortlautgrenze bezieht sich auf die Frage, ob der Wortlaut die ihm zugeschriebene Funktion der Abgrenzung erfüllen kann. Auf den ersten Blick scheint diese Frage nur eine von vielen zu sein, die von den diversen Theorien der juristischen Argumentation diskutiert werden. Tatsächlich aber konzentrieren sich in dem Problem der Wortlautgrenze wesentliche Differenzen der Rechtstheorie. Die Probleme der Wortlautgrenze sind die philosophisch-linguistische Frage der Struktur und die Kenntnis der Bedeutung. Die Diskussion um die Wortlautgrenze ist ein klassisches Beispiel einer misslungenen oder eben erfolgreichen Kooperation von Juristen, Linguisten und Sprachphilosophen bzw. für die Möglichkeiten und Grenzen der Interdisziplinarität allgemein.

Besonders für die Standpunkte, die auf der Linguistik und der Sprachphilosophie basieren, ist die Wortlautgrenze ein populäres Ziel, zumal die antiken Doktrinen ein veraltetes Verständnis der Juristensprache bieten. Es muss darauf hingewiesen werden, dass das platonische Ideal der Begriffsjurisprudenz, welches Konzepte als ewig gleiche, unveränderliche Einheiten betrachtet, für lange Zeit in der Theorie der juristischen Argumentation einstimmig angenommen wurde. Es wurde akzeptiert, dass jede Interpretationstheorie auf den Fundamenten einer Theorie der linguistischen Bedeutung beruhen muss, die auf einer linguistischen Philosophie basiert und folglich auf der pragmatischen Wende, die sich in jedem Fall auch auf die konkreten Praktiken des Gebrauchs einer linguistischen Gemeinschaft bezieht. Die Kontroverse besteht nicht in der linguistischen Basis einer juristischen Methodologie, sondern in den Schlussfolgerungen, die aus dieser hervorgehen.

Der Begriff der Wortlautgrenze ist auf drei verschiedene Weisen ungenau. Zuerst geht es nicht in erster Linie um das einzelne *Wort*, denn propositionale Bedeutung ist gegenüber begrifflicher analytisch vorrangig. Es handelt sich nicht um den *Wortlaut*, denn statt der Phonetik steht die Semantik im Mittelpunkt. Letztendlich handelt es sich nicht um eine *Grenze*, wenigstens nicht um eine absolute, sofern das Überschreiten der genannten Grenze durch die Rechtsfortbildung in fast allen Rechtsbereichen erlaubt ist.

2. Funktionen

Die Wortlautgrenze legt die Trennungslinie zwischen der Interpretation und der Rechtsfortbildung fest (a) sowie die Grenze der verfassungskonformen Auslegung (b). Sie konkretisiert das Analogieverbot und den Bestimmtheitsgrundsatz.

a. Abgrenzung von Interpretation und Rechtsfortbildung

Die Wortlautgrenze besitzt in erster Linie die Funktion, die zwei Anwendungsformen des Rechts abzugrenzen: die Interpretation und die richterliche Rechtsfortbildung. Eine solche Abgrenzung ist unabhängig von der Gültigkeit des Analogieverbotes, da die richterliche Rechtsfortbildung eine tiefere Begründung erfordert als die Interpretation. Die Zulässigkeit der Rechtsfortbildung hängt davon ab, ob der Richter die Existenz einer ungeplanten Lücke in der Norm beweisen kann, und von der Vergleichbarkeit der Interessenlage.[218]

Die Bewertung auf der Grundlage einer juristischen Entscheidung erfordert, dass mit der Rechtsanwendung richtig beurteilt wird, als Interpretation oder Rechtsfortbildung. Daher ist es entscheidend, eine Wortlautgrenze festzulegen. Gemäß der Rechtsprechung des Bundesverfassungsgerichts bewirkt das Überschreiten der Wortlautgrenze ein allgemeines Begründungserfordernis, wobei

---

218 Klatt, *Theorie der Wortlautgrenze*, S. 20.

das in Art. 3 I GG festgelegte Willkürverbot berücksichtigt werden muss, d. h., es ist erfordlich, die verfassungsrechtliche Gebundenheit des Richters an Gesetz und Recht zu berücksichtigen (Art. 20 III GG).[219]

b. Grenze der verfassungskonformen Auslegung

Der Wortlaut markiert auch die Grenze der Möglichkeit ihrer verfassungskonformen Auslegung. Klatt[220] weist darauf hin, dass daran beispielsweise eine verfassungskonforme Auslegung der §§ 2232, 2233 BGB, 31 BeurkG im Hinblick auf den generellen Ausschluss schreib- und sprechunfähiger Personen von der Testiermöglichkeit scheiterte.[221] Vosskuhle hat nachgewiesen, dass insbesondere die Zivilsenate des BGH eine verfassungskonforme Auslegung häufig an der Wortlautgrenze scheitern lassen.[222]

c. Analogieverbot und Bestimmtheitsgrundsatz

Eine dritte Funktion der Wortlautgrenze besteht in ihrem Nutzen als Basis für das Analogieverbot und für den Bestimmtheitsgrundsatz, enthalten in Art. 103 II GG, die nach der Rechtsprechung des Bundesverfassungsgerichts einen doppelten Zweck erfüllen. Einerseits handelt es sich dabei um den Schutz des Empfängers der Norm und jede Person muss in der Lage sein vorherzusehen, welche Verhaltensweisen zu einer Sanktion führen. Anderseits muss gewährleistet sein, dass nur der Gesetzgeber dazu befugt ist, über die Strafbarkeit bestimmter Verhaltensweisen zu entscheiden. In diesem Sinne enthält Art. 103 II des deutschen Grundgesetzes einen strikten Gesetzesvorbehalt, der den anderen beiden Mächten die Möglichkeit verwehrt, die Strafbarkeitsanforderungen zu bestimmen.[223] Beide Aspekte, die zu den Basisprinzipien des Rechtsstaates gehören, entwickeln sich in der Praxis durch die Bestimmung der Wortlautgrenze.[224]

---

219 BVerfG NJW 1993, 1909.

220 Klatt, *Theorie der Wortlautgrenze*, S. 20 f.

221 BVerfGE 99, 341 (358).

222 Vosskuhle, *Theorie und Praxis der verfassungskonformen Auslegung von Gesetzen durch Fachgerichte - Kritische Bestandsaufnahme und Versuch einer Neubestimmung*, S. 193.

223 Klatt, *Theorie der Wortlautgrenze*, S. 21.

224 BVerfGE 92, 1 (12); 87, 209 (224 s.); 85, 69 (73); 71, 108 (115).

3. Die juristische Methodenlehre vor dem Problem der Wortlautgrenze

Vier verschiedene Auffassungen zur Wortlautgrenze können erkannt werden: a. die hermeneutische, b. die analytische, c. die neue subjektive Auslegungstheorie und d. die strukturierende Rechtslehre. Im Folgenden werden diese vier Positionen mit ihren wesentlichen Argumenten sowie Kritik und Einwänden dargestellt.

a. Hermeneutische Position und Wortlautgrenze

Die gegenwärtige hermeneutische Position ist hauptsächlich durch Gadamer geprägt. Die Betonung der volitiven Elemente jeder Rechtsanwendung ist ein gemeinsamer Punkt der Hermeneutiker. Im Einzelnen bleibt aber die Bedeutung der Lehre Gadamers für die Wortlautgrenze bei den Vertretern der juristischen Hermeneutik unklar und umstritten.

Kaufmann wiederholt seine These zur Analogizität der Sprache und zum Typusdenken. Auslegung und Rechtsfortbildung sind nur hinsichtlich des Grades der Extension des Gesetzes verschieden. So wäre die Wortlautgrenze sozusagen eine „methodische Krücke", die das eigentlich maßgeblich analogische und typologische Denken verdeckt.[225] Bydlinski lehnt bloße Methodologie ab und begreift sie als Strukturtheorie „für die Jurisprudenz".[226] Er folgt den übrigen Hermeneutikern nur soweit, als auch er die Grenze als fließend bezeichnet. Im Übrigen hält er „aus juristischen Gründen" an ihr fest. Damit nimmt er unter den heutigen Hermeneutikern die restriktivste Position ein.[227]

Der Einfluss des Vorverständnisses, das insbesondere Esser auch auf die Sprache bezieht, wird in der hermeneutischen Methodenlehre nicht einheitlich beurteilt. Teilweise wird eine Grenzwirkung des Wortlautes wegen des Einflusses des Rechtsanwenders auf die Bedeutung des Textes verneint. Teilweise wird die Abgrenzung von Interpretation und Rechtsfortbildung mittels der Typuslehre für möglich gehalten. Allgemein wird jedoch anerkannt, dass diese Abgrenzung auf einer wertenden Zuordnung des Rechtsanwenders beruht. Der Rechtsanwender normiere die Bedeutung des Normtextes und die Wortlautgrenze im Prozess der Rechtsanwendung selbst.[228] Kriele hält

225 Kaufmann, *Das Verfahren der Rechtsgewinnung. Eine rationale Analyse: Deduktion, Induktion, Abduktion, Analogie, Erkenntnis, Dezision, Macht*, S. 92. Klatt, Theorie der Wortlautgrenze, S. 60.

226 Bydlinski, *Juristische Methodenlehre und Rechtsbegriff*, S. 469.

227 Klatt, *Theorie der Wortlautgrenze*, S. 61.

228 Klatt, *Theorie der Wortlautgrenze*, S. 96.

dagegen, d.h. die Rechtsgewinnung ist laut ihm nicht Auslegung, sondern die vernunftrechtliche Erwägung von Normhypothesen, deswegen ist für ihn die Wortlautgrenze bedeutungslos.[229]

Die Stellungnahme Rüthers zur Wortlautgrenze erscheint ambivalent. Einerseits wendet er sich gegen die sog. Andeutungstheorie, als deren Vertreter er Larenz und Canaris ausmacht, weil sie die Abgrenzung mittels der Wortlautgrenze vornehmen und dabei die Bedeutung des Wortlautes überschätzen. Gefragt sei nicht Buchstabengehorsam, sondern ein denkender Gehorsam des Rechtsanwenders dem Gesetz gegenüber. Anderseits geht Rüthers davon aus, es gebe ein „zutreffendes Wortverständnis", das Gesetzesbindung gewährleiste und durch empirische Feststellung des Sprachgebrauches sowie durch eigene Sprachkompetenz und Wörterbücher ermittelt werden könne.[230]

b. Analytische Methodenlehre und Wortlautgrenze

In den 1970er-Jahren beginnen sprachanalytische Theorien in juristischen Methodenlehren einen starken Einfluss zu nehmen. Die analytische Methodenlehre baut auf der Erkenntnis auf, dass jede Theorie der Rechtsanwendung zumindest implizit einen bestimmten Bedeutungsbegriff voraussetzt und sich daher der sprachphilosophischen Grundlagen vergewissern muss. Diese Strömung kann in mindestens zwei Gruppen eingeteilt werden, einer von Autoren, die die Präzisierung in der Wortlautgrenze suchen (Koch, Rüßmann, Herberger) und einer, für die die Funktion der Wortlautgrenze in einem Zusammenhang mit der sogenannten internen Rechtfertigung steht (Alexy).

Koch kritisiert den Rationalitätsbegriff Essers, weil Esser die Frage nach der Bedeutung oft ignoriert; daher fordern Koch und Rüßmann eine „sprachphilosophische Aufklärung" der juristischen Methodenlehre. Koch und Rüßmann verteidigen die These von einer Trennung zwischen Extension und Intension eines Zeichens. Sie verstehen unter Extension die Klasse der Gegenstände, auf die das Zeichen Anwendung findet, und unter Intension eines Zeichens dessen Bedeutung.[231] In diesem Sinn erläutert Klatt, dass hinsichtlich des ontologischen Status der Intension Koch und Rüßmann eine realistische Semantik vertreten, die der verifikationistischen Semantik Davidsons entgegen steht.[232] Sie besagt,

---

229 Kriele, *Theorie der Rechtsgewinnung. Entwickelt am Problem der Verfassungsinterpretation*, S. 223. Klatt, *Theorie der Wortlautgrenze*, S. 60.

230 Rüthers, *Rechtstheorie mit juristischer Methodenlehre*, S. 413.

231 Koch/Rüßmann, *Juristische Begründungslehre*, S. 129.

232 Klatt, *Theorie der Wortlautgrenze*, S. 63.

dass die Bedeutung eines sprachlichen Ausdrucks den Gegenstandsbereich seiner Anwendung determiniert, d.h. semantische Interpretationen können die Kluft zwischen Norm und Sachverhalt nur dann überbrücken, wenn Intensionen extensionsfestlegend sind.

Koch und Rüßmann definieren nicht, was sie unter einem eindeutigen Wortlaut verstehen. Die Bestimmung wird negativ vorgenommen, indem eine Klassifikation vorgelegt wird, welche die Fälle unklarer Wortbedeutung abschließend erfassen soll.[233] Einerseits steht man vor semantisch klaren Fällen, wenn aufgrund der festgestellten Verwendungsregeln eines Begriffes eindeutig ist, ob ein bestimmter Fall unter ihn zu subsumieren ist oder nicht.[234] Anderseits ist in unklaren Fällen der erste Schritt, die Art der Unklarheit zu unterscheiden. Wenn Vagheit auftritt, besteht die Wortlautgrenze aus zwei Linien: Auslegung darf weder positive Kandidaten aus dem Anwendungsbereich einer Norm ausscheiden, noch negative Kandidaten in den Anwendungsbereich der Norm einbeziehen.[235]

Alexy bestreitet die Analyse von Koch und Rüßmann, denn Begriffe wie „gut" haben laut ihm neben einer deskriptiven auch eine normative Bedeutungskomponente. Alexy vertritt die These, dass ein Begriff wie „gut" nicht auf derselben Ebene gefunden werden kann wie die Merkmale der deskriptiven Bedeutungskomponente. Demnach haben evaluativ offene Begriffe einen internen Anspruch auf evaluative Richtigkeit; aber dieser Unterschied verliert sich, wenn evaluative Offenheit als Kombination aus Mehrdeutigkeit und

---

233 Koch und Rüßmann erkennen drei Fälle unklarer Wortbedeutung: Mehrdeutigkeit, Inkonsistenz und Vagheit. Diese wurden in dieser Arbeit (1 Teil. Kapitel 2. Sprachliche Unbestimmtheiten und Rechtssprache) erklärt.

234 Nach Koch und Rüßmann gibt es für die semantische Interpretation gesetzlicher Ausdrücke nur zwei Alternativen: Die empirische Feststellung des Sprachgebrauchs oder die Festsetzung der Bedeutung. Letztere beruht auf den drei Zielen der Auslegung, die solche Autoren unterscheiden: das Gesagte, das Gewollte und das Vernünftige. Gleichzeitig entsprechen diesen Zielen die drei Kriterien Wortlautauslegung, subjektiv-teleologische und objektiv-teleologische Auslegung. So ergibt sich das folgende Stufenmodell der Rechtsanwendung: 1. Feststellung des vom Gesetzgeber Gesagten. 2. Festsetzung der Wortbedeutung im Lichte der subjektiven Zwecke des Gesetzgebers, des Gewollten. 3. Festsetzung der Wortbedeutung im Lichte des Vernünftigen. KOCH/RÜSSMANN, *Juristische Begründungslehre*, S. 182. KLATT, *Theorie der Wortlautgrenze*, S. 64.

235 HERBERGER/KOCH, *Zur Einführung: Juristische Methodenlehre und Sprachphilosophie*, S. 813.

Vagheit betrachtet wird.[236] Er unterscheidet zwischen der Interpretation sensu largissimo, sensu largo und sensu stricto. Interpretation im weitesten Sinne bezeichnet das Verstehen des Sinnes von Begriffen, mit denen Subjekte einen Sinn verbinden. Die Interpretation im weiteren Sinne bezieht sich auf das Verstehen von sprachlichen Äußerungen. Schließlich ist die Interpretation im engeren Sinne erforderlich, wenn eine Äußerung mehrere Deutungen zulässt und nicht sicher ist, welche zutrifft. Sie ist das Kernproblem der juristischen Interpretation.[237]

Von besonderer Bedeutung in Alexys Theorie ist die Unterscheidung zwischen interner Rechtfertigung und externer Rechtfertigung. Der Ausgangspunkt der internen Rechtfertigung sind die Prämissen, die in der Entscheidung des Gerichts die normative Prämisse und die faktische Prämisse sind. Die normative Prämisse sollte aus einer Norm begründet sein, eine Rechtsfolge haben und gültig nach der Rechtsordnung sein. Die faktische Prämisse ist eine Aussage über das, was in Bezug auf den Sachverhalt passiert. Die innere Rechtfertigung bezieht sich auf einen Prozess, der deduktiv ist, was bedeutet, dass die erste Prämisse eine Norm ist, die zweite Prämisse mit den faktischen Elementen übereinstimmt.

Zudem ist es der Anspruch der externen Rechtfertigung, die verschiedenen Prämissen vor der internen Rechtfertigung zu begründen, d.h. die externe Rechtfertigung hat die Begründung der in der internen Rechtfertigung verwendeten Prämisse zum Gegenstand. Auf diese Weise analysiert man die Rechtswirksamkeit der normativen Prämisse, ihre Auslegung und die Existenz der Tatsachen.

c. Kritik an der Theorie der Wortlautgrenze

Wie alle theoretischen Konstrukte wird auch die Theorie der Wortlautgrenze kritisiert. Nachfolgend werden die Einwände vonseiten der neuen subjektiven Auslegungstheorie und der strukturierenden Rechtslehre aufgezeigt.

(1) Neue subjektive Auslegungstheorie

Die Autoren, die hier vorgestellt werden, kritisieren u.a. grundlegende sprachtheoretische Annahmen der analytischen Methodenlehre. Der Wortlaut kann, so das zentrale Argument, keine Begrenzungfunktion ausüben, weil Sprache stets

236 Alexy, *Die logische Analyse juristischer Entscheidungen*, S. 24.
237 Alexy, *Juristische Interpretation*, S. 71 f.

bedeutungsoffen, wandelbar und kontextabhängig ist. Hier werden die Ideen von Hegenbarth, Depenheuer und Herbert untersucht.

Rainer Hegenbarth entwickelt auf der Basis der pragmatischen Wende innerhalb der Linguistik und auf Basis von kommunikationstheoretischen Ansätzen eine Kritik an der herrschenden objektiven Auslegungstheorie und an den Präzisierungsmodellen der analytischen Methodenlehre. Das Postulat der Wortlautgrenze ist für ihn Resultat einer veralteten Sprachauffasung der objektiven Auslegungslehre. Seine Hauptthese ist, dass die Wortlautgrenze die Scheu vor der Verantwortung des Richters symbolisiert.[238]

Das Sprechen ist eine spezifische Form sozialen Handelns, das sich in Kommunikationsprozessen entwickelt. Ein Verstehen von Texten setzt neben Regeln die Gleichartigkeit von Wissen und Situationsdeutungen voraus. Diese würden „vom Sprachanalytiker" zu Unrecht als gegeben vorausgesetzt. Hegenbarth kritisiert, dass die objektive Auslegungstheorie die Bedeutung des Wortes in einer isolierten Form untersucht; deshalb unterscheidet er in seiner Konzeption zwischen lexikalischer und textueller Bedeutung.[239] Der Rückgriff auf Wörterbücher ist eine sehr begrenzte Hilfe, weil die hierin enthaltenen Erläuterungen die lexikalische Bedeutung betreffen. Textuelle Bedeutung erhält ein Wort nur durch die Einbettung in einen Kontext. Für das Verstehen von Texten ist die textuelle Bedeutung maßgebend. Hegenbarths Theorie kommt zu einer weiteren Schlußfolgerung: das Präzisierungsmodell wird besonders kritisiert, denn Hegenbarth hält den sprachlichen Idealzustand für unzutreffend, da dieses Modell die Realität und die wahre Nutzung des Wortes nicht berücksichtigt. [240]

Die Frage nach dem möglichen Wortsinn wird von Hegenbarth für sinnlos erachtet. So kann für ihn der mögliche Wortsinn nicht die Grenze der Auslegung sein, denn der mögliche Wortsinn gehört zur textuellen Bedeutung. Die Grenze der Auslegung wird durch den Sprachgebrauch des historischen Gesetzgebers markiert.[241] Hegenbarth vertritt damit den Begriff der Rechtsfortbildung. Dieser liegt immer dann vor, wenn Bedeutung festgesetzt wird, weil die textuelle Bedeutung nicht ermittelt werden kann oder weil von ihr abgewichen werden soll.[242]

---

238 Hegenbarth, *Juristische Hermeneutik und linguistische Pragmatik*, S. 20, 23.

239 Hegenbarth, *Juristische Hermeneutik und linguistische Pragmatik*, S. 97–101.

240 Hegenbarth, *Juristische Hermeneutik und linguistische Pragmatik*, S. 102.

241 Hegenbarth, *Juristische Hermeneutik und linguistische Pragmatik*, S. 138 f.

242 Klatt, *Theorie der Wortlautgrenze*, S. 77.

Auch Otto Depenheuer beschäftigt sich mit dem Thema der Wortlautgrenze und übt fundamentale Kritik. Erstens hält Depenheuer die These von Gegenstands- und Grenzfunktion des Wortlauts für widersprüchlich. Für ihn deckt die Interpretation den Inhalt im Normtext auf. Dieses Ziel kann entweder erreicht oder nicht erreicht werden. Im ersten Fall, d. h. wenn der Text verstanden wird, wäre die Frage nach der Grenze der Auslegung sinnlos. Im zweiten Fall wäre nicht erkennbar, wie die Vielfalt von möglichen Deutungen die Ermittlung der richtigen Interpretation fördern kann. Die Hauptthese der Grenzfunktionstheorie lautet wie folgt: Wer dem Normtext Grenzfunktion zuschreibt, muss zugleich davon ausgehen, dass der Norminterpret den Norminhalt nicht auffindet, sondern im Rahmen des möglichen Wortsinns selbst festsetzen muss.[243]

Zweitens taucht die Kritik der mangelnden Begrenzungsfähigkeit des Wortlautes auf. Nach dieser These wird die Norm durch die Wortlautgrenze inhaltslos. Das verfassungsrechtlich Zulässige ist mit dem sprachlich Möglichen identisch, weil nur der Buchstabe bindet.[244] So kann die Wortlautgrenze beliebige Verständnisse des Normtextes durch verschiedene Interpreten nicht ausschließen, weil sie definitionsgemäß jeden sprachlich möglichen Inhalt als verfassungsgemäß toleriert. Das Problem mit solch einer Interpretation ist, dass die Wortlautgrenze nur wirksam ist, wenn sie verschiedene Deutungsvarianten als richtig und falsch qualifizieren und differenzieren kann.[245]

Ein dritter Einwand entstammt, nach Depenheuer, der praktischen Unwirksamkeit der Wortlautgrenze. Diese basiert auf dem Umstand, dass z. B. jede politische Gruppierung ihre Position mit dem Verfassungstext belegt, d. h. laut der Verfassung ist der Text nicht strittig, sondern ihre Bedeutung und Interpretation; so kann die Wortlautgrenze nur als Instrument den Rahmen abstecken.

Viertens erhebt Depenheuer die Kritik an einem Begründungsdefizit. Für ihn leidet die Theorie der Wortlautgrenze an einer mangelnden Rechtfertigung und es gibt Probleme, insbesondere mit ihrer Legitimation und ihrem Bestimmtheitsgebot. Einerseits sind nur die Inhalte der Norm legitimiert, nicht deren textliche Gestalt. Das gilt vor allem angesichts des weiten Gegenstandsbereichs des sprachlich Möglichen. Dem Gesetzgeber kann die Verantwortung für alles sprachlich Mögliche nicht zugewiesen werden. Anderseits verweist das

---

243 KLATT, *Theorie der Wortlautgrenze*, S. 78.

244 DEPENHEUER, *Der Wortlaut als Grenze. Thesen zu einen Topos der Verfassungsinterpretation*, S. 33 f.

245 KLATT, *Theorie der Wortlautgrenze*, S. 78.

Bestimmheitsgebot auf das Vertrauen der Normunterworfenen.[246] Das gilt aber nicht für den Normtext, sondern für konkrete Inhalte.

Ein weiterer Autor, der sich kritisch gegen die Wortlautgrenze zeigt, ist Manfred Herbert. Aus der Sprachphilosophie Wittgensteins entwickelt er drei Kritikpunkte. Erstens den Einwand des *Offenheitsarguments*, d. h. die Sprache ist offen und ihre Verwendung wird nicht durch feste Grenzen limitiert.[247] Der Gegeneinwand äußert, dass im Normalfall die sprachlichen Konventionen stabil sind. Nur dadurch ist Kommunikation überhaupt möglich, aber Herbert ist nicht überzeugt und hält den Gegeneinwand für nicht tragfähig. In normalen Fällen sei kein Abgrenzungsbedarf für die Wortlautgrenze gegeben und in schwierigen Fällen dagegen sei sie mangels sprachlicher Konvention nicht vorhanden.[248]

Zweitens taucht das *Gestaltungsargument* auf. Dieses beruht auf der Einsicht, dass in einem Sprachspiel die Mitglieder die Regeln verändern können.[249] So kann man z. B. behaupten, dass, wenn die Rechtsprechung die Konventionen – von denen sie nach der Theorie der Wortlautgrenze diszipliniert werden soll – verändern kann, dann eignet sich Sprache nicht als Begrenzungskriterium.[250]

Schließlich kritisiert er die Unterscheidung zwischen Bedeutung und Bedeutungspotential. Das ist das *Kontextabhängigkeitsargument*. Die mögliche Bedeutung ist von der aktuellen Bedeutung zu trennen. Ein Wort ist immer eingebettet in einen bestimmten Kontext. Diese aktuelle Bedeutung ist entscheidend für die Abgrenzung zwischen Interpretation und Rechtsfortbildung. So stellt Herbert fest, der mögliche Wortsinn könne zu eng oder zu weit sein, deshalb müsse die objektive Auslegungstheorie häufig zum „Kunstgriff" der teleologischen Reduktion als Mittel der Rechtsfortbildung greifen, obwohl der Ausdruck in der konkreten Situation nicht mehr bedeutet als das, worauf ihn die teleologische Reduktion zurückführen möchte.[251]

Aber die Kritik von Herbert endet hier nicht. Laut ihm widerlegen die drei vorgestellten Argumente die Annahme der analytischen Methodenlehre, dass

---

246 Depenheuer, *Der Wortlaut als Grenze. Thesen zu einen Topos der Verfassungsinterpretation*, S. 45. Klatt, *Theorie der Wortlautgrenze*, S. 79.

247 Herbert, *Rechtstheorie als Sprachkritik. Zum Einfluß Wittgensteins auf die Rechtstheorie*, S. 239.

248 Klatt, *Theorie der Wortlautgrenze*, S. 70.

249 Herbert, *Rechtstheorie als Sprachkritik. Zum Einfluß Wittgensteins auf die Rechtstheorie*, S. 240.

250 Klatt, *Theorie der Wortlautgrenze*, S. 80.

251 Klatt, *Theorie der Wortlautgrenze*, S. 80. Herbert, *Rechtstheorie als Sprachkritik. Zum Einfluß Wittgensteins auf die Rechtstheorie*, S. 243.

man bei vagen Begriffen positive und negative Kandidaten sicher feststellen kann. Das Problem einer Abgrenzung zwischen Interpretation und Rechtsfortbildung stellt sich nicht in den Fällen, in denen über die Zuordnung eines Gegenstandes zum positiven oder negativen Bereich Sicherheit besteht. Liegen Zweifel über die Zuordnung vor, kann die Semantik nicht weiterhelfen, so wäre das Abgrenzungsproblem nur in Zweifelsfällen problematisch, wenn die Wortlautgrenze im praktischen Sinne unbrauchbar ist.

(2) Strukturierende Rechtslehre

Die strukturierende Rechtslehre ist aus den Ideen des Rechtswissenschaftlers Friedrich Müller entstanden, aus denen sich daraufhin eine neue Schule herausbildete. Aber worin genau bestehen dessen Hauptthesen? In Müllers Theorie wird der Positivismus als ein Problem der Rechtswissenschaft angesehen. Er konstatiert das Fortwirken des Gesetzespositivismus in der Methodenlehre, der zwar als ausdrückliche Haltung nicht mehr vertreten wird, aber unausgesprochen in zahlreichen Elementen fortwirkt.[252] Aus diesem Gedanken heraus versucht er, durch ein neues Gesamtkonzept der Rechtsanwendungslehre, das Problem zu lösen.[253]

Die zentrale These von der strukturierenden Rechtslehre ist die Nichtidentität von Normtext und Norm und an diesem Punkt unterscheidet sie sich von der subjektiven und objektiven Auslegungstheorie. Für Müller ist der Text an sich nur ein „Leitfaden“, der keine Normativität enthält. In der strukturierenden Schule steht die Norm nicht am Anfang als etwas schon Gegebenes, sondern es gibt einen Konstruktionsprozess. Diese Theorie der Praxis wird *Rechtserzeugungsreflexion* genannt.[254] So wird die Norm des Rechtsanwenders erst hergestellt, indem dieser aus dem Normtext durch Interpretation das „Normprogramm“ erarbeitet und mit dessen Hilfe den „Normbereich“ auswählt. Erst in diesem Stadium ist die Norm, bestehend aus Normprogramm und Normbereich, hergestellt.[255] Die strukturierende Rechtslehre spricht von Normkonkretisierung statt von Auslegung.[256]

Was die Wortlautgrenze betrifft, erachtet die strukturierende Rechtslehre die bisherigen Methodenlehren für unzulänglich, z. B. betont Christensen, ein

---

252 Müller/Christensen, *Juristische Methodik*, Rn. 75.

253 Siehe Klatt, *Theorie der Wortlautgrenze*, S. 83.

254 Müller/Christensen, *Juristische Methodik*, Rn. 214.

255 Müller/Christensen, *Juristische Methodik*, Rn. 232.

256 Müller/Christensen, *Juristische Methodik*, Rn. 248.

Schüler von Müller, dass der Zusammenhang zwischen der Bedeutung des Normtextes und dem sprachlichen Handeln des Rechtsanwenders eine interne Relation ist.[257] Die Bedeutungsregel werde vom Rechtsanwender selbst formuliert. Es handelt sich um einen Gestaltungs-, nicht um einen Erkenntnisakt.[258] So sind laut Müller nicht nur die Grenzfälle wichtig, um die Bedeutung sprachlicher Zeichen zu bestimmen, sondern es hängt von dem Sprecher, der Sprache und ihrem Wirklichkeitsverständnis und vom Vorwissen des Rezipienten ab.[259] In diesem Sinn besteht der Normtext vor der Konkretisierung der Norm und ist bei kontextunabhängiger Betrachtung so unbestimmt, dass sich die Wortlautgrenze als Illusion erweist.[260]

Müller hält den Wortlaut auch nicht für untauglich, hingegen stellt er fest, dass das herkömmliche Konzept der Wortlautgrenze zu verabschieden ist.[261] Er versucht, sie zu reformulieren. Für die strukturierende Rechtslehre ist die begrenzende Wirkung keine Eigenschaft des Normtextes oder seiner einzelnen Ausdrücke. Die Grenze ist nicht durch die Sprache vorgegeben, sondern wird in der Sprache erst errichtet.[262] Müller bestimmt auch die Normprogrammgrenze anders als in der tradierten Methodenlehre. Müller unterscheidet zwischen Regelfall und Ausnahmefall. Der Erstere liegt vor, wenn „mehrere Konkretisierungelemente primärsprachlicher Art zu demselben Ergebnis" führen.[263] Hier zeigt sich die Wortlautgrenze als Normprogrammgrenze. Die Vereinbarkeit einer Entscheidung mit dem Wortlaut kann im Regelfall erst anhand des Normprogramms beurteilt werden.[264] Das Kennzeichen eines Ausnahmefalls ist die Grenzfunktion; diese wird allein vom grammatischen Element getragen, weil sich dieses gegenüber den anderen Konkretisierungselementen bei der Bestimmung des Normprogramms durchsetzt.[265]

---

257 Christensen, *Was heißt Gesetzesbindung? Eine rechtslinguistische Untersuchung*, S. 269.

258 Herbert, *Rechtstheorie als Sprachkritik. Zum Einfluß Wittgensteins auf die Rechtstheorie*, S. 91.

259 Müller, *Strukturierende Rechtslehre*, S. 377.

260 Klatt, *Theorie der Wortlautgrenze*, S. 91. Laudenklos, *Rechtsarbeit in Textarbeit. Einige Bemerkungen zur Arbeitsweise der Strukturierende Rechtslehre*, S. 151.

261 Müller, *methodik*, Rn. 535.

262 Müller/Christensen, *Juristische Methodik*, Rn. 328.

263 Müller/Christensen, *Juristische Methodik*, Rn. 312.

264 Müller/Christensen, *Juristische Methodik*, Rn. 448.

265 Klatt, *Theorie der Wortlautgrenze*, S. 94.

4. Die Überschreitung der semantischen Grenzen: Die Geldwäsche-Entscheidung

Ein Beispiel für die Überschreitung der semantischen Grenze bildet das Geldwäsche-Urteil des Bundesverfassungsgerichts.[266] Es war die Frage zu entscheiden, ob und unter welchen Voraussetzungen sich Strafverteidiger wegen Geldwäsche strafbar machen können, wenn sie von ihren Mandanten ein Honorar annehmen, welches diese aus einer rechtswidrigen Vortat erlangt hatten. Nach dem Wortlaut der Norm ist diese auch auf Strafverteidiger anwendbar, im Gesetz sind keine Ausnahmen vorgesehen. Dies ist jedoch aus verfassungsrechtlichen Gründen problematisch, weil die drohende Strafbarkeit in die Berufsausübungsfreiheit der Strafverteidiger eingreift und die rechtsstaatliche Bedeutung der Institution der Strafverteidigung beachtet werden muss.

Zur Lösung dieses Konfliktes werden unterschiedliche Erklärungen diskutiert. Das Bundesverfassungsgericht hat sich mit seinem Urteil vom 30. März 2004 der Vorsatzlösung angeschlossen. Hiernach machen sich Strafverteidiger nur dann strafbar, wenn sie zum Zeitpunkt der Annahme ihres Honorars sichere Kenntnis von dessen Herkunft hatten. Das Bundesverfassungsgericht stützt dieses Ergebnis auf eine verfassungskonforme Auslegung. Wegen des Grundsatzes der Verhältnismäßigkeit ist der durch die Strafandrohung bewirkte Eingriff in die Berufsausübungsfreiheit nur dann gerechtfertigt, wenn die Norm einschränkend ausgelegt wird. Durch diese einschränkende Auslegung erhöht das Bundesverfassungsgericht die Anforderungen, die an den Vorsatz der Strafverteidiger zu stellen sind. Bedingter Vorsatz, d. h. Für-möglich-Halten und billigende Inkaufnahme reicht nicht aus. Vielmehr ist direkter Vorsatz, d. h. sicheres Wissen von der Herkunft des Geldes erforderlich.

Eine verfassungskonforme Auslegung ist immer dann möglich, wenn eine Norm mehrere Auslegungen, die teils zu einem verfassungswidrigen Ergebnis und teils zu einem verfassungsmäßigen Ergebnis führen, zulässt. Die Norm ist dann verfassungskonform auszulegen. Jede verfassungskonforme Auslegung findet ihre Grenze aber im Wortlaut des Gesetzes. Insbesondere soll vermieden werden, dass durch eine verfassungskonforme Auslegung an die Stelle einer gesetzlichen Vorschrift inhaltlich eine andere Vorschrift gesetzt wird. Dies wäre ein für die Justiz unzulässiger Akt der Rechtssetzung, der nur dem Gesetzgeber zukommt.

---

266 BVerfG NJW 2004, 1305–1313.

Das Bundesverfassungsgericht ist der Meinung, dass die vorgenommene restriktive Auslegung nicht gegen die semantischen Grenzen der Norm verstößt. Diese Auffassung ist fraglich. Das Bundesverfassungsgericht schränkt den Anwendungsbereich der Norm ein, indem es für Strafverteidiger einen engen Begriff verwendet. Die als „einschränkende Auslegung" bezeichnete Operation des Bundesverfassungsgerichts ist in Wirklichkeit eine Rechtsfortbildung in Form einer teleologischen Reduktion. Die semantischen Grenzen der Norm werden daher überschritten. Das Bundesverfassungsgericht legt § 261 Abs. 2 Nr. 1 StGB nicht aus, sondern formuliert ihn um. Damit überschreitet es die Grenzen verfassungskonformer Auslegung.

Es muss betont werden, dass das Bundesverfassungsgericht für sein *Ergebnis* überzeugende Gründe vorzuweisen hat. Es spricht viel dafür, dass der Wortlaut des § 261 Abs. 2 Nr. 1 StGB tatsächlich zu weit ist und aus den dargelegten verfassungsrechtlichen Gründen der Einschränkung bedarf. Dies gilt insbesondere für den erstrebten Schutz der Strafverteidigung. Diesen Gründen soll hier keineswegs widersprochen werden. Die hier geübte Kritik bezog sich allein auf das *methodische* Vorgehen des Gerichts. Dargestellt wird ausschließlich, dass das Bundesverfassungsgericht an einer verfassungskonformen Auslegung durch die semantische Grenze des Begriffes „vorsätzlich" gehindert war. Es hätte demnach richtigerweise die Verfassungswidrigkeit der Norm konstatieren müssen. Allein der Gesetzgeber ist berufen, die Norm durch die Einführung eines expliziten Verteidigerprivilegs nachzubessern.

II. Zur Rechtsfortbildung

Unter der Bezeichnung der Rechtsfortbildung versteht man eine Form der Rechtsanwendung, die über die einfache Interpretation hinausgeht, indem sie die Wortlautgrenze überschreitet. Im Folgenden werden wir das Wesen dieses Begriffs analysieren sowie ihre zwei verschiedenen Äußerungsformen, nämlich die gesetzesergänzende Rechtsfortbildung und die gesetzesübersteigende Rechtsfortbildung.

1. Terminologische Präzisierungen

Die Rechtsanwender wählen während der Auslegung die Begründungselemente für die Begründung ihrer Entscheidungen, jedoch ist dieser Subsumtionsprozess nicht immer erfolgreich. Dies kann in manchen Fällen zu dem Ergebnis führen, dass ein Sachverhalt keine Regelung in der Gesetzgebung hat oder das

Ergebnis nicht angemessen ist. Hier greift die Rechtsfortbildung, aber nur, wenn der Subsumtionsprozess zu keinem befriedigenden Ergebnis geführt hat, darf die Rechtsfortbildung herangezogen werden.[267] Diese Reihenfolge gebietet die demokratische Legitimation der Rechtsordnung, der Gewaltenteilungsgrundsatz und das Rechtsstaatsprinzip. Die verfassungsrechtliche und die demokratische Legitimation des Gesetzgebers zur Rechtssetzung ist eine qualitativ andere als die der Rechtsprechung und der Verwaltung.[268] Wenn man jenseits des möglichen Wortsinns das gesetzte Recht ergänzen kann, spricht man von Rechtsfortbildung. Aber wo ist genau die Grenze zwischen Auslegung und Rechtsfortbildung? Ein mögliches Abgrenzungskriterium ist durch die Theorie der Wortlautgrenze dargestellt worden. So markiert der mögliche Wortsinn die Grenze zwischen Auslegung und Rechtsfortbildung.[269]

Die Rechtsfortbildung *greift*, um nicht gerechtfertigte Ungleichheiten im Gesetz zu korrigieren, Ungleichheiten, die der Gesetzgeber nicht bedacht hat und durch die dessen Regelung deshalb unvollständig ist, d. h. die sogenannten Lücken. Laut Art. 97 I GG ist der Richter strikt und ohne Ausnahme an das Gesetz gebunden.[270] Umstritten ist dabei noch, ob es nur ein Recht oder eine Pflicht des Rechtsanwenders zur Lückenfüllung gibt. Eine solche Pflicht zur Lückenfüllung kann in der Pflicht zur Rechtsgewährung (Art. 19 IV GG) und im Prinzip der hermetischen Lückenlosigkeit der Rechtsordnung gefunden werden.[271] Manche Wissenschaftler behaupten dagegen, dass jeder Fall innerhalb der Grenzen des möglichen Wortlauts auf der Grundlage des Gesetzes gelöst werden kann; in diesem Sinn wäre eine Rechtsfortbildung besonders problematisch. Wird eine Lösung durch den Wortlaut nicht erfasst, ist sie eben demnach ausgeschlossen.[272] Hier wird zugegeben, dass die Lückenfüllung eine doppelte Natur – bestehend aus Recht und Pflicht – aufweist.

Besonders wichtig für die Rechtsfortbildung stellt sich die Soraya-Entscheidung dar. Das BVerfG hat die Befugnis der Gerichte zur Rechtsfortbildung vor allem in der Soraya-Entscheidung (1973) begründet.[273] Wenn ein Gesetz seine Funktion nicht erfüllt, sondern eine primäre oder sekundäre Regelungslücke enthält, ist Rechtsfortbildung gerechtfertigt. Solche Lücken sollen

---

267 BVerfGE 3, 225.

268 BVerfGE 3 S. 225, 247.

269 Schwacke, *Juristische Methodik: Mit Technik der Fallbearbeitung*, S. 117.

270 Larenz, *Methodenlehre der Rechtswissenschaft*, S. 368.

271 Larenz, *Methodenlehre der Rechtswissenschaft*, S. 367.

272 Wank, *Die Auslegung von Gesetzen*, S. 95.

273 BVerfGE 34, 269, 287 ff.

dann „nach den Maßstäben der praktischen Vernunft und den fundierten allgemeinen Gerechtigkeitsvorstellungen der Gemeinschaft“ durch die richterliche Entscheidung ausgefüllt werden.[274] Die Aufgabe und die Befugnis der Gerichte zu „schöpferischer Rechtsfindung“ gilt nach dem BVerfG als ein notwendiger Bestandteil der verfassungsgemäßen Justizfunktion. Wo der Richter auf eine Gesetzeslücke stößt, kann er das Recht nicht „finden“, deshalb muss er es selbst setzen. Er hat selbst eine Entscheidung zu treffen, die eine Normwirkung für künftige Fälle dieser Art entfaltet. Darum ist die Bezeichnung Richterrecht zutreffend.[275]

In gewissen Fällen kann es im Kontext der Rechtsanwendung nicht nur notwendig sein, eine Interpretation durchzuführen, sondern über den möglichen Wortsinn hinauszugehen, das heißt über die Interpretationsgrenzen hinaus, um das im Gesetz Dargestellte zu vervollständigen. In diesen Fällen spricht man von einer gesetzesergänzenden Rechtsfortbildung (neben dem Gesetz) oder aber von einer gesetzesübersteigenden Rechtsfortbildung (gegen das Gesetz).

2. Gesetzesergänzende Rechtsfortbildung

Wie bereits erwähnt, erkennt die Rechtslehre zwei Formen der Rechtsfortbildung an. Zunächst geht es um die gesetzesergänzende Rechtsfortbildung, ihre Grundannahmen (die Art der Lücken und die Art und Weise, wie diese Lücken geschlossen werden) sowie ihre Grenzen und die Behandlung, die diese vom Europäischen Gerichtshof für Menschenrechte erfahren hat.

a. Bestehen einer Lücke

Das Wort „Lücke“ oder spezifischer „Gesetzeslücke“ bezeichnet, dass eine gerichtlich entscheidungsbedürftige Situation gesetzlich nicht geregelt ist. Gesetze binden die Rechtsprechung, wo gesetzliche Wertungen vorhanden sind. Lückenlose Gesetze sind unmöglich. Die sich mit großer Geschwindigkeit ändernde Gesellschaft bringt ständig neue entscheidungsbedürftige Rechtsfragen hervor, von denen viele nicht gesetzlich geregelt sind.[276] Man muss zwischen primären und sekundären Lücken unterscheiden. Bei den primären wurde die Situation von den Gesetzgebern nicht bedacht. Bei den sekundären haben sich die tatsächlichen oder juristischen Rahmenbedingungen in der Zwischenzeit verändert und

---

274 BVerfGE 34, 269, 287.

275 Rüthers, *Rechtstheorie mit juristischer Methodenlehre*, S. 503.

276 Rüthers, *Rechtstheorie mit juristischer Methodenlehre*, S. 501.

es besteht deshalb mittlerweile eine Lücke.[277] Der Rechtsanwender darf Lücken füllen, aber wegen seiner Bindung an das Gesetz nicht gegen dieses entscheiden.[278] Aufgrund ungeregelter Rechtsfragen stellen sich dem Rechtsanwender große methodische Fragen. Die Lücken machen deutlich, dass es der Rechtsanwendung an unmittelbarer gesetzlicher Wertung fehlt. Die Bundesrepublik Deutschland bildet damit keine Ausnahme und die Setzung von Rechtsnormen beschränkt sich nicht auf die Gesetzgebung. Im Lückenbereich sind die Gerichte von der Verfassung zur Normsetzung berufen. Sie sind Ersatzgesetzgeber.[279]

b. Methoden der Lückenfüllung

Die wichtigsten Instrumente der Lückenfüllung in der Praxis sind: a. Analogie, b. argumentum a fortiori, c. argumentum e contrario, d. Teleologische Reduktion und e. Teleologische Extension.

(1) Analogie

Analogie nennt man die Anwendung einer Rechtsnorm mit bestimmten Tatbestandsvoraussetzungen auf einen ungeregelten Sachverhalt mit anderen ggf. ähnlichen Tatbestandsvorausetzungen. So verwenden die Gerichte bei der Ausfüllung von Gesetzeslücken häufig einen Analogieschluss. Weil dem Gericht eine Rechtsnorm fehlt, welche die zu entscheidende Rechtsfrage regelt, sucht man nach Vorschriften, die ähnliche Konflikte regeln. Der Rechtsanwender geht dabei von der Annahme aus, die zu entscheidende Interessenlage sei der gesetzlich geregelten so ähnlich, dass die Gesetzgebung die getroffene Regelung auch für den ungeregelten Sachverhalt vorsehen würde.[280] Der Analogieschluss ist also eine Generalisierung, sodass durch die Analogiesetzung eine Gleichheit besteht. Bei der Analogie handelt es sich nicht um einen streng logischen Schluss, sondern um ein wertendes Argument. Die Ausdehnung kann entsprechend der Lücke sowohl den Tatbestand als auch die Rechtsfolge betreffen.[281]

---

277 Canaris, *Die Feststellung von Lücken im Gesetz: Eine methodologische Studie über Voraussetzungen und Grenzen der richterlichen Rechtsfortbildung praeter legem*, S. 18.

278 Canaris, *Die Feststellung von Lücken im Gesetz: Eine methodologische Studie über Voraussetzungen und Grenzen der richterlichen Rechtsfortbildung praeter legem*, S. 18. Zippelius, *Juristische Methodenlehre*, § 11 I c.

279 Rüthers, *Rechtstheorie mit juristischer Methodenlehre*, S. 501.

280 Rüthers, *Rechtstheorie mit juristischer Methodenlehre*, S. 531.

281 Koch/Rüßmann, *juristische Begründungslehre*, S. 260.

(2) Argumentum a fortiori

Das argumentum a fortiori kann als ein besonderer Fall des Analogieschlusses angesehen werden. Dieses Argument stützt sich auf die Erwägung, dass „die analoge Anwendung [. . .] immer gerechtfertigt (ist), wenn die Normzwecke einer Vorschrift bei einem nicht geregelten Lebenssachverhalt noch stärker gegeben sind als bei dem geregelten Normtatbestand."[282] Begrenzt ist die Schlussziehung bei einer Prämisse, in der eine deontische Qualität – z. B. geboten, verboten, erlaubt, freigestellt – einem Gegenstand wie einem Zustand oder einer Handlung zugesprochen wird.[283]

Einige Autoren betrachten das Argument a maiore ad minus und a minore ad maius unabhängig von der Analogie.[284] So tritt es in zwei strukturell gleichen Erscheinungsformen auf, nämlich als Schluss vom Größeren auf das Kleinere („a maiore ad minus") und als Schluss vom Kleineren auf das Größere („a minore ad maius"). Bei der Analogie als Erst-Recht-Schluss (argumentum a minore ad maius), Schluss vom Kleineren auf das Größere, muss die Regelung für einen vergleichbaren, nicht geregelten Fall erst recht gelten. Die Analogie als Schluss vom Größeren auf das Kleinere (argumentum a maiore ad minus) bedeutet, wenn das Gesetz nicht einmal für den gewichtigeren Fall eine Rechtsfolge anordnet, dann erst recht nicht für den weniger gewichtigen Fall.[285]

(3) Argumentum e contrario

Der Umkehrschluss ist das Gegenteil vom Analogieschluss. Wenn das Gesetz nur für den geregelten Fall eine Regelung treffen wollte, dann ist für den nicht geregelten Fall umgekehrt zu entscheiden. Aus der Nichtregelung eines Lebenssachverhalts wird geschlossen, dass die Gesetzgebung bewusst dazu schweigt, weil sie an seiner Regelung nicht interessiert ist. Es handelt sich dann um ein „beredtes" Schweigen der Gesetzgebung.[286]

Das argumentum e contrario steht nur im Zusammenhang mit einer Rechtsfortbildung, wenn der Rechtsanwender die syntaktische Struktur einer Rechtsnorm verändert, sodass aus einem einfachen Konditional eine Äquivalenz wird. Hat schon der Gesetzgeber eine Norm als Äquivalenz formuliert, liegt in dem

---

282 Rüthers, *Rechtstheorie mit juristischer Methodenlehre*, S. 536.
283 Koch/Rüßmann, *Juristische Begründungslehre*, S. 259.
284 Tarello, *L'interpretazione della legge*, S. 355.
285 Rüthers, *Rechtstheorie mit juristischer Methodenlehre*, S. 535.
286 Rüthers, *Rechtstheorie mit juristischer Methodenlehre*, S. 536.

argumentum e contrario der Schluss nahe, dass die im Gesetz angeordnete Rechtsfolge auf den im Gesetz nicht geregelten Fall nicht anzuwenden ist.[287]

(4) Teleologische Reduktion

Die teleologische Reduktion stellt auch einen Gegensatz zur Analogie dar. Die teleologische Reduktion führt dazu, dass der Rechtsanwender eine Norm im Einzelfall nicht anwendet, obwohl die Norm dem Wortlaut nach an sich anwendbar wäre. Die Auslegung nach dem Wortlaut führt zunächst dazu, dass der Anwender den weitestmöglichen Anwendungsbereich der Norm in den Blick bekommt. Eine Norm kann nach ihrem Text auch solche Lebenssachverhalte erfassen, die nach dem Normzweck nicht erfasst werden sollen. Die semantische Anwendung der Norm kann in solchen Fällen dazu führen, dass der vom Gesetz verfolgte Zweck in sein Gegenteil verkehrt würde.[288] Der Textsinn wird eingeschränkt, weil die Gesetzgebung eine nach dem Zweck erforderliche Einschränkung übersehen hat. So auch Rüthers: „Die im Gesetz fehlende Einschränkung des Anwendungsbereichs wird im Wege einer richterrechtlich vorgenommenen teleologischen Reduktion erwirkt."[289]

(5) Teleologische Extension

Die teleologische Extension ermöglicht dem Rechtsanwender die Anwendung einer Norm auf Fälle, die normalerweise außerhalb des Wortlautes der Norm liegen. In diesem Sinn spricht man von teleologischer Extension, wenn eine Norm aus ihrem Zweck heraus auf Fälle ausgedehnt wird, die ihrem Wortlaut nicht entsprechen. Geht man davon aus, dass jede über den Wortlaut hinausreichende „Auslegung" der Sache nach eine Lückenfeststellung voraussetzt, dann wird die Gesetzeslücke aus dem weiterreichenden Zweck einer bestehenden Rechtsnorm begründet und mit einem Analogieschluss ausgefüllt.[290]

Teleologische Extensionen sind also eine Untergruppe der Gesetzesanalogien und gehören in den Bereich der Gesetzesauslegung. Wie bei der Analogie im engeren Sinn kann der Rechtsanwender mit solcher Auslegung Rechtsfolgen herleiten, die das Gesetz für den vorliegenden Fall nicht ausdrücklich enthält. Man kann wie folgt zwischen Analogie und teleologischer Extension unterscheiden: Wenn man von teleologischer Extension spricht, gibt es eine sprachlich unzureichende

287 Koch/Rüßmann, *Juristische Begründungslehre,* S. 260 f.
288 Rüthers, *Rechtstheorie mit juristischer Methodenlehre*, S. 537.
289 Rüthers, *Rechtstheorie mit juristischer Methodenlehre*, S. 538.
290 Rüthers, *Rechtstheorie mit juristischer Methodenlehre*, S. 539.

Umsetzung der gesetzgeberischen Entscheidung. Wenn eine gesetzliche Wertentscheidung fehlt, kann diese Lücke durch Analogie geschlossen werden.

c. Grenze der gesetzesergänzenden Rechtsfortbildung

Die Rechtsfortbildung findet ihre Grenze im Verfassungsrecht insbesondere im Grundgesetz und in der Recht- und Werteordnung.[291] Rechtsfortbildung verstößt weder gegen das Rechtsstaatsprinzip, noch gegen das Prinzip der Rechtssicherheit, solange die Gesetze und die Rechtsordnung respektiert werden. Die Frage nach den Grenzen der Rechtsfortbildung ist eine Frage der Kompetenzverteilung zwischen den Verfassungsorganen Gesetzgebung (Legislative), vollziehender Gewalt (Exekutive) und Rechtsprechung (Judikative). Die Rechtsprechung und die vollziehende Gewalt sind nach Art 20 Abs. 3 GG an Gesetz und Recht gebunden. Dem Gesetzgeber gehört eine Regelungsprärogative vor den anderen Gewalten, deshalb würde im Idealzustand der Gesetzgeber alle möglichen Fragen regeln, aber weil das nicht der Fall ist, entstehen andere Arten von Zusammenhängen aus den Kompetenzen von Gesetzgebung und Rechtsprechung. So ergeben sich aus der Verfassung Rechtsfortbildungsverbote.[292] Hier werden im Folgenden zwei Gesichtspunkte betrachtet: 1) das Verbot von Entscheidungen contra legem und 2) das Verbot der Erweiterung von Eingriffsmöglichkeiten in Grundrechte.

(1) Das Verbot von Entscheidungen gegen das Gesetz

Sind die Entscheidungen eines Gerichts, die jenseits der Wortlautgrenze liegen, immer Entscheidungen contra legem? Um das zu beantworten, muss man zwischen dem vom Gesetzgeber Gesagten und dem vom Gesetzgeber Gewollten unterscheiden. Mit der Differenzierung von Gewolltem und Gesagtem bietet sich eine Definition der Entscheidung contra legem an. Contra-legem-Entscheidungen sind solche, die sowohl gegen das vom Gesetzgeber Gesagte als auch gegen das vom Gesetzgeber Gewollte verstoßen. Mit dieser geteilten Definition lassen sich Rechtsfortbildungen legitimieren. „Eine contra-legem-Entscheidung liegt vor, wenn die Regelungsabsicht des historischen Gesetzgebers missachtet wird, jedoch diese mit dem möglichen Wortsinn der Gesetzesnorm noch vereinbar ist oder im Wege der Analogie oder Restriktion durchgesetzt werden könnte.“[293]

---

291 BVerfGE 67, 245, 250.

292 Vgl. dazu Koch/Rüßmann, *Juristische Begründungslehre*, 1982, §§ 21 bis 23.

293 Neuner, Jörg. *Die Rechtsfindung contra legem*, 2005, S. 132.

(2) Das Verbot der Erweiterung von Eingriffsmöglichkeiten in Grundrechte

Dieses Verbot betrifft insbesondere das Strafrecht und die sog. Eingriffsverwaltung. In einem demokratischen Rechtsstaat kann eine Tat nur bestraft werden, wenn die Strafbarkeit per Gesetz bestimmt war, bevor die Tat begangen wurde („nulla poena sine lege"). D. h. nur der Gesetzgeber ist zur Schaffung von Strafgesetzen berufen; das bedeutet, dass eine Erweiterung der Straftatbestände im Sinne der Rechtsfortbildung ausgeschlossen ist.

Der Wortlaut des Strafgesetzes kennzeichnet die Grenze zulässiger Interpretation.[294] Den Gerichten ist es also verboten, festgestellte Lücken zuungunsten des Angeklagten (etwa durch Analogie) auszufüllen. Dies würde die Strafbarkeit zulasten des Angeklagten erweitern.[295]

Das Bundesverfassungsgericht führt hierzu aus, dass 1. Art. 103 Abs. 2 GG einen strikten Bestimmtheitsgrundsatz enthält. Danach ist der Gesetzgeber verpflichtet, die Voraussetzungen der Strafbarkeit so konkret zu umschreiben, dass Tragweite und Anwendungsbereich der Straftatbestände zu erkennen sind und sich durch Auslegung ermitteln lassen.[296] Diese Verpflichtung dient einem doppelten Zweck. Es geht einerseits um den rechtsstaatlichen Schutz des Normadressaten: Dieser muss prinzipiell schon anhand der gesetzlichen Regelung voraussehen können, ob ein Verhalten strafbar ist. In Grenzfällen geht er dann, für ihn erkennbar, das Risiko einer Bestrafung ein.[297] Art. 103 Abs. 2 GG hat insofern eine freiheitsgewährleistende Funktion. Anderseits muss garantiert werden, dass der Gesetzgeber selbst in allgemeiner und abstrakter Form über die strafrechtliche Verantwortlichkeit entscheidet. Insoweit enthält Art. 103 Abs. 2 GG einen strengen Gesetzesvorbehalt, der es der vollziehenden und der rechtsprechenden Gewalt verwehrt, die normativen Voraussetzungen einer Bestrafung festzulegen.[298]

Eine Erweiterung der Strafbarkeit über den Wortlaut hinaus durch die Rechtsfortbildung ist deshalb verfassungswidrig. Eine Rechtsfortbildung zugunsten des Täters bleibt unberührt und ist zulässig.[299] Die Schaffung ungeschriebener Rechtfertigungsgründe und Strafausschließungsgründe steht dem Analogieverbot nicht entgegen. Sie kommt dem Täter zugute, indem Strafbarkeit ausgeschlossen bleibt oder eingeschränkt wird.[300]

---

294 BVerfGE 71, 108, [115].

295 Rüthers, *Rechtstheorie mit juristischer Methodenlehre*, S. 502.

296 BVerfGE 41, 314 [319]; 47, 109 [120]; 55, 144 [152].

297 BVerfGE 47, 109 [120]; 48, 48 [56]; 55, 144 [152].

298 BVerfGE 47, 109 [120].

299 BGHSt 7, 190 [193]; BGHSt 30, 105 [121].

300 BGHSt 2, 194 [204].

3. Gesetzesübersteigende Rechtsfortbildung

Es handelt sich hier fast nicht mehr um „Rechtsanwendung", sondern um eigene „Rechtsfindung". Anders als bei der gesetzesergänzenden Rechtsfortbildung besteht jedenfalls in keinem Fall eine Pflicht des Richters zur Rechtsfortbildung. Fraglich ist, ob diese Art der Rechtsfortbildung überhaupt zulässig ist, denn bei ihr liegt ein Verstoß gegen die Gesetzesbindung des Richters nach Art. 97 I GG nahe. Sicher ist diese Art der Rechtsfortbildung jedenfalls nur in sehr begrenzten Ausnahmefällen erlaubt, wenn die gesetzliche Regelung mit der Gesamtrechtsordnung oder mit dem Wertesystem des Grundgesetzes nicht vereinbar ist. Die gesetzesübersteigende Rechtsfortbildung ist in der Methodenlehre und in Methodenäußerungen der Rechtsprechung nicht allgemein anerkannt, sondern wird nur von einigen Autoren[301] bejaht und von der Rechtsprechung in bestimmten Fällen praktiziert. Grundvoraussetzung ist jedenfalls, dass eine Rechtsfrage vorhanden ist, deren Lösung man nicht im sog. „rechtsfreien Raum" finden kann.

Aber was kann man genauer unter gesetzesübersteigender Rechtsfortbildung verstehen? Erstens soll darunter verstanden werden, dass es nicht auf die bloße Überschreitung des möglichen Wortsinns ankommen kann; dies geschieht auch bereits bei der Analogie. Wenn aber der Wortlaut nicht entscheidend ist, dann wird der Zweck des Gesetzgebers entscheidend. Wenn der Zweck dem Wortlaut nicht entgegen steht, handelt es sich um eine gesetzesergänzenden Rechtsfortbildung. Wenn er dagegen dem Wortlaut entgegen steht, ist eine Lückenfüllung nicht zulässig; dementsprechend handelt es sich nicht mehr um eine gesetzesergänzende Rechtsfortbildung. Die Regelungsabsicht des Gesetzgebers muss innerhalb der Grenze des möglichen Wortsinns bleiben, da seine Bestimmung andernfalls schon jenseits der Wortlautgrenze wäre und es nicht mehr nur Interpretation, sondern eine Analogie wäre.

Die gesetzesübersteigende Rechtsfortbildung kommt nur in Betracht, wenn die vorherigen Stufen der Auslegung und der gesetzesergänzenden Rechtsfortbildung nicht genügen, um zu einer Lösung zu kommen, die den Mindestanforderungen des Rechtsverkehrs genügt, welche sich aus der Natur der Sache und rechtsethischen Forderungen ergeben. Nach Meinung von Larenz ist den Gerichten eine gesetzesübersteigende Rechtsfortbildung allenfalls dann gestattet, wenn infolge dauernden Versagens des Gesetzgebers ein echter

301 Larenz, *Methodenlehre der Rechtswissenschaft*, S. 413 f.

Rechtsnotstand entstanden ist.[302] Die bei der gesetzesergänzenden Rechtsfortbildung genannten speziellen Verbote und Grenzen gelten hier erst recht. Im Strafrecht beispielsweise verbietet etwa das Analogieverbot nach Art. 103 II GG die gesetzesübersteigende Rechtsfortbildung zuungunsten des Täters ebenso wie die gesetzesergänzende Rechtsfortbildung.

---

302 Das klassische Beispiel hierfür ist die bereits erwähnte Aufwertungsrechtsprechung des Reichsgerichts im Angesicht der Inflation nach dem ersten Weltkrieg, die mit dem Grundsatz „Mark = Mark" brach und damit den Weg für eine Aufwertung eröffnete. RGZ 107, 78, 87 ff. Rüthers, *Die Unbegrenzte Auslegung*, S. 74.

3. Teil: Grundlagen einer Theorie der juristischen Argumentation

In der modernen Gesellschaft, die so pluralistisch in Bezug auf ihre Kultur und ihre Ideologie ist, taucht in Bezug auf die traditionelle Frage nach Ursprung, Gültigkeit und Wesen praktischer Verhaltensmuster auch die Frage nach der Begründung als letzte Stütze der moralischen Rationalität auf. Der Erklärungsversuch einer juristischen Realität ausgehend von der Tradition der Doktrin, der Norm und vor allem der formalen Logik als Methode, um die konkreten Phänomene anzusprechen, erweist sich als unzureichend für das aktuelle Panorama, wo Autoren erscheinen, die ausgehend von einem weniger starren Ansatzpunkt behaupten, in der Argumentationsdynamik Regeln der Rationalität zu finden. Die juristische Realität wird so als Verfahrensrealität mit diskursivem Charakter verstanden, eingerahmt in eine allgemeine Praxis, von der sie Teil ist, aber von der sie sich gleichzeitig unterscheidet.

In diese Entwicklung fügen sich die Gedanken der Autoren ein, die dazu beigetragen haben, dass in der juristischen Analyse wieder die Rhetorik und die Topik Beachtung finden, so wie die Entwicklung der Theorien der juristischen Argumentation selbst, deren bekannteste Version sich in der von Robert Alexy vorgeschlagenen Variante findet. Diese ist ein Modell, welche ausreichend Ansatzpunkte bietet, um von einer Theorie zu sprechen, die Ursprung, Gültigkeit und Grenzen der Rechtshandlung in dreierlei Hinsicht erklärt: analytisch oder durch die Ermittlung der Struktur der Argumente, normativ oder durch die Untersuchung der Zusammensetzung der Normen und deskriptiv oder durch die Ermittlung der empirischen Stütze, die sie umgibt. Eine Theorie, die beansprucht, die Unzulänglichkeiten des juristischen Positivismus zu überwinden, wenn sie die Probleme der aktuellen Gesellschaft anspricht, und deren Ziel die Ausarbeitung eines Verfahrens ist, welches die Rationalität der Rechtsanwendung sichert. Die juristische Argumentation kann sich hierin als Rechtssprache konzeptualisieren, die aus der aktuellen Anwendung von Regeln und Prinzipien zur Lösung von theoretischen und praktischen Konflikten hervorgeht, die sich der Gesellschaft im Bereich des eigenen Rechts stellen.

Im vorliegenden Teil „Grundlagen einer Theorie der juristischen Argumentation“ werden drei wesentliche Fragen analysiert werden:

1. Welche Theorien können als Vorläufer der Theorie der juristischen Argumentation von Alexy identifiziert werden?

2. Welche kritische Analyse kann zu Alexys Theorie der juristischen Argumentation gemacht werden?
3. Welche Beziehung besteht zwischen der juristischen Argumentation und der juristischen Begründung?

Die erste Frage strebt danach, die Strömungen und Theorien zu analysieren, die zur Entwicklung von Alexys Theorie der juristischen Argumentation geführt haben. Einerseits die Topik und Rhetorik, andererseits Modelle der juristischen Argumentation, die als Vorgänger von Alexys Modell gesehen werden können. Die zweite Frage entwirft eine kritische Analyse zur Theorie der juristischen Argumentation von Alexy, indem sie deutlich diejenigen philosophischen und juristischen Strömungen formuliert, durch die er inspiriert wurde, die Regeln, die als Fundament seiner juristischen Argumentation dienen, sowie die wichtigsten Kritikpunkte, mit denen sein argumentatives Modell konfrontiert wird. Die dritte Frage bezieht sich auf das Problem der juristischen Begründung, ihre Entwicklung sowie ihre Bedeutung in den Systemen, die unter das Recht und nicht unter die Willkür fallen. Abschließend werden einige Regeln dargelegt, die die juristische Argumentation ergänzen müssen, mit dem Ziel eine verständliche Theorie der juristischen Begründung zu entwickeln.

Kapitel 1: Der Weg der juristischen Argumentation

I. Die Rückkehr von Rhetorik und Topik

Die Rhetorik ist ins Zentrum der Aufmerksamkeit von Juristen zurückgekehrt. Dafür gibt es tiefgreifende politische und soziale Gründe. Argumentation, Dialog und Debatte müssen in demokratischen Gesellschaften rechtskräftig bleiben und die aktuelle intensive Entwicklung von Gesellschaften, die im informativen, politischen und wirtschaftlichen Bereich untereinander vernetzt sind, fordert, dass in ihnen, wie im klassischen Griechenland, die Notwendigkeit der Überzeugung durch Sprache, Argumentation und Rhetorik nachdrücklich hervorgerufen wird.[303]

Die Rhetorik verlor im Laufe der Zeit ihren philosophischen Gehalt und wurde mit einem Übermaß an Eloquenz und leeren Worten assoziiert, sodass es nicht verwunderlich ist, dass der Begriff eine abwertende Konnotation erhalten hat. Das Wiederaufleben der Rhetorik und der Argumentation ist zum Teil dem erneuten Aufleben der praktischen Vernunft zu verdanken, die von der theoretischen Vernunft verdrängt worden war, sowie den antiformalistischen Bewegungen, deren Denker proklamieren, dass die formale Logik nicht für alle Phänomene Erklärungen darbiete. In diesen Kontext lassen sich die juristische Topik von Viehweg, *la nouvelle rhétorique* von Perelman oder die informelle Logik von Toulmin einordnen.

1. Juristische Topik (Theodor Viehweg)

Im Altertum war die Topik bekannt und bildete die Basis, auf der sich die juristische Lehre der Römer gründete.[304] Die Betrachtung von Recht als einer Wissenschaft stellt - auch heutzutage noch - eine der größten Debatten der Rechtsphilosophie dar. In diesem Zusammenhang ist die Anzahl jener modernen Autoren nicht gering, die die Eignung der formalistischen Methoden - bspw. der juristischen Logik, mit dem Ziel die Jurisprudenz wissenschaftlich zu begründen - behandelt haben. Unter den wichtigsten Juristen, die gegen falsche Vorstellungen von Sicherheit und mechanischer Anwendbarkeit von Recht

---

303 González Bedoya, *Prólogo* in: Perelman, *Tratado de la argumentación.*

304 García Amado, *Teorías de la tópica jurídica*, S. 75.

waren, ragt Theodor Viehweg (1907–1988) heraus, der mit seinem Werk „Topik und Jurisprudenz" die Grundlagen für die verschiedenen Strömungen der juristischen Argumentation schuf.[305]

Viehwegs Vorstellung setzt die Existenz von zwei zu unterscheidenden Forschungsbereichen voraus: dem dogmatischen und dem zetetischen.[306] Die Unterscheidung dieser besteht in der jeweiligen Behandlung der Topoi. Das dogmatische System bietet Freiraum für Kritik, wodurch seine Prämissen und grundlegenden Konzepte einen unangreifbaren Kern bilden. Ohne die Funktion der juristischen Dogmatik zu bestreiten, übernimmt Viehweg die zetetische Auffassung, indem er das Interesse auf Fragen richtet und folglich, mit dem Ziel konkrete Probleme zu lösen, die unterschiedlichen Alternativen mittels Topoi analysiert.

Viehweg bekräftigt, dass im Recht eine „grundlegende Ausweglosigkeit" vorhanden ist, die sich in der Suche von „was ist das Richtige[n] hier und jetzt" findet. Wenn das ganze juristische Gefüge in der Notwendigkeit, konkrete Fälle zu lösen, besteht, so kann die gesamte Anordnung der Jurisprudenz nur von dem Problem selbst ausgehend bestimmt werden.[307] Auf diese Weise bleiben ihre wesentlichen Bestandteile mit jenem auf besondere Weise verbunden und können nur ausgehend vom genannten Problem gelöst werden. Viehweg unterscheidet zwischen einer Topik ersten Grades und einer Topik zweiten Grades. Erstere besteht in der Wahl des geeignetsten Topos für das Problem, die zweite zeigt sich, wenn bereits ein gemeinsam beschlossener Katalog von Topoi besteht. Von einer ersten, unsystematischen Topik wird zu einer zweiten Topik übergegangen, welche ein systematisches Vorgehen annimmt, durch welches sich die Schlussfolgerung um das Problem herum bewegen kann, wobei sie die formale Vorausbestimmung einiger im Vorwege gegebenen Axiome vermeidet.[308]

Viehweg schafft einen Kontrast zum modernen systematischen Denken, welches sich innerhalb der deduktiven Logik einordnen lässt und in dessen System von Axiomen sich notwendigerweise die formale Lösung des Problems findet.[309] Das Problem, welches Viehweg feststellt, ist, dass in Bezug auf das Recht das eben genannte Verfahren nicht vollständig ausreicht, da es die Relevanz, die die materiale Logik für das Recht fordert, außer Acht lässt. Seine Formulierung

---

305 VIEHWEG, *Topik und Jurisprudenz,* S. 27 f.

306 VIEHWEG, *Systemprobleme in Rechtsdogmatik und Rechtsforschung,* S. 97 f.

307 VIEHWEG, *Topik und Jurisprudenz,* S. 98 f.

308 GARCÍA AMADO, *Teorías de la tópica jurídica,* S. 104.

309 Siehe KLUG, *Juristische Logik.* VON WRIGHT, *Deontic Logic.*

unterscheidet sich von der formalen Logik darin, dass nicht von Bedeutung ist, ob die Prämisse richtig oder falsch ist, sondern dass sie auf gültige Art und Weise strukturiert ist und erlaubt, formal von einer Prämisse zu einer anderen zu gehen.[310]

Die Topik findet ihre Formulierung in der Frage nach der richtigen Anordnung und führt genau dazu, das positive Recht in seiner Funktion als Antwort, also einen wesentlichen Bestandteil der Suche nach dem Recht zu verstehen. Daher sei es weder zulässig, die wesentlichen Bestandteile der Suche nach dem Recht von ihrer dauerhaft problematischen Wurzel zu trennen (genau das Richtige), noch ein Geflecht aus Konzepten und Vorschlägen festzusetzen, da dies die Öffnung in Richtung einer aporetischen Position verhindern würde.

Zahlreich sind die Kritiken, die sich gegen die alternativen Strömungen des Formalismus präsentiert haben, wie diejenige Viehwegs, der skeptisch gegenüber jeglichem Versuch blieb, die innere Einheit eines positiven Rechts in einem System zu beweisen. Ihnen wird ein gemeinsamer Schwachpunkt angelastet, in dem Sinne, dass es eine Sache ist, die Grenzen der formalen deduktiven Logik im Recht anzuerkennen, eine völlig andere jedoch, zu behaupten, die Logik spiele keine Rolle in der Rechtsargumentation.[311] Dies ist eine kritische Bewertung, die bei genauer Betrachtung nicht gegen die Topik vorgebracht werden sollte, da die Topik ja nicht die Notwendigkeit und Rechtfertigung des Systems bestreitet, wenn auch nicht mit den exakten Wissenschaften, das heißt, mittels eines axiomatischen Netzes aus Konzepten.

Die Topik sieht sich auch mit Kritik bezüglich der Ungenauigkeit und Eindeutigkeit ihrer Grundvorstellungen konfrontiert. Sogar der Begriff „Topik“ selbst kann verstanden werden als: 1) eine Suchtechnik von Prämissen, 2) eine Theorie über die Beschaffenheit der Prämissen, oder 3) eine Theorie des Gebrauchs

---

310 VIEHWEG, *Topik und Jurisprudenz,* S. 84.

311 Dieser gemeinsame Schwachpunkt der alternativen Theorien – unter ihnen die von Viehweg, die nicht marginal, sondern zentral ist – wird durch die vielfältigen, neu vorgeschlagenen Theorien, die behaupten, zugleich deskriptiv, analytisch und normativ zu sein, gelöst. Hierzu gehören vor allem diejenigen von Neil MacCormick und Robert Alexy. Beide Theorien vertreten, obwohl sie aus sehr unterschiedlichen Kulturbereichen stammen (Erstere aus der anglosächsischen Tradition des common law und die zweite aus der kontinentalen juristischen Dogmatik), sehr ähnliche Thesen: Beide Theorien vertreten, dass das juristische Argumentieren nichts ist, was sich grundlegend vom moralischen oder vom praktischen Argumentieren im Allgemeinen unterscheidet, sondern nur durch seinen höheren Grad an Institutionalisierung und Formalisierung.

eben dieser Prämissen in der juristischen Begründung. Der Begriff „Problem“ ist gleichsam ungenau, da die bloße Zuerkennung prioritärer Wichtigkeit für das Problemdenken allein nicht ausreicht, um weder einstimmig noch übermäßig originell eine methodische Richtung oder Rechtstheorie zu charakterisieren.[312] Dafür wäre eine Beschreibung erforderlich, die spezifischer sein müsste, als diejenige, die die Identifizierung eines „Problems“ voraussetzt. Letztendlich wird das Toposkonzept in verschiedenen Hinsichten als gleichbedeutend zum Argument genutzt, als Bezugspunkt, um Argumente zu erlangen, als Inhaltsaussagen und als argumentative Formen. Alexy weist darauf hin, dass sich dort so verschiedenartige Dinge, wie „lex posterior derogat legi priori“, „das Unannehmbare kann nicht gefordert werden“ und „Absicht“ finden.[313]

Über die eben berichteten Beobachtungen hinaus war es allerdings nicht der Verdienst Viehwegs, eine perfekte Theorie zu entwickeln, sondern einen neuen Bereich für die juristische Forschung eröffnet zu haben. Die Theorie Viehwegs repräsentiert ein Plädoyer gegen eine starre Systematisierung der modernen juristischen Begründung. Genau in diesem Kontext muss der Beitrag vom Werk Viehwegs sowie sein besonderes Interesse, das Recht zu verbessern, seine Gedanken über das Recht und die Art es anzuwenden, verortet werden.

2. Nouvelle rhétorique (Chaïm Perelman)

Die Veröffentlichung der Abhandlung zur Argumentation von Chaïm Perelman (1912–1984) und ihre Verknüpfung mit der antiken Tradition der griechischen Rhetorik und Dialektik repräsentieren einen Bruch mit der Auffassung von Vernunft und Überlegung, die ihren Ursprung bei Descartes hatte und die die westliche Philosophie der letzten drei Jahrhunderte stark geprägt hat.[314] Der Argumentationsbereich ist der des Wahrscheinlichen, des Plausiblen, welches sich der sicheren Berechnung entzieht. Die klassische Idee steht der Beweisführung und die formale Logik der Argumentation und Rhetorik gegenüber. Perelman unterscheidet die generelle Rhetorik von der von ihm genannten Logik des Rechts, das heißt der auf den spezifischen juristischen Bereich angewandten Logik. Für Perelman beziehen sich die gerichtliche Debatte und die Logik auf die Wahl der am besten begründeten Prämissen. Das Ziel der formalen Logik ist die Übereinstimmung der Lösung mit den Prämissen; das Ziel der juristischen

---

312 García Amado, *Teorías de la tópica jurídica*, S. 114.

313 Alexy, *Theorie der juristischen Argumentation*, S. 39.

314 Perelman, *Lógica jurídica y nueva retórica*, S. 3. Perelman, *Tratado de la argumentación*, S. 4 f.

Logik jedoch ist es, die Annehmbarkeit der Prämissen aufzuzeigen. Diese Akzeptanz resultiert aus der Konfrontation von Beweis und Argumenten, die sich in einer Kontroverse gegenüberstehen. Oftmals geschieht es, dass die Entscheidung aufgrund von außerrechtlichen Überlegungen gefällt wird und dass die Motivation, die das Urteil in das gültige Rechtssystem einfügt, erst danach eintritt. Die juristische Logik zeigt sich letztendlich nicht als eine formale Logik, sondern als eine Argumentation.[315]

Die Struktur der Argumentation, die als Grundlage für eine Entscheidung dient, scheint sehr verschieden von der eines Syllogismus, durch den man von mehreren Prämissen zu einer Schlussfolgerung gelangt. Während der Schritt von den Prämissen zur Entscheidung beim Syllogismus notwendig ist, ist er es nicht, wenn es sich darum handelt, von einem Argument zu einer Entscheidung zu gelangen. Dieser Schritt kann in keiner Weise notwendig sein, denn wäre er es, befänden wir uns keineswegs vor einer Entscheidung, welche ja immer die Möglichkeit voraussetzt, auf andere Art zu entscheiden oder aber überhaupt keine Entscheidung zu treffen.[316] Perelman beharrt auf der Unterscheidung zwischen Prämissen und Argumentationstechniken.

Die Prämissen werden als Ausgangspunkt der Überlegungen angenommen. Damit die Prämissen als Ausgangspunkt für die Argumentation dienen, ist es erforderlich, zu einem Einvernehmen zu gelangen. Dazu gruppiert Perelman die Prämissen in zwei Kategorien. Die erste bezieht sich auf das Tatsächliche, umfasst damit die Tatsachen, Wahrheiten und Mutmaßungen; die zweite bezieht sich auf das, was bevorzugt wird, umfasst die Werte, die Rangordnung und die Präferenzbereiche. Diese erste Kategorie erweist sich als wichtig, da anfangs nur diejenigen Prämissen, die sich auf das Wirkliche beziehen, gegenüber einer universellen Zuhörerschaft Anspruch auf Gültigkeit hätten; im Gegensatz dazu könnten die Werte, Hierarchien und Topoi nur gegenüber einer bestimmten Zuhörerschaft Anerkennung finden. Wenn auch dies die ursprüngliche Einstellung Perelmans war, so änderte sie sich doch in einer späteren Arbeit, in der er erwog, dass auch die plausiblen Aspekte in Übereinstimmung mit einer universellen Zuhörerschaft treten können.

Die Argumentationstechniken folgen der Form, nach der sich die Argumente entwickeln. Perelman analysiert die verschiedenen Formen von Argumenten, die Interaktion zwischen ihnen sowie ihre Struktur. Dieser Logik zufolge gibt es für die „Neue Rhetorik" zwei generelle Arten von Argumenten: Diejenigen,

---

315 Perelman, *Tratado de la argumentación*, S. 31.
316 Perelman, *Tratado de la argumentación*, S. 175.

die für die Assoziation sorgen, und diejenigen, die zur Dissoziation beitragen. Unter Assoziation versteht sich die Verbindung unterschiedlicher Elemente, die die Schaffung eines Gemeinsinns untereinander erlauben. Die Dissoziation hingegen beschreibt den Prozess eines Bruchs, der zu einem Ganzen verbundene Elemente voneinander zu trennen beabsichtigt, um die diese zu analysieren. Die assoziativen Elemente lassen sich ihrerseits einteilen in: quasilogische Argumente, d.h. solche, die auf der Struktur des Tatsächlichen basieren, und solche, die sich auf die Struktur des Tatsächlichen stützen. Erstere nähern sich dem formalen Denken, die zweitgenannten erweisen sich als konform mit der Beschaffenheit der Dinge und berücksichtigen auch bestimmte Situationen; hierzu gehört beispielsweise die Analogie.

Es wäre zu umfassend, an dieser Stelle eine Zusammenfassung der Kritiken gegenüber Perelman vorzunehmen. Nichtsdestotrotz soll auf die Kritik hingewiesen werden, die sich auf die Vorstellung des juristischen Positivismus bezieht, welche von Perelman falsch dargestellt wird, und auf dessen exzessive Zuschreibung des juristischen Diskurses im richterlichen Diskurs, obwohl er den Pluralismus des modernen Staates anerkennt. Dennoch ist die Kritik im Wesentlichen betont ideologisch, indem sie Perelman seinen auf die Vorstellungen von Recht und Gesellschaft gerichteten Konservatismus vorwirft.[317] Alexy erklärt außerdem, dass die „Neue Rhetorik" auf den Gebrauch des Instrumentars der analytischen Philosophie verzichtet, was die Analyse der Prämisse und die Argumentationstechniken beeinträchtige. Tatsächlich ist die argumentative Theorie von Robert Alexy bestrebt, die Fortschritte der analytischen Philosophie anzuwenden. Das große Problem schließlich besteht für Atienza in der mangelnden Klarheit hinsichtlich so gut wie aller zentralen Konzepte seiner rhetorischen Konzeption. Und auch wenn Perelman die These verteidigt hat, unklare Vorstellungen seien nicht nur unvermeidbar, sondern spielten auch eine sehr wichtige Rolle in der Argumentation, so bewahrt es ihn doch nicht vor der Kritik.[318] In erster Linie muss die konzeptuelle Unklarheit eine Grenze haben und in zweiter Linie ist es nur eine Sache, über praktische Fragen zu argumentieren, eine ganz andere jedoch, ein theoretisches Werk über die Argumentation zu schreiben: Im ersten Fall handelt es sich darum, zu überzeugen, im zweiten darum, zu erklären.

Die Wichtigkeit von Perelmans Werk gründet sich in seinem Versuch, die praktische Vernunft wiederherzustellen, das heißt, eine Art von Rationalität

---

317 Atienza, *Las razones del derecho*, S. 101.

318 In diesem Punkt scheint Perelman sich vom späten Wittgenstein inspirieren zu lassen, der bekräftigte, dass ein Maß von Unbestimmtheit eine positive Rolle in der Sprache spielen könne.

in die Diskussion über Fragen hinsichtlich der Moral, des Rechts, der Politik, etc. einzubringen. Sein Vorschlag zeichnet sich nicht nur durch das Ausmaß aus, in dem er die Argumentation auffasst, sondern auch dadurch, dass er die praktischen Überlegungen, so wie sie sich in der Realität zeigen, berücksichtigt. Letzten Endes nimmt die Wichtigkeit, die dem pragmatischen Schwerpunkt der Sprache, dem sozialen und kulturellen Kontext, in dem sich die Argumentation entwickelt, die dem Prinzip von Universalisierbarkeit oder den Vorstellungen von Einigung und Zuhörerschaft zuteilwird, wesentliche Elemente der anderen Argumentationstheorien vorweg.

3. Die informelle Logik (Stephen Toulmin)

Stephen Toulmin (1922–2009) war ein englischer Denker, der von den Ideen Wittgensteins beeinflusst wurde und einen Teil seiner Arbeit der Analyse des moralischen Denkens widmete. Mittels seiner Schriften ging er der Entwicklung praktischer Argumente nach, die zur Evaluierung der Ethik hinter den moralischen Angelegenheiten dienen können. Das argumentative Modell Toulmins erklärt – von einem logischen Standpunkt aus – die Struktur oder das Schema, auf das ein argumentativer Text antwortet. Sein Modell ist ein Versuch, den Prozess der pragmatischen oder alltäglichen Logik zu beschreiben, die sich außerhalb der bereits vorhandenen idealisierten Modelle der formellen Logik vollzieht. Damit beabsichtigt er, ein sehr spezifisches Problem zu lösen, nämlich das, dass es schwierig oder sogar unmöglich ist, klassische Modelle auf tagtäglich gebrauchte Sachverhalte, solche wie Reden von Politikern oder Diskussionen unter Freunden, anzuwenden. Daher schlägt er ein System vor, dass die Akzeptanz von Schlussfolgerungen erlaubt, die sich nicht formal herleiten lassen. Obwohl sein Modell beschreibt, wie ein Argument funktioniert, schreibt er nicht vor, wie ein Argument gemacht wird; das heißt, dass Toulmin ein Modell vom Argument liefert, nicht aber ein Modell zum Gebrauch des Arguments.[319] Das Modell besteht aus sechs Punkten[320], nämlich:

1) Argument (Data, Grounds). Dies sind die Tatsachen, von welchen ausgehend sich die Begründung der Konklusion bildet;
2) Schlussfolgerung (Conclusion, Claim), die Behauptung, die aufrechterhalten werden soll;

319 Blair, *Argument and its uses,* S. 142. Bird, *The Re-Discovery of the Topics,* S. 534 f.
320 Toulmin, *The Uses of Argument,* S. 93 f.

3) Schlussregel (Warrant), die Regeln, Prinzipien und Schlussregeln, die eine Konklusion erlauben;
4) Stützung (Backing), die Information, die die Geltung der Rechtfertigung sichert;
5) Modaler Operator (Modal Qualifier). Hierunter versteht man Bezeichnungen wie „es ist möglich", „wahrscheinlich", oder „notwendigerweise", die das Vertrauen anzeigen, welches der Emittent in die Konklusion D →C hat; und
6) Ausnahmebedingung (Rebuttal), die Bedingungen oder Ausnahmen, unter welchen die Rechtfertigung nicht zum Tragen kommt.

Der Nutzen des Modells liegt in der Schlusssregel, der Zusicherung oder warrant. Beim Gebrauch der traditionellen Methoden basiert die Schlussregel auf formellen Beweisen hinsichtlich der Gültigkeit, aber Toulmin gestattet die Zustimmung der Gültigkeit ausgehend vom Glauben der Zuhörerschaft.[321] Anstelle der geforderten Starrheit, um eine Schlussfolgerung aus den vorigen Modellen zu schließen, kann die Zuhörerschaft die Schlussfolgerung aus ihrer eigenen Erfahrung und aus den Standards des jeweiligen Bereiches basierend schließen. Daher argumentiert Toulmin, dass die Gültigkeit der Schlussregel abhängig vom Arbeitsbereich ist. Als Antwort auf die Frage, wie ein Argument nur eine einzige Form aufweisen kann, sich aber dennoch auf verschiedene Fälle anwenden lässt, führt Toulmin das Konzept vom field ein.[322] Ihm zufolge gibt es keine Form von Argument, die alle möglichen Fälle umfassen könne; daher teilt Toulmin die warrants in zwei Typen ein: field dependent und field invariant. Diejenigen vom Typ field invariant bestehen aus dem Format D–W–C und die Rechtfertigung stammt aus der logischen Beziehung zwischen den Sätzen untereinander, so wie beim Syllogismus. Die warrants, die field dependent sind, gehen aus dem Übereinkommen der Fachbereiche hervor. Ein Argument gehört zum gleichen field, so Toulmin, wenn die Daten und Konklusionen von jeweils zwei Argumenten auf gleiche Weise logisch sind, und zwar jedes für sich. Sie entstammen anderen fields, wenn das Backing oder die Konklusionen eines jeden einzelnen der zwei Argumente nicht vom gleichen logischen Typ sind.[323]

---

321 McCroskey, *Toulmin and the basic course*, S. 94

322 Godden, *On Toulmin's fields and Wittgenstein's later views on logic,* S. 369.

323 Die Rechtfertigung selbst und der Gebrauch der Modal Qualifiers wechseln je nach „field". Toulmin argumentiert, dass die Argumentationstheorien kein angemessenes Modell vom Argument schaffen können, ohne die Beschaffenheit, die Grenzen und die innere Struktur der Bereiche des Arguments wertzuschätzen. Die Annehmbarkeit

Die ersten drei Elemente Daten, Schlussregel und Schlussfolgerung dienen als Basis von Toulmins Modell. Nichtsdestotrotz nutzt er noch weitere drei Elemente, um seinem Modell noch mehr Wirksamkeit zu verleihen. Um zu erklären, wie der warrant als Rechtfertigung funktionieren kann, führt Toulmin das Konzept der Stützung (Backing) ein, das dazu dient, die Wirksamkeit des warrant zu gewährleisten.[324]

Das Backing liefert noch mehr Evidenzen, um die Geltung des genutzten warrant zu stützen; es bietet Gründe, den warrant als Rechtfertigung zu akzeptieren, und zwar in der gleichen Weise, wie der warrant die Zustimmung der Konklusion ausgehend von Daten[325] rechtfertigt, und es sichert den warrant. Die Modal Qualifiers erlauben die Stärke der Geltung aufzuzeigen, die, ausgehend von Daten, der Konklusion verliehen wird. So besteht beispielsweise, wenn bestätigt ist, dass S wahrscheinlich P ist, eine Verbindlichkeit mit einigen Vorbehalten der Konklusion gegenüber. Auf die gleiche Weise jedoch kommt ihr auch mehr Beachtung zu. Der Modal Qualifier dient also dazu, die Kraft, die der Konklusion anhaftet, das heißt die Verantwortung des Emittenten gegenüber seiner Aussage, zu begrenzen.[326]

Eine der wesentlichen Kritikpunkte, die gegen Toulmin erhoben werden können, besteht in der gelegentlichen Schwierigkeit, zwischen der Garantie

---

der Rechtfertigung einer Konklusion ist mehr als ein formaler Prozess; sie fällt in die Standards von jedem „field", indem sie einen „warrant" und ein „Backing" schafft, welche „field dependent" sind. Daher ändern sich allein die Quellen der Rechtfertigung zwischen jedem einzelnen „field", obwohl das Format des Arguments in den Fachbereichen das Gleiche ist. Toulmin, *The Uses of Argument,* S. 14. Schroeder, *Knowledge and Power, Logic and Rhetoric, and Other Reflections* in *the Toulminian Mirror: A Critical Consideration of Stephen Toulmin's Contributions to Composition,* S. 105.

324 Goodnight argumentiert, dass der „warrant" eine vernünftige Schlussfolgerung sei, aber keine sichere und dass das „Backing" als sichere Regel dient, um in Form einer Schlussfolgerung die Legitimation zu stützen. So gesehen besteht das „Backing" aus Tatsachen, die dem Datum ähnlich sind. Die andere Verwendung des „Backing" besteht darin, zu vermeiden, dass jede Rechtfertigung eine andere ad infinitum rechtfertigen muss und liefert eine feste Grundlage, durch die ein solcher Zyklus endet. Goodnight, *Legitimation Inferences: An Additional Component for the Toulmin Model*, S. 41.

325 Healy, *Critical Reasoning and Dialectical Argument: An Extension of Toulmin's Approach,* S. 4.

326 Hitchcock/Verheij. *Introduction. Arguing on the Toulmin Model: New Essays in Argument analysis and evaluation,* S. 8.

und dem Backing zu unterscheiden. Toulmin scheint anzudeuten, dass Ersteres eine Inferenzregel ist und Zweiteres eine Aussage über Tatsachen; dies aber wirft Probleme auf, jedenfalls wenn man sich im Bereich der juristischen Argumentation aufhält. Einerseits ist nicht nachzuvollziehen, warum, wenn es die Funktion des Backings ist, eine Rechtfertigung der Garantie zu bieten, diese aus einer empirischen Aussage bestehen muss und nicht zum Beispiel aus einer normativen oder wertenden Aussage. Andererseits entsteht der Eindruck, dass die Garantie, in Verbindung mit den juristischen Argumenten, durch die juristische Norm gebildet würde und das Backing durch den jeweiligen normativen Vorschlag, der die Existenz einer gültigen Norm mit diesem Inhalt bestätigt. Dies bedeutet nicht, dass der Beitrag Toulmins irrelevant ist. Einerseits eröffnet er ein Darstellungsschema der Argumente, welches sich insofern als interessant erweist, als es viele Aspekte der Argumentation einbezieht, die ausgehend von der Logik eine Erklärung bieten können, welche in der gewöhnlichen Darstellungsform der Argumente der formalen Logik nicht klar hätte aufgezeigt werden können. Andererseits beabsichtigt Toulmins Schema eine größere Annäherung an die Argumentationen, die in Wirklichkeit stattfinden, als es mit den gewöhnlichen Schemata der formalen Logik möglich ist.

II. Gegenwärtige Argumentationsmodelle

Einige der gegenwärtigen Autoren betrachten die praktische Vernunft als eines der fundamentalen Konzepte der Rechtstheorie und gehen dabei soweit, zu behaupten, die Gesamtheit des Rechts werde von rationalem Abwägen dominiert. Die zentrale These derjenigen, die die Idee der praktischen Vernunft verteidigen, kann damit zusammengefasst werden, dass die praktischen Urteile rational begründet werden können und bei dieser Arbeit das maßgeblich von den Juristen verwendete Instrument die Argumentation ist. Vor diesem Hintergrund ist es möglich zu verstehen, dass einer der Bereiche philosophischer Diskussion, welcher die Rechtstheorie in den letzten Jahrzehnten am meisten beschäftigt hat, die Theorie der juristischen Argumentation ist. Dementsprechend werden im Folgenden die Theorien von drei Autoren vorgestellt, die neben Robert Alexy zu denjenigen gehören, die die relevantesten Beiträge im Bereich der juristischen Argumentation geleistet haben, nämlich Aulis Aarnio, Neil MacCormick und Aleksander Peczenik.

1. Jenseits der Rationalität (Aulis Aarnio)

Aulis Aarnio (geboren 1937) entwickelt seine Argumentationstheorie ausgehend von zwei zentralen Achsen: dem konzeptuellen Arsenal der „Sprachspiele" von Ludwig Wittgenstein sowie dem Anspruch auf Angemessenheit des argumentativen Resultats. Aarnio gesteht, dass die Untersuchungen Wittgensteins und insbesondere die Philosophie des späten Wittgenstein den Ausgangspunkt für die Erarbeitung seiner eigenen Konzeption der juristischen Rationalität bildeten. Aarnio nutzt das Wittgenstein'sche Rationalitätskonzept, um sein juristisches Rationalitätsmodell zu konstruieren.[327] Die Sprachspiele geben an, dass die Bedeutungen der Wörter nicht von der Zusammensetzung oder Struktur dieser abhängt, sondern vom Gebrauch, der ihnen zuteilwird und vom Kontext, in dem sie verwendet werden. Ausgehend von diesem Konzept, das dem späten Wittgenstein zuzuschreiben ist, gestaltet Aarnio seine Theorie der juristischen Argumentation, die auf einer Rationalität basiert, welche alle möglichen Umstände miteinbezieht, die mit dem Fall zusammenhängen. Aarnio hält daran fest, dass eine solche Philosophie das Interesse der Sprachtheoretiker und der Rechtsphilosophen vom Positivismus und der Dogmatik auf das praktische Denken und die Argumentation verlagert hat. Er nutzte die Handlungstheorie von Wright und die späte Philosophie Wittgensteins als konzeptuelle Werkzeuge für die Beschreibung, die Erklärung und das Verständnis der Rechtfertigung der richterlichen Entscheidungen und des Verhaltens der Richter. Diese pragmatische Perspektive erlaubt es Aarnio zu behaupten, dass eine angemessene Argumentationstheorie ein Instrument für das bessere Verständnis vom Recht ist und ein Werkzeug für das Selbstverständnis der Richter.[328]

Die zweite zentrale Achse bildet für Aarnio die Vorstellung der Angemessenheit. Im Gegensatz zu Alexy ist Aarnio der Ansicht, dass die Angemessenheit eine wichtigere Rolle spielt als ihr für gewöhnlich zukommt. Ein rationales Vorgehen allein, das jenseits seiner Angemessenheit ein annehmbares Ergebnis verschafft, reicht nicht aus. Das Ergebnis des genannten Vorgehens muss ebenfalls angemessen sein, muss die im Voraus gestellten Voraussetzungen erfüllen und sich an das Wertesystem der juristischen Gemeinschaft anpassen.[329] Aarnio versuchte zunächst, eine konzeptuelle Grundlage zu erarbeiten, die auf die Frage zu antworten versuchte, warum der Richter so gehandelt hat, wie er es tat

---

327 Aarnio, *Derecho, Racionalidad y Comunicación Social. Ensayos sobre filosofía del derecho*, S. 7.

328 Aarnio, *Entrevista a Aulis Aarnio por Manuel Atienza*, S. 429 f.

329 Aarnio, *The Rational as Reasonable. A Treatise on Legal Justifications*, S. 190.

und nicht anders. Nach und nach jedoch interessierte er sich immer mehr für die Konzepte der Rationalität und der Angemessenheit.[330] Dieses argumentative Vorgehen bringt ein angemessenes Ergebnis mit sich. Die Annehmbarkeit der Rationalität einer Aussage ist dem endgültigen Ergebnis des Vorgehens der juristischen Rechtfertigung zu eigen.

Der Kontext, in dem eine Beweisführung durchgeführt wird, bewirkt, dass das Ergebnis des argumentativen Vorgehens nicht nur rational, sondern auch angemessen ist. Wróblewski zufolge erwägt Aarnio zwei unterschiedliche Arten, Rationalität zu verstehen. Erstens, Rationalität, die die Form der Erörterung umfasst; in diesem Sinne ist die logisch-deduktive Schlussfolgerung, welche strengen Regeln folgt, immer rational. Wróblewski nennt diese die „interne Rechtfertigung“ und Aarnio Rationalität-L. Nichtsdestotrotz ist dies nur ein Aspekt der Rationalität. Die juristische Rechtfertigung, und somit das praktische Denken und Handeln, impliziert auch eine diskursive und kommunikative Vorgehensweise, die an Regeln gebunden ist, welche nicht diejenigen der Logik sind. Aus dieser Perspektive gesehen, ist der rationale Diskurs an ein Verfahren gebunden, durch das sich die Prämissen rechtfertigen. Wróblewski nennt dies „externe Rechtfertigung“[331] und Aarnio Rationalität-D.

Aarnios Überlegung erweist sich als ziemlich haltbar; eine der wenigen Kritiken, mit denen er dennoch konfrontiert werden könnte, ist das Spiel mit Begriffen, die auf sehr unterschiedliche Art verstanden werden können. Wörter wie rational und angemessen werden im alltäglichen Leben in sehr unterschiedlichen Zusammenhängen gebraucht und es scheint, dass es keine exakte Bedeutung gibt. Es kommt sehr oft vor, dass unklar ist, was sie genau bedeuten sollen, und die Bedeutung ist sogar nicht immer die Gleiche. Trotz allem kommt den Begriffen *angemessen* und *rational* an dieser Stelle, bei einer neuen Art die Sprachspiele und ihre Verbindung mit den Lebensweisen im Bereich der juristischen Argumentation zu verstehen, eine entscheidende Rolle zu, zumal die Bewertung der Gültigkeit in den Händen eines rationalen Kritikers liegen, der angemessen richtet.

Letztlich setzt ein angemessenes Sprachspiel, wie das Argumentationsmodell, welches Aarnio in seiner Theorie vorschlägt, einen gemeinschaftlichen Lebensstil voraus.[332] Es handelt sich dabei um ein Modell, welches nur dann möglich ist, wenn eine gewisse politische Lebensform existiert. Eine gut funktionierende

---

330 Aarnio, *The Rational as Reasonable. A Treatise on Legal Justifications*, S. 191.
331 Wróblewski, *Legal decision and its justification*, S. 412.
332 Aarnio, *The Rational as Reasonable. A Treatise on Legal Justifications*, S. 192.

formale Demokratie ist eine Vorbedingung für den rationalen Diskurs in der Gesellschaft. Die wirkliche Demokratie kann nur dann zur Realität werden, wenn die politischen, moralischen und juristischen Diskurse das Kriterium einer minimalen Rationalität erfüllen. Das ist die Herausforderung des praktischen Denkens.

Die Argumentationstheorie von Aulis Aarnio erweist sich als Versuch, das Rationalitätskonzept in Richtung eines pragmatischen und sozialen Standpunkts zu erweitern, in dem das Konzept des Angemessenen erlaubt, die juristische Argumentation mit der praktischen zu verbinden. Obwohl die Argumentationstheorie den Hintergrund seines Werkes bildet, zeigt sich dieser Philosoph interessierter an den Vorbedingungen der Argumentation als an der Argumentationstheorie selbst. Für Aarnio erfüllt das Recht eine Funktion der sozialen Integration und daher erweist es sich als fundamental, die Form zu erforschen, in der die juristischen Normen die Grundlage der Gesellschaft bilden, anstatt ausschließlich die Struktur oder die logische Darstellung zu betrachten.

2. Zwischen der praktischen Vernunft und dem Subjektivismus (Neil MacCormick)

Neil MacCormick (1941–2009) war einer der juristischen Philosophen, dessen Theorie der juristischen Argumentation viel Zustimmung gefunden hat. Seine Theorie lässt sich einfügen in das, was man heutzutage für gewöhnlich als juristische Argumentation bezeichnet und sie antwortet auf die englische und schottische Rechtsphilosophie und Rechtstheorie. Die Argumentationstheorie von MacCormick positioniert sich, so wie die von Alexy, mittig zwischen der praktischen Vernunft und dem Entscheidungssubjektivismus, das heißt, zwischen dem Ultrarationalismus und dem Irrationalismus.[333] MacCormick identifiziert die Dialektik zwischen den beiden Extremen als Unterscheidung zwischen dem Entdeckungskontext und dem Rechtfertigungskontext.[334] Der Entdeckungskontext

---

333 MacCormick, *Legal Reasoning and Legal Theory*, S. 265.

334 Die Argumentationstheorien nehmen diese Konzepte der Wissenschaftsphilosophie. Zuerst wird eine Entdeckung gemacht oder Gründe existieren, die diese Situation beschreiben können, und in einem zweiten Schritt muss die Entscheidung gerechtfertigt werden. Dieser erste Teil bezieht sich auf die erste formale logische Etappe, wenn der Richter eine deduktive Rechtfertigung abgibt und später eine Erweiterung dieser Rechtfertigung vorgenommen wird. In der ersten Etappe sucht er nach den Prämissen oder Argumenten und in der zweiten muss er die Wahl dieser Prämissen oder Argumente rechtfertigen. Diese Rechtfertigung hat mit der Argumentation ersten und zweiten Grades zu tun. Es reicht nicht, auf irgendeine Ideologie oder auf

bezieht sich auf das Treffen von Entscheidungen, abhängig von willkürlichen Argumenten, ohne die Anwendung eines diskursiven Vorgehens, in welchem rationale Prämissen angewendet werden. Daher bezieht sich der Entdeckungskontext auf den sogenannten Dezisionismus. Der Rechtfertigungskontext hingegen nimmt ein vom Dezisionismus entferntes und auf Argumente basiertes rationales Vorgehen an. Die Theorie der juristischen Argumentation von MacCormick situiert sich auf der Ebene der Rechtfertigung.

MacCormick studiert die juristische Argumentation, indem er sich darauf konzentriert, wie sich die Beweisführung bei Gerichtsverfahren tatsächlich entwickelt. Bei einfachen Fällen wird die Entscheidung durch die Anwendung einer deduktiven Überlegung getroffen, das heißt mittels eines juristischen Syllogismus. Dabei erweist sich eine Entscheidung als vernünftig, wenn sie zwei Voraussetzungen erfüllt: wenn sie einen logischen Zusammenhang aufweist (leicht überprüfbar, indem man auf die formale Logik zurückgreift) und wenn sie „genau" ist (dafür müssen einige Voraussetzungen – wie beispielsweise die der Universalisierbarkeit – erfüllt werden). Zu den einfachen Fällen zählen diejenigen, bei denen der Richter keinerlei Schwierigkeit hat, den Sachverhalt festzustellen, oder solche bei denen klar ist, welche Normen anzuwenden sind, etc. Die Entscheidung besteht darin, von den Prämissen zu einer Konklusion zu gelangen. Nichtsdestotrotz sind nicht alle Fälle einfach. In den schwierigen Fällen ist eine rationale Argumentation erforderlich, die es erlaubt, eine richtige Entscheidung zu stützen, und zwar über die Einschränkungen der deduktiven Argumentationsart hinaus. Das Problem liegt für gewöhnlich bei der Festsetzung von Prämissen. MacCormick unterscheidet eindeutig vier mögliche Problemquellen: a) Interpretationsproblematik: In diesem Fall kennt der Richter die Norm, diese bietet jedoch mehrere mögliche Interpretationen. b) Probleme der Relevanz: Der Richter weiß nicht, ob oder ob eben keine bedeutenden Normen vorhanden sind, welche auf den Fall angewendet werden können. c) Beweisprobleme: Es herrscht keine Übereinstimmung über den Sachverhalt, entweder weil man nicht weiß, was passiert ist, der Angeklagte die Tat abstreitet oder nicht genügend Beweise vorliegen. d) Probleme der Bewertung: Es herrscht Übereinstimmung in Bezug auf die Ereignisse, aber man weiß nicht, ob sich Gesetzesgrundlage und Tatsachen decken.

Um das Problem zu bewältigen, stellt MacCormick drei allgemeine Grundsätze vor, die dazu dienen, die Entscheidung zu rechtfertigen: Universalisierbarkeit,

einen religiösen Glauben gestützte Argumente zu präsentieren; sondern man muss die Wahl der Argumente rechtfertigen.

Konsistenz und Kohärenz und das konsequentialistische Argument. Diese drei Prinzipien verteilen sich zwischen der internen Rechtfertigung und der externen Rechtfertigung einer juristischen Entscheidung. Bei der internen Rechtfertigung herrscht das Prinzip der Universalisierbarkeit vor. Die Norm, die angewendet werden soll, muss die gleiche Anwendung für alle erfahren. Dem Gerechtigkeitsprinzip des formalen Rechts zufolge müssen, wenn mit X auf die eine Art und Weise umgegangen wird und auf den Vorgang eine bestimmte Handlung angewandt wird, alle Fälle, die X gleichen, auf die gleiche Art und Weise abgehandelt werden. Eine Entscheidung, die gegen solch ein Prinzip verstößt, kann nicht akzeptiert werden.[335]

Bei der externen Rechtfertigung wird zwischen der Anpassung der Entscheidung an das System und der Anpassung an die Welt unterschieden. Damit eine Entscheidung zu dem System passt, muss sie konsistent und zusammenhängend mit diesem selbst sein. Die Konsistenz erfordert, dass das bei der Beilegung des Falls verfolgte Gesetz nicht im Widerspruch zum System steht. Die Kohärenz ihrerseits ist ein weitgefasster Begriff und MacCormick unterscheidet zwischen normativer Kohärenz (wenn sich mehrere Normen in einer zusammenfassen lassen) und narrativer Kohärenz (wenn die Erzählung der Ereignisse kohärent ist).[336] Ein weiteres entscheidendes Element in der externen Korrektur der juristischen Argumentation bezieht sich auf die konsequentialistischen Argumente der Entscheidung.[337] Zuerst muss zwischen dem Ergebnis einer Handlung (welches intrinsischer Teil der Handlung ist) und der Konsequenz einer Handlung (etwas Äußerliches der Handlung) unterschieden werden. Anschließend muss klargestellt werden, dass die Tatsache, dass sich einige schwierige Fälle lösen lassen, indem man an die Konsequenzen appelliert, nicht bedeutet, dass MacCormick Anhänger des Konsequentialismus ist. Er sagt nicht, dass sich jedes Urteil durch einen Appell an die Konsequenzen lösen müsse, sondern dass es bei den schwierigen Fällen (bei denen sich keine andere Entscheidung finden lässt) vernünftig sei, sich auf die Konsequenzen einer Entscheidung zu berufen, um den Fall zu lösen.[338]

---

335 MacCormick, *Legal Reasoning and Legal Theory*, S. 97 f.

336 MacCormick, *Legal Reasoning and Legal Theory*, S. 102.

337 MacCormick, *Legal Reasoning and Legal Theory*, S. 103 f.

338 MacCormick, *Legal Reasoning and Legal Theory*, S. 194.

3. Transformation und Kohärenz (Aleksander Peczenik)

Aleksander Peczenik (1937–2005) hat mit seinem Versuch, die Rechtsphilosophie in neue Richtungen zu lenken, die juristische Argumentationstheorie revolutioniert. Zwei zentrale Punkte erlauben, seinen Beitrag auf diesem Gebiet zu bestimmen.[339] Zunächst findet sich seine Transformationstheorie, die auf der Idee basiert, dass sich die juristische Argumentation nicht auf logische Folgerungen gründet, sondern auf die sogenannten Transformationen, auf welche sie sich stützt, jedoch nicht auf den deduktiven Schritt, der von einer Behauptung zur anderen führt. In dem Maße, wie dies der Fall ist, besitzt die Kenntnis und mit ihr das Wissen eine profunde nicht-deduktive Struktur.[340]

Die Antwort auf das Problem der Rechtfertigung ist der zweite Punkt. Peczenik entwickelte eine Kohärenztheorie, welche eine der bedeutendsten zur Kohärenz ist, die bezüglich der Rechtskenntnisse erarbeitet wurde und welche drei Kriterien für die Kohärenz unterscheidet: 1) Kriterien bezüglich der Struktur des Backings. Das, was eine Theorie kohärenter als eine andere werden lässt, hängt von der Menge der bestätigten Aussagen ab, die ihr zugeordnet werden können, und von den Beziehungen, die zwischen den verschiedenen Gestaltungsketten bestehen, die zu der entsprechenden Theorie gehören. 2) Kriterien bezüglich der Konzepte. Die Konzepte sind das Zentrum, welches die Teile einer Theorie verbindet; der Grad der Kohärenz hängt von der Anzahl universeller Aussagen ab und von allgemeinen Konzepten, die zu der entsprechenden Theorie gehören. 3) Kriterien bezüglich des Gegenstandes der Theorie. Der Kohärenzgrad hängt von der Anzahl der Fälle ab, die sie umfasst und von den Lebensbereichen, die sie berücksichtigt.[341]

Die Wahrheit ist das grundlegende Ziel der Rechtsargumentation. Um die Wahrheit herauszufinden, schlägt Peczenik eine Korrespondenztheorie vor, die wie folgt dargestellt werden kann: Wenn eine Aussage als wahr angesehen wird, bezieht man sich auf die externe (reale) Welt, indem man annimmt, dass man

---

339 Es kann noch ein dritter Punkt aufgegriffen werden, welcher sich in dem verbirgt, was man als reflexive Systematisierung bezeichnen kann. Dieses Element, das schon in seinen ersten Schriften auftauchte, wird deutlicher und auffälliger in seiner jüngsten Arbeit sowie in der letzten Etappe seines Denkens sichtbar. Peczenik, *Scientia Juris. Legal Doctrine as Kwnoledge of Law and as a Source of Law*, welches den vierten Band einer kollektiven Arbeit mit dem Titel *A Treatise of Legal Philosophy and General Jurisprudence* darstellt.

340 Peczenik, *On Law and Reason*, S. 17.

341 Peczenik, *A coherence Theory of Juristic Knowledge*, S. 7 f., in: *On Coherence Theory of Law*.

nicht beantworten kann, worin die Welt besteht. Dabei bilden die Kohärenz, der Konsens und der pragmatische Erfolg die Kriterien der Wahrheit. Die Kohärenz der theoretischen Aussagen ist nicht zufällig mit der Wahrheit verknüpft, denn damit eine Theorie kohärent wird, sind einige Kontrollpunkte erforderlich, die hinsichtlich dieser Möglichkeit entscheidend sind. Nichtsdestotrotz schließt die Kohärenz nicht das Risiko falscher Annahmen aus, da verschiedene Theorien der Forderung nach Kohärenz entsprechen können. Es muss also ein angemessener Weg gefunden werden, um zwischen den verschiedenen Theorien zu entscheiden und die Regeln des rationalen Diskurses stellen einen Weg dafür zur Verfügung. Kurz gesagt ist ein Diskurs nur dann rational, wenn sein Ergebnis durch logisch zusammenhängende Begründungen bestimmt wird.

Solange die Annahmewahrscheinlichkeit einer Theorie sehr hoch ist, kann sie im Einzelfall, Ziele zu erreichen, und umso mehr entspricht die Theorie dem Fall, daher fördern die Theorien den pragmatischen Erfolg. Kohärenz, Konsens und pragmatischer Erfolg sind Kriterien zur Berichtigung eines Normsystems. Man fragt sich: Kann ein logisch zusammenhängendes Fundament zu einer juristisch richtigen Interpretation führen? Ist die Theorie kohärent, so stimmt sie mit den Kontrollpunkten, das heißt mit der Welt, überein. Die Bedingung der Wahrheit einer Interpretation und folglich einer juristischen Argumentation ist, dass jede juristische Überlegung ein Ziel haben muss. Die Auslegung des Rechts entsteht im Moment der Interpretation, nicht vorher. Die interpretative Aussage kann im wörtlichen Sinne nicht wahr sein, da sie die Auslegung des Rechts schafft und nicht beschreibt.

Das Ziel der Untersuchung von Peczeniks Theorie ist das juristische Verfahren, welches durch die Rechtfertigung desselben gebildet wird. Das juristische Verfahren wird durch die systematische, analytisch-erklärende Darstellung der grundlegenden Elemente des Privatrechts, des Strafrechts, etc. gebildet. Diese systematische, analytisch-erklärende Darstellung bildet das, was Peczenik analytische Rechtsstudie oder doktrinelle Rechtsstudie nennt, auch bekannt als juristische Dogmatik.[342] Die Rechtfertigung der Entscheidungen, die im Rahmen der juristischen Interpretation getroffen werden, ist das, was den Kern der juristischen Dogmatik bildet, das heißt, das Ziel der Untersuchung von Peczeniks Argumentationstheorie. Zwischen juristischer Dogmatik und dem Vorgehen der Interpretation oder juristischen Produktion besteht ein allgemeiner Zusammenhang, das heißt, während die juristische Dogmatik abstrakter und rationaler ist, sind die Prozesse der Entscheidungsfindung auf der Ebene der Rechtsprechung

---

342 Peczenik, *On Law and Reason*, S. 17

und Gesetzgebung konkreter und pragmatischer. Peczenik setzt das Vorhandensein einer notwendigen Verbindung zwischen moralischen Argumenten und der juristischen Argumentation voraus; es muss die bestmögliche Übereinkunft zwischen Vorhersehbarkeit der legalen Entscheidungen und ihrer Annehmbarkeit angesichts anderer moralischer Überlegungen erreicht werden.[343]

Peczenik geht von der Prämisse aus, dass die moralischen Werte eine wichtige Rolle bei der juristischen Argumentation spielen, da es nicht das Ziel ist, dem Gesetz blind zu gehorchen, sondern es gerecht zu interpretieren. Die juristische Argumentation versucht, fehlerfrei zu sein, indem sie sich auf logisch zusammenhängende Gründe stützt, was jeweils bedeutet, Grundsätze abzuwägen. Ihr Ziel ist es also nicht aufzuzeigen, dass eine normative Aussage ganz und gar vernünftig ist, nur, dass sie im gültigen Rechtsrahmen angemessen ist. Das Recht hat eine zweifache moralische Relevanz: Einerseits die Moral, die generelle Prinzipien nachkommt, aber das gültige Recht nicht beachtet; andererseits die Moral, welche fordert, diese Prinzipien und das gültige Recht abzuwägen. Eine vernünftige juristische Argumentation ist ein besonderer Fall einer moralischen und vernünftigen Argumentation.

343 Peczenik, *On Law and Reason*, S. 31.

Kapitel 2: Die Theorie der juristischen Argumentation von Alexy

I. Philosophisch-juristischer Kontext der Theorie der juristischen Argumentation von Alexy

Die Theorie der juristischen Argumentation von Alexy hat sowohl einen philosophischen Charakter als auch einen juristischen, dessen Analyse unabdingbar für das Verständnis der wahren Reichweite seiner Gedanken ist. Im Folgenden wird eine Synthese der wichtigsten Quellen, die ihn beeinflusst haben, präsentiert.

1. Philosophischer Rahmen

Die philosophische Natur der Argumentation äußert sich in ihrer analytischen Struktur (analytische Philosophie), ihrem formalistischen Charakter (kantische Philosophie), der diskursiven Beschaffenheit (diskursive Ethik) und in ihrer Forderung nach Rigorosität in der Sprache (Erlanger Schule).

a. Analytische Philosophie

Alexy scheint zustimmend auf die Frage nach der Begründung der moralischen Behauptungen zu antworten. Zu diesem Schluss kommt Alexy, nachdem er verschiedene Denkrichtungen untersucht hat. So untersucht er die Eigenschaften der vermeintlich andersartigen Sprache, die gebraucht wird, um Vorschriften zu formulieren und auch die strukturellen Faktoren, also die Komposition dieser Sprache und ihre Artikulation als Schemata, Vorstellungen oder Spiele mit eigenem Charakter, die sie von anderen Sprachen trennt.

Stevenson weist darauf hin, dass wir es hauptsächlich mit einer Sprache zu tun haben, die nicht nur eine kognitive Dimension, sondern eine weitere, eine emotive Dimension aufweist. Auf diese Weise sind die moralischen Äußerungen Instrumente psychologogischen Einflusses und mehr als eine logische Beziehung besteht eine psychologogische Beziehung zwischen den vorgebrachten Gründen für oder gegen einen Antrag und bezüglich des Antrags als solchem.[344] Folglich gibt es keine Regeln, die endgültig erlauben, die gültigen von ungültigen

344 STEVENSON, *Ethics and Language*, S. 92.

Anträgen zu unterscheiden. Alexy kritisiert diese Formulierung insofern, als mit ihr nicht deutlich wird, dass der moralische Diskurs auch durch Regeln bestimmt ist, aber er nimmt an, dass diese Regeln in einer Sprache gesucht werden müssen, die effektive Parameter bereitstellt, um die Gültigkeit der Vorschläge auszumachen. Alexy erkennt auch die Existenz einiger rationaler und anderer, nämlich persuasiver Methoden an, dennoch lehnt er den Vorrang der einen vor den anderen insofern ab, sodass beide bewertet und gerechtfertigt werden können.[345]

Ein zweiter Autor der analytischen Strömung, der von Bedeutung für die Theorie Alexys ist, ist Wittgenstein. Alexy betrachtet die Gültigkeit von Regeln in moralischen Diskursen als das, was sich bei Wittgenstein durch seine Sprachkonzeption als Element der Darstellung der Welt zeigt[346], in der Objekte durch Wörter benannt sind. Die Sprachspiele mittels Regeln und eigener Überzeugungen formen ein System, eine Weltdarstellung, die zusammen mit anderen zur gemeinsamen Lebenspraxis beiträgt. Die moralischen und juristischen Diskurse entsprechen einem dieser Spiele, dies ist für Alexy eines der Hauptmotive um, zum Teil jedenfalls, die von Wittgenstein entwickelte Behandlung von Sprache zu nutzen.

Ein dritter, ein analytischer Bezug von Alexy findet sich in der Theorie der Sprechakte von Austin. Gemäß Austin können die Sprechakte in lokutionäre, illokutionäre und perlokutionäre Akte unterteilt werden.[347] Hier ist die Konzeptualisierung, die Austin vom illokutionären Akt macht, von Bedeutung, da diese als das verstanden wird, was gemacht wird, wenn man etwas sagt und so zu einer konventionellen Aktion wird. Die direkte Konsequenz, die sich aus der Tatsache ableiten lässt, dass die Sprechakte konventionelle Aktionen sind, besteht darin, dass dieselben nicht ohne jene Regeln möglich wären, die ihnen als Grundlage dienen. Folglich kann man von der Theorie Austins mindestens drei wichtige Punkte für die Theorie Alexys ableiten: 1) die Bestimmtheit, dass es sich beim Sprechen einer Sprache um eine Aktivität handelt, die durch Regeln geleitet wird; 2) der Gebrauch der normativen Sprache unterscheidet sich in einigen wichtigen Punkten nicht von der deskriptiven Sprache; und 3) es wird ein System fundamentaler Konzepte geboten.[348]

---

345 Alexy, *Theorie der juristischen Argumentation*, S. 68.

346 Bild von dem Wesen der menschlichen Sprachen. Wittgenstein, Philosophische Untersuchungen, § 1.

347 Über die Theorie von Austin kann man unter 1. Teil. Kapitel 1. A. II. 2 dieser Arbeit lesen.

348 Alexy, *Theorie der juristischen Argumentation*, S. 78 f.

Hare nimmt einen besonderen Platz in der Entwicklung von Alexy ein. Dieser Autor ist der Auffassung, dass wir, obwohl der Präskriptivismus verneint, dass es eine logische Folgerung ausgehend von Behauptungen über Tatsachen geben kann, wenn wir eine moralische Beurteilung über etwas vornehmen, es in dem Maße tun, dass diese auch gewisse nicht-moralische Eigenschaften besitzt, über die man diskutieren kann und die an Regeln gebunden sind.[349] Die Relevanz dieser Idee besteht darin, dass man nur auf Grundlage der Logik der normativen Sprache, die durch das Prinzip der Präskriptivität und das der Universalisierbarkeit ausgedrückt wird, von der Kenntnis von Tatsachen und Vorstellungen der Teilnehmer zur Auswertung und Kritik (Beurteilung) moralischer Propositionen gelangen kann.[350]

Zuletzt ist es Baier mit seinem *moral point of view*, der die Idee Alexys, dass die Sprache der Moral Regeln untergeordnet werden kann und dass in ihren Forderungen nach Korrektheit ein Bereich der Wahrheit ähnlich dem der empirisch-analytischen Sprachen existiert, ergänzt.[351] Baier vervollständigt auch den Ansatz von Hare, indem er eine Reihe von Regeln oder Bedingungen aufstellt, die die moralischen Urteile berücksichtigen müssen.

b. Die kantische Philosophie

Alexy findet im Gebrauch eines historischen Rechtskonzeptes die Grundlage zur Begründung seines Schemas von Regeln und Prinzipien. Das kantische Recht ist eine Folge der Kritik der praktischen Vernunft, die in Kants Metaphysik der Sitten entwickelt wird, worin seit den metaphysischen Anfängen des Rechts und der Moral eine Unterscheidung beider Konzepte hervorgehoben wird. Das Recht sei ein formalistisches Konzept, dem es an moralischen Inhalten fehle und das in den Rahmen des Staates eingeschlossen sei. Die Moralität wird als Achtung des Gesetzes des autonomen Willens verstanden, die Legalität als Achtung der externen Gesetze, so wird die Entwicklung von Pflichten im abstrakten Sinne hin zu einer Erfüllung von externen, konkreten Pflichten dargestellt.[352]

Dieses Rechtskonzept, welches unter der Formel des Universalitätsprinzips des Rechts aufgefasst wurde, bei dem eine Aktion rechtmäßig ist, wenn sie der Freiheit eines jeden erlaubt, neben der Freiheit aller, gemäß eines universellen Gesetzes zu koexistieren, hat einen großen Einfluss auf alle formalistischen

349 Hare, *The Language of Morals*, S. 29 f.
350 Alexy, *Theorie der juristischen Argumentation*, S. 90.
351 Baier, *The Moral Point of View*, S. 86.
352 Kant, *Metaphysik der Sitten*, S. 13 f.

Strömungen der Rechtswissenschaft.[353] Dieses strenge Recht ohne moralischen Inhalt, das sich als Zwangsregelung der externen Freiheiten darstellt, um eine soziale Ordnung zu sichern, muss von der Moral getrennt werden, welche nur auf die internen Verpflichtungen schaut. Mit diesem Prinzip hat Kant die Spaltung zwischen dem Recht und der Moral vollzogen, indem er zur rein externen Rechtmäßigkeit der Aktionen unter der verpflichtenden Gesetzeskraft Position bezieht.[354]

Diese scheinbare Trennung ist nicht unvereinbar mit der These der Integration oder der Notwendigkeit, von der Komplementarität der praktischen Argumente zu soliden juristischen Argumenten zu gelangen, die Alexy verteidigt.[355] Das Konzept der praktischen Vernunft, so wie das einer Diskurstheorie als Theorie der Korrektur und der praktischen Rationalität nach Kants Auffassung, enthält einige der Punkte auf die Alexy die Präsenz genereller praktischer Argumente im Rahmen der juristischen Argumentation stützt. Auf diese Weise nimmt Alexy die kantische praktische Rationalität als Teil seiner Universalitätsidee an, die sich gleichermaßen in ihren eigenen diskursiven Termini in eine universalistische verfahrensorientierte Vernunft übersetzen ließe, als Grundpfeiler der diskursiven Morallehren und Ansätze, wie auch Alexys. Dieser Ansatz weicht stark vom kontraktualistischen Denken ab – dieses ist hauptsächlich bei Hobbes präsent und wird aktuell durch Buchanan vertreten – und von der aristotelischen Strömung, aktuell durch MacIntyre vertreten.[356] Letztendlich handelt es sich um die Auseinandersetzung gegen eine Argumentation, die Kriterien der Rationalität beinhaltet, die mit der Anwendung der entsprechenden Regeln praktische Urteile bestimmen kann, mit dem Ziel durch Korrektur zur Wahrheit zu gelangen.

Diese ganze von Kant entworfene Konstruktion ist auf die Unterscheidung zwischen der Korrektur und dem Befolgen der Norm anwendbar und verdeutlicht den Schritt vom Naturzustand, der aufzeigt, wie die Dinge sind, zum Zivilzustand, der zeigt, wie sie sein sollen.

c. *Diskursive Ethik*

Habermas Theorie stellt zweifellos den direktesten Einfluss auf die Entwicklung der Argumentationstheorie von Alexy dar. Habermas strebt nach einer

353 Pinto Fontanillo, *La teoría de la argumentación jurídica en Robert Alexy*, S. 161.
354 Kant, *Metaphysik der Sitten*, S. 29.
355 Alexy, *Theorie der juristischen Argumentation*, S. 38.
356 MacIntyre, *After Virtue: A Study in Moral Theory*, S. 146.

rationalen Rekonstruktion der Bedingungen der Sprache und der Aktion, als Grundlage aller Argumentation von mehr oder weniger idealem Charakter, auf deren Basis sich die Theorie Alexys bildete.[357] Die konsensuelle Theorie von Habermas sagt, dass die normativen Äußerungen – wie die Mandate und Bewertungen – auf grundsätzlich identische Weise wie die empirischen Propositionen gestützt werden können.[358] Das Kommunikationskonzept selbst, als Stütze des Bereichs praktischer Tätigkeit, in dem die juristischen Inhalte nur ein weiterer Detailgrad sind, so wie die Regeln der Teilnahme am juristischen Diskurs, die dem Verhalten der Akteure in ihrer realen Welt natürlich nicht fremd sind, verdeutlichen, dass der ideale Charakter, der diese Kommunikation leitet, die logische Grenze ist, zu der jede Idee methodologischer Präzisierung neigt, in diesem Fall der Korrektur, deren Ziel, aufs Recht bezogen, dann auch ein Ideal für die Verwaltung der Justiz ist.

An dieser Stelle muss darauf hingewiesen werden, dass der Beitrag Habermas' zur Argumentationstheorie nicht nur das Ideologische, sondern auch das Methodologische umfasst. Zunächst wird akzeptiert, dass die praktisch-moralischen Angelegenheiten rational analysiert werden können. In einem zweiten Schritt wird bestätigt, dass die durch diese Argumente geführte Vernunft und Rechtfertigung ein doppeltes Ziel erfüllen: nach der Wahrheit zu streben und zu erreichen, dass diese als solche akzeptiert wird. Das heißt, dass es sich nicht um eine Korrespondenzwahrheit zwischen Aussagen und Tatsachen handelt, sondern um eine Wahrheit, die im Rahmen eines Konsenses anerkannt ist, von der Mehrheit getragen und damit für rechtmäßig erklärt ist.[359]

Diese konsensuelle Theorie schlägt vor, dass die normativen Äußerungen auf im Wesentlichen identische Art und Weise wie empirische Aussagen gestützt werden können. Während empirische Aussagen im Licht des Wahrheitskriteriums beurteilt werden, machen es die normativen Äußerungen im Licht des Korrektheitskriteriums. Auf diese Weise sprechen wir, wenn es sich um praktische Fragen handelt, vorzugsweise anstelle von Wahrheit oder Falschheit von Korrektheit oder Unkorrektheit. Es gibt daher eine Umstellung von der semantischen Ebene zur pragmatischen Ebene, womit Habermas zu zeigen versucht, dass die verbreitete Verwendung der Sprache von rationalen Voraussetzungen überprüft werden sollte, die einer Art Universalpragmatik gehorchen.

---

357 Habermas, *Was heißt Universalpragmatik?*, S. 191.
358 Habermas, *Wahrheitstheorien*, S. 220 f.
359 Pinto Fontanillo, *La teoría de la argumentación jurídica en Robert Alexy*, S. 167.

d. *Erlanger Schule*

Die Erlanger Schule zeichnet sich durch den Versuch aus, die Glaubwürdigkeit der Moral zu etablieren, indem sie nicht nur die methodologische Begründung kritisiert, sondern die Gültigkeit der Sprache selbst. Diese manifestiert sich in der Anstrengung Alexys, seinem juristischen Argumentationsmodell die notwendige Solidität zu geben. Solidität, die er meint in der Revision und Diskussion eines guten Teils von sowohl ethischen als auch philosophischen Positionen zu finden, die durch die Erlanger Schule vertreten werden. Lorenzen und Schwemmer, beide Repräsentanten ebendieser Schule, behaupten eine Art Begründung der Moral mittels einer integralen Kritik ihres Ausdrucksmediums und ihrer Ziele zu vollbringen, indem uneindeutige Sprache korrigiert, sowie ihre Instrumente und Absichten bereinigt werden sollen.

Die Beseitigung von Konflikten durch das Handeln der Teilnehmer und die Gebundenheit an Regeln setzt voraus, dass die diskursive Spannung in gewisser Hinsicht auf methodologische Mängel zurückzuführen ist und die Argumentation klar ist und insbesondere gemeinsame Ziele verfolgt, wodurch für die Individuen eine bessere dialektische Verteidigung ihrer Interessen ermöglicht wird.

Lorenzen fordert, die methodologische Unsicherheit sowie logische Lücken zu vermeiden, und erlaubt auf diese Weise die kritische Analyse der zusammengesetzten Vorschläge.[360] Dies manifestiert sich darin, dass kein Wort benutzt werden dürfe, von dessen Gebrauch man nicht überzeugt ist. Lorenzen stellt gleichzeitig das konstruktivistische Modell der Logik oder der Sprache dar, das von ihm auf den Bereich der Ethik angewandt wird und durch Schwemmer systematisiert wird. Durch Rationalität und die Etablierung von Prinzipien zur Beseitigung von Konflikten über den Dialog wird dieses Ziel erreicht.[361] Alexy akzeptiert die konstruktivistischen Ziele, indem er annimmt, dass eine friedliche Konfliktbeseitigung möglich ist, indem man dem Prinzip der Vernunft und dem Prinzip der Moral folgt.

Das Prinzip der Vernunft manifestiert sich in drei Niveaus. Das erste Niveau strebt einen identischen Gebrauch der Wörter zwischen dem Sender und Empfänger an, wofür eine künstliche Sprache benötigt wird.[362] Das zweite Niveau strebt nach der Einhaltung der Bedingungen von Aufrichtigkeit und

---

360 Pinto Fontanillo, *La teoría de la argumentación jurídica en Robert Alexy*, S. 172.

361 Lorenzen/Schwemmer, *Konstruktive Logik, Ethik und Wissenschaftstheorie*, S. 45.

362 Das Ergebnis dieser Forderung ergibt sich in einer der fundamentalen Regeln des Dialogs von Alexy: Es ist jederzeit jedem Sprecher möglich, in einen sprachanalytischen Diskurs überzugehen.

Ernsthaftigkeit in der Diskussion, danach, dass der Sender der Argumentation die eigenen Aussagen akzeptiert, mit denen er versucht, den Empfänger zu überzeugen.[363] Das dritte Niveau strebt danach, dass der Inhalt der Aussagen Auswirkungen in zwei Richtungen auf die Gesprächspartner hat: dass der Inhalt jedem erklärt und im Allgemeinen akzeptiert werden kann. Die Einhaltung dieser 3 Niveaus würde das Erreichen eines Beratungsniveaus der rationalen Kommunikation garantieren und somit als Begründung einer Aktion, mittels der Angabe eines Ziels (erstes Niveau), eines Ziels durch eine Norm (zweites Niveau) und der eigentlichen Norm (drittes Niveau), dienen.[364]

Das *Gesagte* ist wesentlich, aber nicht ausreichend. Mit dem Ziel zu wissen, welche Normen und welcher normative Inhalt auf das gemeinsame Ziel der Konfliktlösung angewandt werden muss, braucht man das moralische Prinzip selbst, das die Vereinbarkeit zwischen höheren Normen etabliert. Dieses Prinzip, das von Schwemmer entwickelt wurde, stellt in bestimmten Fällen eine spezielle Form des Gebrauchsarguments dar und nicht so sehr ein Vorgehen der allgemeinen moralischen Begründung. Nichtsdestotrotz ist Alexy der Ansicht, dass die Idee, die ihm als Basis dient, es verdient, erhalten zu bleiben, auch wenn ihre Anwendung eingeschränkt ist.[365] Bei der dreifachen Aufgabe, Entscheidungen mit Kenntnis, Verständnis und Willen zu durchdringen, muss man von der Subjektivität (unserer Art und Weise, die Normen zu verstehen) zur Intersubjektivität (eine Begründung, die erlaubt, eine Übereinkunft mit Anderen zu erzielen) gelangen und damit zu einer Ebene, auf der sich die Moral gründet.

Letztendlich wirft die Erlanger Schule die Notwendigkeit einiger, für die Ziele der Ethik angemessener methodologischer Einhaltungen auf, die die rationalen und moralischen Kriterien erklären müssen, in denen sie sich befindet. Alexy hält vor allem jene Beiträge für nützlich, die den gemeinsamen Gebrauch der Worte betreffen, aber in Verbindung zu und angrenzend an die klassischen Analyseparameter der Sprache bestehen, nämlich das Prinzip der Vernunft – wodurch er den Standpunkt Habermas' verstärkt – und das Konzept der kritischen Genese.

---

363 Dies wird durch Alexy in Form einer generellen Regel aufgegriffen und hat seinen letzten Bezug auf Austin und der Notwendigkeit, aus den Emissionen jeglichen Widerspruch auszuschließen.

364 Lorenzen/Schwemmer, *Konstruktive Logik, Ethik und Wissenschaftstheorie*, S. 115.

365 Alexy, *Theorie der juristischen Argumentation*, S, 188 f.

2. Juristischer Rahmen

Die juristische Beschaffenheit der Wurzeln der Argumentation manifestiert sich in dem Einfluss der Theorien der neuen Topik und Rhetorik sowie auch in den Ideen von Perelman, Toulmin, MacCormick, Radbruch und Hoerster.[366]

a. Gustav Radbruch

Die Entwicklung des Denkens Radbruchs geht von einem ursprünglichen Positivismus zu einem Rechtskonzept, bestimmt durch die Forderung nach Gerechtigkeit und durch die Notwendigkeit von Korrektheitskriterien. Die Rechtsphilosophie Radbruchs geht aus dem Neukantianismus hervor, der die Existenz einer Kluft zwischen Sein und Sollen oder zwischen Tatsachen und Werten postulierte. Auch existiert eine Teilung zwischen den erklärenden kausalen Wissenschaften, den Wissenschaften der Natur und interpretierenden Wissenschaften wie den Wissenschaften des Geistes. Die Rechtswissenschaft platziert sich für Radbruch unter die Wissenschaften des Geistes, da sie sich nicht darauf beschränkt, eine Realität zu beschreiben, sondern danach strebt, ein Phänomen innerhalb eines Wertesystems zu verstehen. Der Kern der Theorie Radbruchs besteht in der Trennung von positivem Recht und der Rechtsidee. Die Idee des Rechts definiert sich mittels der Triade: Gerechtigkeit, Zweckmäßigkeit und Sicherheit. Die Radbruch'sche Formel stützt sich auf diese Dreizahl.[367]

Alexy nutzt für seine Analyse einige Kriterien, die auch bei Radbruch vertreten sind und zwar mit dem Ziel, seinen eigenen Standpunkt bezüglich der Gegensätze Recht und Moral zu festigen. Radbruch behauptet, dass die Normen ihren juristischen Charakter verlieren, wenn sie gewisse Ungerechtigkeitsgrenzen überschreiten, was zu einer Formel zwischen der Gerechtigkeit und der Rechtssicherheit führt. Auf diese Weise kann der Konflikt zwischen Gerechtigkeit und Rechtssicherheit gelöst werden, indem dem positivem Recht Priorität eingeräumt wird, selbst wenn es nicht angebracht ist oder sogar ungerecht, außer in jenen Fällen, in denen der Widerspruch zwischen dem positiven Recht und der Gerechtigkeit so unhaltbar wird, dass die Orientierung am unkorrekten Recht der Gerechtigkeit weichen muss.

Das Problem mit der Formel Radbruchs scheint zu sein, dass nicht aus analytischen oder konzeptuellen Argumenten begründet werden kann, sondern dass

---

366 Hier wird von der Analyse Perelmans, Toulmins und MacCormicks abgesehen, da diese schon im 3. Teil in Kapitel 1 dieser Arbeit untersucht wurden.

367 Radbruch, *Gesetzliches Unrecht und übergesetzliches Recht*, S. 352.

mit normativen Argumenten belegt werden muss.[368] Alexy schlägt vor, dass für eine erforderliche konzeptuelle Verknüpfung zwischen Recht und Moral, wenn es darum geht, Recht zu verarbeiten oder anzuwenden, zwischen den Teilnehmern ein Anspruch auf Richtigkeit erhoben werden muss. Diese These, die Bestandteil des Arguments der Richtigkeit ist, würde für Alexy, wenn auch in abgeschwächter Form, eine ausreichende Korrelation manifestieren, um auf ihr einen guten Teil seiner Methodologie der juristischen Argumentation zu stützen. Nichtsdestotrotz äußert sich Hart zu einer solchen Theorie kritisch.[369] Er erklärt, dass sich die Fragen juristischer Ungerechtigkeit nicht ausgehend von einem moralischen Rechtsmodell lösen lassen.[370]

Alexy verteidigt dieses Argument und verweist darauf, dass es trotz der Kritik begründet ist. Das in einigen Normen vorhandene Gerechtigkeitsdefizit könnte im Zusammenspiel das gesamte Rechtssystem durch extreme Ungerechtigkeit ruinieren; eine Idee, die sich zum Teil auch Dreier vorgestellt hatte.[371] Dieser Standpunkt Alexys kann durch zwei Thesen bestätigt werden: durch die Ausstrahlungsthese, derzufolge der Mangel an Rechtscharakter der Basisnormen eines juristischen Systems den Mangel an Rechtscharakter aller typischen Normen des Systems mit sich bringt und somit eine Art Irritationseffekt mit ich bringt, und durch die Zusammenbruchsthese, die annimmt, dass das Gesamtsystem als solches zusammenfällt, wenn man einer hinreichend bedeutsamen Anzahl von Normen den Rechtscharakter abstreiten muss.[372]

b. Norbert Hoerster

Norbert Hoerster, einer der bedeutendsten Autoren des jüngeren Rechtspositivismus ist auch einer der Autoren, der sich, neben anderen relevanten Themenbereichen, dem Studium der Verbindung zwischen Recht und Moral gewidmet hat. Für Hoerster ist der Zusammenhang zwischen Recht und Moral vom Konzept her nicht notwendig (analytisches Argument), das heißt, dass das Recht nicht notwendigerweise Konzepte, die aus dem moralischen Bereich stammen, für seinen Diskurs mit sich bringen muss.[373] Noch unbestimmter scheint seine Position bezüglich des normativen Arguments zu sein, wodurch Alexy bestätigt

---

368 Alexy, *Begriff und Geltung des Rechts*, S. 18.
369 Hart, *Der Positivismus und die Trennung von Recht und Moral*, S. 42.
370 Pinto Fontanillo, *La teoría de la argumentación jurídica en Robert Alexy*, S. 191.
371 Dreier, *Recht und Moral*, S. 180.
372 Alexy, *Begriff und Geltung des Rechts*, S. 110 ff.
373 Hoerster, *Verteidigung des Rechtspositivismus.* S. 25.

wird, dass der Positivismus gute Gründe hat, das Problem auf ein normatives Niveau zu verlegen. Die Trennungsthese besagt, dass sich der Rechtsbegriff derart definieren muss, dass er moralische Elemente ausschließt, und zwar nicht nur in einigen, sondern in allen seinen Anwendungen.

Hoerster zufolge sind die Versuche einer suprapositiven Grundlage der Normen durch ihre logische Nichtverbindlichkeit zum Scheitern verurteilt, was bedeutet, dass sich von ihrer Negation kein logischer Widerspruch ableitet. Sowie für ihre Nichtintuition, sodass wir empirischen Zugang zu den Tatsachen (Sein) haben, nicht aber zu den Normen (Sollen). Für diesen Autor ist eine transzendentale Grundlage der Normen unannehmbar, was ihn dazu führt, eine juristische Ethik ohne Metaphysik zu verteidigen. Auch wenn jedes Sein und Sollen eine Handlungsrichtlinie voraussetzt, hängt diese vom Willen ab und man muss sie nicht in einem Metawert oder in objektiv gegebenen Normen suchen.[374]

Wenn die Idee Hoersters und Alexys scheinbar in einem derart hohen Grad verschieden sind, wo findet sich dann der Einfluss des Ersten auf den Zweiten? Den Einfluss von Hoerster muss man ad contrarium suchen, in einer Art epistemologischer Kontraoffensive entwickelt von Alexy.[375] Das System Alexys würde jeglichen Sinnes entbehren, wenn die Thesen Hoersters bezüglich der Fähigkeit des positivistischen Modells, das einzige Recht mit Garantien bereitzustellen, und, im weiteren Sinne eine Argumentation frei von moralischen Bewertungen, akzeptiert werden. Nichtsdestotrotz sucht Alexy die Wurzeln der Argumentation und versucht, ein Modell zu entwickeln, in dem die Gerechtigkeit und die Wirksamkeit des Rechts Betrachtung finden.

II. Die Theorie der juristischen Argumentation von Alexy

Die Theorie der juristischen Argumentation von Alexy hat niemanden gleichgültig gelassen. Sie wird als eines der erfolgreichsten und zugleich am meisten kritisierten Argumentationsmodelle dargestellt. Nachfolgend werden die Grundzüge der Theorie, ihre Regeln und einige der wichtigsten Kritikpunkte aufgeführt, die ihr entgegengehalten wurden.

374 Hoerster, *Ética jurídica sin metafísica*, S. 214.
375 Pinto Fontanillo, *La teoría de la argumentación jurídica en Robert Alexy*, S. 204.

1. Die Theorie der juristischen Argumentation als prozedurale Theorie

Die Theorie der juristischen Argumentation von Robert Alexy strebt nach einem Modell der juristischen Argumentation, das dem demokratischen Verfassungsstaat entspricht.[376] Alexy verlangt ein Modell, das einerseits erlaubt, die verbreiteten Überzeugungen und die Ergebnisse vorhergehender juristischer Diskussionen zu berücksichtigen, und andererseits Platz für die Kriterien der Richtigkeit lässt. Den wichtigsten philosphischen Einfluss auf Alexys Konzeption bildet die Diskurstheorie von Habermas, für den praktische Fragen nicht aus dem Bereich der Rationalität ausgegrenzt werden können.

Eine prozedurale Theorie wie die des rationalen Diskurses bietet eine Lösung für das sogenannte Münchhausen-Trilemma[377], welches dann auftritt, wenn eine Aussage mittels einer anderen Aussage ad infinitum begründet werden soll, Überlegungen eingeführt werden, die im Kreis verlaufen, oder wenn man riskiert, in dogmatische Begründungen zu verfallen. Der Ausweg dieses Problems besteht in der Aufstellung von Forderungen an die Begründungsaktivität, das heißt von Regeln der rationalen Diskussion, deren Einhaltung ein rationales Ergebnis garantiert.

Diese Regeln des rationalen Diskurses beziehen sich auf das Verhalten des Sprechers, was bedeutet, dass es sich ebenfalls um pragmatische Regeln handelt. Alexy erarbeitet seine Regeln ausgehend von einer pragmatisch-transzendentalen oder pragmatisch-universalen Konzeption.

2. Regeln und Formen des allgemeinen praktischen Diskurses

Im Folgenden werden die Regeln und Formen, die Alexy in seiner Theorie der juristischen Argumentation erarbeitet hat, vorgestellt.

a. Die Grundregeln

Alexy strukturiert seine Argumentationstheorie ausgehend von sechs Gruppen von Regeln des praktischen rationalen Diskurses. Die erste Gruppe bezieht sich auf die Grundregeln, deren Gültigkeit Voraussetzung für jegliche sprachliche Kommunikation ist, in der es um die Wahrheit oder Richtigkeit geht und die folglich sowohl auf den theoretischen Diskurs angewendet werden sowie auch auf den praktischen:

---

376 Larenz, *Methodenlehre der Rechtswissenschaft,* S. 154

377 Alexy, *Theorie der juristischen Argumentation*, S. 223.

„(1.1) Kein Sprecher darf sich widersprechen.
(1.2) Jeder Sprecher darf nur das behaupten, was er selbst glaubt.
(1.3) Jeder Sprecher, der ein Prädikat F auf einen Gegenstand a anwendet, muß bereit sein, F auch auf jeden anderen Gegenstand, der a in allen relevanten Hinsichten gleicht, anzuwenden.
(1.4) Verschiedene Sprecher dürfen den gleichen Ausdruck nicht mit verschiedenen Bedeutungen benutzen".[378]

b. Die Vernunftregeln

Die zweite Gruppe bilden die Vernunftregeln, welche die wichtigsten Bedingungen für die Rationalität des Diskurses definieren. Mit Bezug auf praktische Fragen werden diese Regeln nur annähernd eingehalten; sie definieren ein Ideal, dem man sich mittels der Praxis oder organisatorischer Maßnahmen annähern kann.

„(2) Jeder Sprecher muß das, was er behauptet, auf Verlangen begründen, es sei denn, er kann Gründe anführen, die es rechtfertigen, eine Begründung zu verweigern.
(2.1) Jeder, der sprechen kann, darf an Diskursen teilnehmen.
(2.2) (a) Jeder darf jede Behauptung problematisieren.
(b) Jeder darf jede Behauptung in den Diskurs einführen.
(c) Jeder darf seine Einstellungen, Wünsche und Bedürfnisse äußern.
(2.3) Kein Sprecher darf durch innerhalb oder außerhalb des Diskurses herrschenden Zwang daran gehindert werden, seine in (2.1) und (2.2) festgelegten Rechte wahrzunehmen".[379]

c. Die Argumentationslastregeln

Der uneingeschränkte Gebrauch der vorherigen Regeln könnte die Argumentation unterbinden. Daher muss den bisherigen Gruppen eine dritte Gruppe von im Wesentlichen technischen Regeln hinzugefügt werden: die Argumentationslastregeln, deren Ziel es ist, die Argumentation zu erleichtern. Alexy legt diese vier dar:

„(3.1) Wer eine Person A anders als eine Person B behandeln will, ist verpflichtet, dies zu begründen.
(3.2) Wer eine Aussage oder Norm, die nicht Gegenstand der Diskussion ist, angreift, muß hierfür einen Grund angeben.

---

378 Alexy, *Theorie der juristischen Argumentation*, S. 234.
379 Alexy, *Theorie der juristischen Argumentation*, S. 239.

(3.3) Wer ein Argument angeführt hat, ist nur bei einem Gegenargument zu weiteren Argumenten verpflichtet.

(3.4) Wer eine Behauptung oder eine Äußerung über seine Einstellungen, Wünsche oder Bedürfnisse in den Diskurs einführt, die nicht als Argument auf eine vorangegangene Äußerung bezogen ist, hat auf Verlangen zu begründen, weshalb er diese Behauptung oder diese Äußerung einführt."[380]

d. Die Argumentformen

Die vierte Gruppe wird von den Argumentformen gebildet. Die allgemeinste Form legt fest, dass eine normative Aussage begründet werden kann, indem eine Regel (R) einer beliebigen Ebene und ein Grund (G) angeführt wird.

(4) „G
R*
———
N*"[381]

Alexy leitet aus der allgemeinen Form (4) zwei Arten her, eine einzelne normative Aussage (N) zu begründen: durch den Bezug auf eine Regel (R) oder durch den Hinweis auf die Konsequenzen von N (F= Folge). Wenn nun der erste Weg verfolgt wird, muss zusätzlich zu einer Regel auch eine Tatsachenaussage gemacht werden, die die Bedingungen für die Anwendung derselben beschreibt (T= Tatsache); und wenn der zweite Weg verfolgt wird, muss davon ausgegangen werden, dass es eine Regel gibt, die angibt, dass die Aufstellung gewisser Konsequenzen obligatorisch ist.[382] Folglich haben wir diese zwei ersten Argumentformen:

„(4.1)	T	(4.2)	F
	R		R
	———		———
	N		N"[383]

380 Alexy, *Theorie der juristischen Argumentation*, S. 243 ff.
381 Alexy, *Theorie der juristischen Argumentation*, S. 246.
382 Alexy, *Theorie der juristischen Argumentation*, S. 246.
383 Alexy, *Theorie der juristischen Argumentation*, S. 246.

In Bezug auf (4.1) und (4.2) ist es möglich, dass Streitigkeiten über die Tatsachen (über T oder über F) aufkommen oder aber über die Regeln selbst. Im ersten Fall würde sich die Diskussion im Rahmen eines theoretischen Diskurses entwickeln. Im zweiten möglichen Fall könnte man R ihrerseits rechtfertigen, indem sie auf die Konsequenzen dieser Regel verweisen würde, zuzüglich einer Regel R′, welche R unter der Bedingung T fordert. Daher ergeben sich zwei Argumentformen zweiter Ebene [die auch Unterformen von (4) sind]:

„(4.3) F_R (4.4) T'

R' R'

——— ———

R R“[384]

Wenn unterschiedliche Regeln gebraucht werden, besteht die Möglichkeit, zu unvereinbaren Ergebnissen zu gelangen. Darum müssen Regeln ergänzt werden, die festlegen, dass eine bestimmte Regel den Vorrang vor anderen innehat (Vorrangregeln), welche sich mittels P darstellen. Besagte Regeln können ihrerseits zwei Formen annehmen, je nachdem, ob die Priorität absolut ist oder nur unter bestimmten Bedingungen (C) entsteht. Folglich haben wir:

„(4.5) $R_i \; P \; R_k$ bzw. $R'_i \; P \; R'_k$
(4.6) $(R_i \; P \; R_k) \; C$ bzw. $(R'_i \; P \; R'_k) \; C$“[385]

e. *Die Begründungsregeln*

Da die bisherigen Regeln ein sehr weites, unbestimmtes Feld offen lassen, müssen sie durch eine fünfte Gruppe ergänzt werden: die der Begründungsregeln, die sich ausdrücklich auf die Charakteristika der praktischen Argumentation beziehen und welche die Realisierung der Begründung mittels der vorherigen Formen regeln. Alexy formuliert drei Varianten des Prinzips der Verallgemeinbarkeit:

„(5.1.1) Jeder muß die Konsequenzen der in einer von ihm behaupteten normativen Aussage vorausgesetzten Regel für die Befriedigung der Interessen einer jeden einzelnen Person auch für den hypothetischen Fall akzeptieren können, daß er sich in der Situation dieser Person befindet.

384 Alexy, *Theorie der juristischen Argumentation*, S. 247.
385 Alexy, *Theorie der juristischen Argumentation*, S. 249.

(5.1.2) Die Konsequenzen jeder Regel für die Befriedigung der Interessen eines jeden einzelnen müssen von allen akzeptiert werden können.
(5.1.3) Jede Regel muß offen und allgemein lehrbar sein."[386]

Eine zweite Untergruppe von Begründungsregeln zielt darauf, die Rationalität der Regeln mittels ihrer sozialen und individuellen Entstehung zu garantieren.

„(5.2.1) Die den moralischen Auffassungen der Sprecher zugrunde liegenden moralischen Regeln müssen der Überprüfung in einer kritischen historischen Genese standhalten können. Eine moralische Regel hält einer solchen Überprüfung nicht stand,
a) wenn sie zwar ursprünglich rational zu rechtfertigen war, inzwischen aber ihre Berechtigung verloren hat.
b) Wenn sie schon ursprünglich nicht rational zu rechtfertigen war und sich auch keine hinreichenden neuen Gründe für sie anführen lassen."[387]

„(5.2.2) Die den moralischen Auffassungen der Sprecher zugrunde liegenden moralischen Regeln müssen der Überprüfung ihrer individuellen Entstehungsgeschichte standhalten können. Eine moralische Regel hält einer solchen Überprüfung nicht stand, wenn sie nur aufgrund nicht zu rechtfertigender Sozialisationsbedingungen übernommen wurde."[388]

„(5.3) Die faktisch gegebenen Grenzen der Realisierbarkeit sind einzuhalten."[389]

f. Die Übergangsregeln

Im praktischen Diskurs können Tatsachenprobleme (theoretischer Diskurs), sprachliche und konzeptuelle Probleme (Diskurs der Sprachenanalyse) oder Probleme zu Fragen, die die praktische Diskussion selbst betreffen (Diskurs der Diskurstheorie) auftreten.[390] Dies führt zur Einführung der Übergangsregeln:

„(6.1) Es ist jederzeit jedem Sprecher möglich, in einen theoretischen (empirischen) Diskurs überzugehen.
(6.2) Es ist jederzeit jedem Sprecher möglich, in einen sprachanalytischen Diskurs überzugehen.
(6.3) Es ist jederzeit jedem Sprecher möglich, in einen diskurstheoretischen Diskurs überzugehen."[391]

---

386 Alexy, *Theorie der juristischen Argumentation*, S. 252.
387 Alexy, *Theorie der juristischen Argumentation*, S. 253.
388 Alexy, *Theorie der juristischen Argumentation*, S. 253 f.
389 Alexy, *Theorie der juristischen Argumentation*, S. 254.
390 Alexy, *Theorie der juristischen Argumentation*, S. 254.
391 Alexy, *Theorie der juristischen Argumentation*, S. 255

3. Die These der richtigen Antwort im allgemeinen praktischen Diskurs

Die Diskursregeln garantieren weder eine Einigung in jeder praktischen Frage noch die Bereitschaft, sie zu verfolgen. Für Ersteres gibt es im Prinzip drei Gründe: (1) einige der Diskursregeln [wie (2.1) und (2.3)] können nur annähernd eingehalten werden; (2) nicht alle Schritte der Argumentation sind bestimmt; (3) jeder Diskurs muss ausgehend von den normativen Überzeugungen der Teilnehmenden beginnen. Der Grund für den zweiten Punkt beruht auf einer Unterscheidung zwischen der Meinungsbildung und der Willensbildung: zu wissen, was richtig ist, bedeutet nicht notwendigerweise auch bereit zu sein, in diesem Sinne zu handeln.

Diese zweifache Beschränkung der Regeln des praktischen Diskurses bewirkt die Notwendigkeit, ein juristisches System einzurichten, das gewissermaßen dazu dient, diese Lücke der Rationalität zu schließen. Genauer gesagt unterscheidet Alexy drei Typen juristischer Verfahren, die dem Verfahren des allgemeinen praktischen Diskurses, der durch die bisherigen Regeln gelenkt wird, hinzugefügt werden müssten.[392]

Das erste dieser juristischen Verfahren ist das der staatlichen Schaffung juristischer Normen. Da die Regeln des praktischen Diskurses festlegen, dass gewisse Regeln in diskursiver Hinsicht unmöglich sind, andere notwendig, viele weitere allerdings nur in diskursiver Hinsicht möglich sind, könnte dies dazu führen, dass sich untereinander inkompatible Normen bilden.

Die Etablierung von positiven Normen hat also den Sinn, wenigstens einige dieser diskursiv möglichen Normen auszuwählen. Nichtsdestotrotz weist Alexy darauf hin, dass die Vagheit der juristischen Sprache, die Ungenauigkeit der Regeln der juristischen Methode und die Unmöglichkeit, alle möglichen Fälle vorherzusehen, dazu führen, dass kein System juristischer Normen für sich allein genommen garantieren kann, dass sich alle juristischen Fälle in rein logischer Form klären lassen können.

Die richterliche Vorgehensweise würde wie eine dritte Ebene funktionieren, in der von den möglichen Antworten eine ausgewählt wird. Das Vorgehen des juristischen Diskurses besitzt keinen institutionalisierten Charakter, es wird nämlich nicht durch juristische Normen reguliert und sichert kein endgültiges und obligatorisches Ergebnis.[393]

---

392 Atienza, *Las razones del derecho*, S. 163.

393 Atienza, *Las razones del derecho*, S. 163 f.

4. Der juristische Diskurs als Sonderfall

Der juristische Diskurs, so wie ihn Alexy sieht, ist ein Sonderfall des allgemeinen praktischen Diskurses.[394] Dies bedeutet, dass 1) in beiden praktische Fragen diskutiert werden, 2) zusätzlich eine Forderung nach Korrektur aufgestellt wird, dies aber 3) unter bestimmten Auflagen geschieht. Mit anderen Worten wird im juristischen Diskurs nicht darauf bestanden, dass ein bestimmter Vorschlag rational ist, sondern dass er sich rational begründen lässt. Das Vorgehen definiert sich durch die Regeln und Formen des allgemeinen praktischen Diskurses und durch die Regeln und spezifischen Formen des juristischen Diskurses. Alexy seinerseits unterscheidet, die Rechtfertigung juristischer Entscheidungen betreffend, zwei Aspekte: die interne und die externe Rechtfertigung. Auf diese Weise gibt es auch zwei Arten von Regeln und Formen des juristischen Diskurses.

a. Regeln und Formen der internen Rechtfertigung

Mit Bezug auf die interne Rechtfertigung unterscheidet Alexy eine einfache und eine allgemeinere Form. Bei Ersterer ist „*T*“ der Inhalt einer Aussage, die erlaubt, die Voraussetzung der Normen, die Personen betreffen, zu repräsentieren; „*O*“ ist ein allgemeiner deontischer Operator; „*R*“ ist der Inhalt einer Aussage, die ausdrückt, was der Empfänger der Norm zu tun hat; und „*x*“ und „*a*“ symbolisieren eine Variable und eine Konstante des jeweiligen Individuums.[395]

„(J.1.1) (1) (x) (Tx → ORx)
(2) Ta
(3) ORa (1), (2)“[396]

(J.1.1) erfüllt diese zwei ersten Regeln der internen Rechtsfertigung.

„(J.2.1) Zur Begründung eines juristischen Urteils muss mindestens eine universelle Norm angeführt werden.

(J.2.2) Das juristische Urteil muss aus mindestens einer universellen Norm zusammen mit weiteren Aussagen logisch folgen.“[397]

Wenn die komplizierten Fälle keine Antwort in der Form (J.1.1) finden, muss man auf eine allgemeine Form der internen Rechtfertigung zurückgreifen:

394 Alexy, *Theorie der juristischen Argumentation*, S. 263 f.
395 Alexy, *Theorie der juristischen Argumentation*, S. 273.
396 Alexy, *Theorie der juristischen Argumentation*, S. 274.
397 Alexy, *Theorie der juristischen Argumentation*, S. 275.

„(J.1.2) (1) $(x)(Tx \rightarrow ORx)$
(2) $(x)(M^1 x \rightarrow Tx)$
(3) $(x)(M^2 x \rightarrow M^1 x)$
.
.
.
(4) $(x)(Sx \rightarrow M^n x)$
(5) Sa
(6) ORa (1)-(5)“[398]

Die folgenden Argumente dienen als Beispiel, den Sinn dieses Schemas zu erläutern:

(1) Derjenige, der einen Mord begeht, muss mit einer lebenslangen Freiheitsstrafe bestraft werden.
(2) Derjenige, der auf heimtückische Weise tötet, begeht einen Mord.
(3) Derjenige, der die Wehrlosigkeit und Arglosigkeit eines anderen missbraucht, handelt auf heimtückische Weise.
(4) Derjenige, der eine Person tötet, während diese schläft, nutzt ihren Zustand der Wehrlosigkeit aus.
(5) X brachte Y um, während dieser schlief.
(6) X muss eine lebenslange Freiheitsstrafe auferlegt werden.

(J.1.2) erfüllt die folgenden zusätzlichen Regeln der internen Rechtfertigung:
„(J.2.3) Immer dann, wenn zweifelhaft ist, ob a ein T oder ein M^i ist, ist eine Regel anzugeben, die diese Frage entscheidet.
(J.2.4) Es sind so viele Entfaltungsschritte erforderlich, daß man zu solchen Ausdrücken gelangt, von denen nicht mehr streitig ist, daß sie auf den fraglichen Fall zutreffen.
(J.2.5) Es sind möglichst viele Entfaltungsschritte anzugeben.“[399]

b. Regeln und Formen der externen Rechtfertigung

Die externe Rechtfertigung ihrerseits rechtfertigt die Prämissen und diese können sich in drei Typen ausdrücken: Regeln des positiven Rechts, empirische Aussagen und ein dritter Aussagetypus, für dessen Begründung auf die juristische Argumentation zurückgegriffen werden muss, konkret gesagt, auf die Formen und Regeln der externen Rechtfertigung. Alexy unterscheidet sechs Gruppen von Regeln und Formen der externen Rechtfertigung, je nach Bezug auf (1) die Regeln und die Form der Auslegung, (2) die dogmatische Argumentation, (3) die

398 Alexy, *Theorie der juristischen Argumentation*, S. 279.
399 Alexy, *Theorie der juristischen Argumentation*, S. 279 f.

Präjudizienverwertung, (4) die allgemeine praktische und (5) die empirische Argumentation sowie (6) die sog. speziellen juristischen Argumentformen.[400]

(1) Regeln und Formen der Auslegung

Alexy erklärt die canones der Auslegung ausgehend vom Modell der internen Rechtfertigung:

„(J.1.2') (I) (x) (Tx →ORx) (R)

(2) (x) (Mx →Tx) (W)
(3) Ma
(4) ORa (1)-(3)

Aus der (I), Norm R und der Wortgebrauchsregel W (2) folgt die konkrete Norm R' (2') (x) (Mx →ORx) (R')"[401] die eine Interpretation aus R mittels W darstellt ($I^R w$). Eine der wichtigsten Vorschriften ist die der Begründung solcher Interpretationen, also den Schritt von R zu R′ zu rechtfertigen. Alexy seinerseits unterscheidet sechs Gruppen interpretativer Argumente: semantische, genetische, teleologische, historische, komparatistische und systematische; allerdings erarbeitet er nur Formen der ersten drei. In Bezug auf die semantische Interpretation bietet er drei Argumentformen an, je nachdem, ob sie gebraucht werden, um zu rechtfertigen, zu kritisieren oder aufzuzeigen, dass eine Interpretation zulässig ist:

„(J.3.1) R' *muß* aufgrund W_i als Interpretation von R akzeptiert werden.
(J.3.2) R' *kann* aufgrund W_k *nicht* als Interpretation von R akzeptiert werden.
(J.3.3) Es ist *möglich*, R' als Interpretation von R zu akzeptieren, und es ist *möglich*, R' nicht als Interpretation von R zu akzeptieren, denn es gelten weder W_i noch W_k."[402]

Mittels des genetischen Arguments wird eine Interpretation R' von R gerechtfertigt, da sie mit dem Willen des Gesetzgebers übereinstimmt. Es gibt zwei Formen der genetischen Interpretation.

---

400 Die allgemeine praktische Argumentation bildet die Grundlage der juristischen Argumentation. Mit Bezug auf die empirische Argumentation spricht Alexy der allgemeinen praktischen Argumentation eine hohe Relevanz zu, sowohl bei der juristischen Argumentation als auch bei der allgemeinen praktischen Argumentation, arbeitet jedoch keine spezifischen Regeln oder Formen aus. Er beschränkt sich darauf zu sagen, dass hier die Regel regiert (6.1), welche dazu ermächtigt ist, jederzeit von der Argumentation zum empirischen Diskurs zu wechseln. In diesem Abschnitt werden einzig die anderen vier Gruppen analysiert.

401 Alexy, *Theorie der juristischen Argumentation,* S. 288.

402 Alexy, *Theorie der juristischen Argumentation,* S. 289.

„(J.4.1) (I) R' (= I^{R}_{W}) ist vom Gesetzgeber gewollt.
(2) R'

(J.4.2) (I) Mit R wird vom Gesetzgeber Z verfolgt.

(2) $\neg$R' (= I^{R}_{W}) $\rightarrow \neg$ Z
(3) R'"[403]

Mit Bezug auf die teleologische Interpretation wäre die grundlegende Form die folgende:

„(J.5) (1) OZ
(2) $\neg$ R' (=I^{R}_{W}) $\rightarrow \neg$ Z
(3) R'"[404]

Diese Formel entspricht in etwa (J.4.2), jedoch mit dem Unterschied, dass das Ziel, Z, jetzt etwas Objektives ist, das sich durch Bezugnahme auf eine Norm begründet und nicht auf den Willen des Gesetzgebers.

Die vorherigen Interpretationsformen erweisen sich häufig als unvollständig, das heißt, dass sie Aussagen voraussetzen (generell auf implizite Art und Weise), welche die Formen vollständig machen würden; dies nennt Alexy „Erfordernis der Sättigung". In Bezug auf (J.4.1) muss beispielsweise eine zusätzliche Prämisse oder Schlussregel wie die folgende als implizit verstanden werden: Wenn der Gesetzgeber wünscht, dass R mittels W (I^{R}_{W} = R) interpretiert wird, ist das ein Grund für die Gültigkeit von R. Dafür gilt die Regel:

„(J.6) Jede der zu den canones der Auslegung zu rechnenden Argumentformen ist zu sättigen."[405]

Das grundlegende Problem der canones der Auslegung besteht jedoch darin, dass sie zu unterschiedlichen Ergebnissen führen. Alexy ist der Meinung, dass Regeln aufgestellt werden müssen, die eine gewisse Prävalenz zugunsten der Argumente gewähren und die die Gültigkeit der Universalisierbarkeit auf den Gebrauch von Interpretationsvorschriften ausweiten. Diese Regeln sind die folgenden:

„(J.7) Argumente, die eine Bindung an den Wortlaut des Gesetzes oder den Willen des historischen Gesetzgebers zum Ausdruck bringen, gehen anderen Argumenten vor, es sei denn, es lassen sich vernünftige Gründe dafür anführen, den anderen Argumenten den Vorrang einzuräumen.

---

403 Alexy, *Theorie der juristischen Argumentation*, S. 291.
404 Alexy, *Theorie der juristischen Argumentation*, S. 297.
405 Alexy, *Theorie der juristischen Argumentation*, S. 302.

(J.8) Die Bestimmung des Gewichtes von Argumenten verschiedener Formen hat nach Gewichtungsregeln zu erfolgen.
(J.9) Alle Argumente der zu den canones der Auslegung zurechnenden Form, die vorgebracht werden könnten, sind zu berücksichtigen."[406]

(2) Regeln der dogmatischen Argumentation

Alexy versteht unter juristischer Dogmatik (1) eine Serie von Sätzen, die (2) auf die gesatzten Normen und die Rechtsprechung bezogen sind, (3) in einem Zusammenhang stehen, (4) im Rahmen einer institutionell betriebenen Rechtswissenschaft aufgestellt, begründet und überprüft werden und (5) normativen Gehalt haben.[407] Ausgehend davon erarbeitet er eine Reihe von Regeln, die sich auf folgende Punkte beziehen: auf die Notwendigkeit, die dogmatischen Aussagen auf praktische Aussagen allgemeiner Art zu stützen; auf die Möglichkeit, dass die dogmatischen Aussagen systematisch belegt werden; und auf die Notwendigkeit, dogmatische Argumente zu nutzen. Diese Regeln drücken werden auf folgende Weise ausgedrückt:

„(J.10) Jeder dogmatische Satz muß, wenn er angezweifelt wird, unter der Verwendung mindestens eines allgemeinen praktischen Argumentes begründet werden.
(J.11) Jeder dogmatische Satz muß sowohl einer systematischen Überprüfung im engeren als auch einer systematischen Überprüfung im weiteren Sinne standhalten können."[408]
„(J.12) Wenn dogmatische Argumente möglich sind, sind sie zu benutzen."[409]

Alexy schreibt der juristischen Dogmatik die folgenden Funktionen zu: (1) stabilisierende Funktion (sie legt über einen langen Zeitraum hinweg bestimmte Entscheidungsformen fest); (2) Fortschrittsfunktion (sie erweitert die juristische Diskussion in ihrer zeitlichen, gegenständlichen und persönlichen Dimension); (3) Entlastungsfunktion (es ist nicht nötig, dass alles jedes Mal aufs Neue diskutiert wird); (4) technische Funktion (die einheitliche und systematische Präsentation des Gegenstandes dient als Information und fördert die Übertragungskapazität); (5) Kontrollfunktion (mit der Erlaubnis, Fälle mit Bezug auf bereits entschiedene Fälle zu entscheiden, erhöht sich die Wirksamkeit des

---

406 Alexy, *Theorie der juristischen Argumentation*, S. 305 f.
407 Alexy, *Theorie der juristischen Argumentation*, S. 312 f.
408 Alexy, *Theorie der juristischen Argumentation*, S. 325.
409 Alexy, *Theorie der juristischen Argumentation*, S. 334.

Prinzips der Universalisierbarkeit und der Gerechtigkeit); (6) heuristische Funktion (die Dogmatik beinhaltet Lösungsmodelle).[410]

(3) Zur Verwertung von Präjudizien

Alexy spricht dem Gebrauch von Präjudizien Wichtigkeit zu und zwar in dem Maße, wie das Feld des diskursiv Möglichen nicht mit wechselnden und untereinander inkompatiblen Entscheidungen gefüllt werden kann; sonst ist die Vorschrift, den Präjudizien zu folgen, nicht absolut; die Last der Argumentation trägt derjenige, der von den Präjudizien abweicht.[411] Die Regeln für den Gebrauch der Präjudizien sind folgende:

> „(J.13) Wenn ein Präjudiz für oder gegen eine Entscheidung angeführt werden kann, ist es anzuführen.
>
> (J.14) Wer von einem Präjudiz abweichen will, trägt die Argumentationslast."[412]

(4) Spezielle juristische Argumentformen

Schließlich führt Alexy drei Formen juristischer Argumente auf, die spezielle Fälle des allgemeinen praktischen Diskurses darstellen: Das Argument *e contrario*, welches ein logisch gültiges Schlussfolgerungsschema ist; die Analogie, welche durch das Prinzip der Universalisierbarkeit gefordert wird; und die Reduktion *ad absurdum*, die einen Fall darstellt, in dem Konsequenzen berücksichtigt werden. Diese Prinzipien werden folgendermaßen repräsentiert:

„(J.15) (1) $(x)\,(OGx \rightarrow Fx)$

(2) $(x)\,(\neg Fx \rightarrow \neg OGx)$ (1)

(J.16) (1) $(x)\,(Fx \vee F\,sim\,x \rightarrow OGx)$

(2) $(x)\,(Hx \rightarrow F\,sim\,x)$

(3) $(x)\,(Hx \rightarrow OGx)$ (1), (2)

(J.17) (1) $O\neg Z$

(2) $R' \rightarrow Z$

(3) $\neg R'$"[413]

---

410 Alexy, *Theorie der juristischen Argumentation*, S. 326 f.

411 Alexy, *Theorie der juristischen Argumentation* S. 334 f.

412 Alexy, *Theorie der juristischen Argumentation* S. 339.

413 Alexy, *Theorie der juristischen Argumentation*, S. 342 ff.

Genau wie es auch mit den Interpretationsvorschriften geschah, ist der Gebrauch dieser Formen nur dann rational, wenn dieselben im juristischen Diskurs begründet werden können. Schließlich gilt für den Gebrauch der speziellen juristischen Argumentformen folgende Regel:

(J.18) Die speziellen juristischen Argumentformen sind zu sättigen.

Diese Skizze sollte hier ausreichen. Es wird deutlich, dass die Verwendung von mindestens den drei diskutierten Argumentationsformen Sonderfälle der Verwendung von Regeln und Formen des allgemeinen praktischen Diskurses sind. J.15 ist eine gültige logische Folgerung, J.16 ist nach dem Prinzip der Universalisierbarkeit erforderlich und J.17 ist ein Fall, in dem die Konsequenzen berücksichtigt werden. Soweit diese Formen auf Regeln und Formen des allgemeinen praktischen Diskurses zurückgeführt werden können, kann ihre Verwendung als vernünftig bezeichnet werden. Es wurde aber auch klar, dass die Verwendung solcher Formen wie die der Canones nur vernünftig ist, solange sie gesättigt sind und die zur Sättigung eingesetzten Sätze im juristischen Diskurs begründet werden können.

5. Die These der richtigen Antwort im juristischen Diskurs

Auch der juristische Diskurs hat seine Grenzen: Eine Lösung, die erreicht wurde, indem Regeln respektiert wurden, ist eine rationale Lösung. Dies aber garantiert keine einzige richtige Antwort, alleine schon deshalb nicht, da die Diskursregeln Lösungen erlauben, die untereinander inkompatibel sind, aber rational. Nicht einmal in einem idealen Diskurs könnte gesichert werden, dass der praktische Diskurs eine einzige Antwort erlaubt.[414] Die Forderung nach Korrektur ist nicht nur eine Forderung, die auf Ansprüche begrenzt ist, welche durch das Gesetz, die Dogmatik und die Präzedenzfälle indiziert sind, sondern die außerdem von den Diskursteilnehmern und von einem bestimmten Zeitpunkt abhängig sind und schließlich kann ein entsprechendes Vorgehen in den meisten Fällen nicht in die Praxis umgesetzt werden.

Diese Schwierigkeiten werten die Diskurstheorie, Alexys Meinung zufolge, jedoch nicht ab. Dass unterschiedliche Antworten möglich sind, bedeutet nicht, dass viele verschiedene Aktivitäten möglich sind. Das Diskursverfahren zeigt einerseits die Grenzen der Diskussion, andererseits hält Alexy die These, dass es eine einzige richtige Antwort gebe, für fehlerhaft, da dafür auch eine starke Theorie der Prinzipien aufrechterhalten werden müsste, die alle Prinzipien des

414 So Atienza, *Las razones del derecho*, S. 172.

entsprechenden juristischen Systems beinhalten müsste. Jede Diskussion muss einen Ausgangspunkt haben. Sie kann nicht aus dem Nichts kommen. Dieser Ausgangspunkt besteht in den normativen Überzeugungen der jeweils anwesenden Teilnehmer. Die Diskurstheorie ist ein Verfahren, welches eine rationale Behandlung erforderlich macht. Und so ist jede normativ relevante Überzeugung eines Teilnehmers ein Grund für eine Veränderung, die auf einer rationalen Argumentation basiert. Das bisher Gesagte zeigt, dass auch die aktuell herrschenden Wertvorstellungen laut Alexy, im Unterschied zu anderen Autoren, Gegenstand einer rationalen Diskussion sind und sich im Verlaufe eines Gesprächs verändern können.

Alexy meint, dass eine Theorie der juristischen Argumentation ihren ganzen praktischen Wert nur im Kontext einer allgemeinen rechtsstaatlichen Theorie entfaltet. Diese Theorie müsste dazu fähig sein, zwei vom Rechtssystem unterschiedliche Modelle zu vereinen: das System der Prozeduren und das System der Normen. Ersteres repräsentiert die aktive Seite und besteht aus vier Verfahren: dem allgemeinen praktischen Diskurs, der staatlichen Rechtssetzung, dem juristischen Diskurs und dem gerichtlichen Prozess. Das zweite Model repräsentiert die passive Seite und muss zeigen, dass das Recht nicht nur aus Regeln besteht, sondern auch aus Prinzipien.

Die Regeln sind Normen, die eine volle Einhaltung fordern und sie können nur erfüllt oder unerfüllt sein. Wenn eine Regel gültig ist, so ist es verpflichtend, genau das zu tun, was sie vorschreibt. Die Regeln beinhalten daher Bestimmungen im Bereich des faktisch und juristisch Möglichen. Die charakteristische Anwendungsform der Regeln ist daher die Subsumtion.[415] Die Prinzipien hingegen sind Normen, die vorschreiben, dass etwas in Bezug auf die juristischen und faktischen Möglichkeiten im höchstmöglichen Maße realisiert wird. Die Prinzipien sind folglich Optimierungsgebote, die sich dadurch auszeichnen, dass sie in unterschiedlichem Maß erfüllt werden können.[416] Daher ist die charakteristische Anwendungsweise der Prinzipien die Abwägung.[417]

Es ist nicht möglich, eine Theorie der Prinzipien aufzustellen, die eine strenge Hierarchie zwischen ihnen festlegt, aber es ist hingegen möglich, eine schwache Rangordnung unter eben diesen zu etablieren, die ihre abwägende Anwendung erlaubt und die aus drei Elementen besteht: 1) ein System aus Vorrangbedingungen, welche dazu führen, dass die Lösung der Konflikte zwischen

---

415 Alexy, *Rechtsregeln und Rechtsprinzipien*, S. 224.

416 Alexy, *Theorie der Grundrechte*, S. 75 f.

417 Atienza, *Las razones del derecho*, S. 175.

Prinzipien in einem konkreten Fall auch für neue Fälle von Bedeutung ist, indem sie das Prinzip der Universalisierbarkeit bekräftigt; 2) ein System von Abwägungsstrukturen, die sich aus der Betrachtung der Prinzipien als Optimierungsmandat herleiten lassen in Verbindung mit den faktischen und juristischen Möglichkeiten[418] und 3) ein System von *prima facie* Vorrängen, bei dem die festgelegte Priorität eines Prinzips über ein anderes in der Zukunft zurückgehen kann. Wer jedoch die Änderung anstrebt, übernimmt die Verantwortung der Beweislast.[419]

Dieses Rechtsmodel ermöglicht es nicht, in jedem Fall immer zu einer einzigen richtigen Antwort zu gelangen, dennoch sollen die jeweiligen Teilnehmer eines juristischen Diskurses den Anspruch darauf erheben, dass ihre Antwort die einzig richtige ist. Das bedeutet, dass sie die einzig richtige Antwort als regulierende Idee anstreben sollten müssen, was nicht voraussetzt, dass für jeden Fall eine einzig richtige Antwort existiert. Es kann aber angenommen werden, dass in einigen Fällen eine einzig richtige Antwort gegeben werden kann und dass es sich der Versuch lohnt, die einzig richtige Antwort zu finden.

III. Kritische Analyse zu Alexys Argumentationstheorie

Seit ihrer Entwicklung sieht sich Alexys Argumentationstheorie ebenso mit genereller Kritik wie mit spezifischen Einwänden konfrontiert. Einige dieser Einwände beziehen sich auf den allgemeinen praktischen Diskurs als Grundlage der Theorie, andere wiederum versuchen, die Schwächen ihrer Konstruktion des juristischen Diskurses aufzuzeigen, das heißt ihrer Konstruktion als Teil des generellen praktischen Diskurses. Die hervorgerufene Debatte hat dazu geführt, dass Alexy selbst einige Aspekte revidiert und verbessert hat, häufig durch

---

418 Mit Bezug auf die faktischen Möglichkeiten können zwei Regeln formuliert werden, die das Prinzip des Pareto-Optimums ausdrücken. Die Erste besteht darin, dass eine Maßnahme M hinsichtlich P_1 und P_2 verboten ist, wenn sie nicht wirksam ist, das Prinzip P_1 zu beschützen, aber wirksam für die Untergrabung vom Prinzip P^2 ist; die Zweite besteht darin, dass eine Maßnahme M hinsichtlich P_1 und P_2 verboten ist, wenn eine Alternative M besteht, die P_1 beschützt, wenigstens so gut wie M, die P_2 jedoch weniger untergräbt. Und bezüglich der juristischen Möglichkeiten entspricht die Verpflichtung zur Optimierung dem Verhältnismäßigkeitsprinzip, welches sich in diesem Gesetz der Abwägung ausdrückt: Je größer der Grad der Nichteinhaltung oder der Verletzung eines Prinzips ist, desto größer muss die Wichtigkeit sein, das andere einzuhalten. ALEXY, *Sistema jurídico, principios jurídicos y razón práctica*, S. 147.

419 ATIENZA, *Las razones del derecho*, S. 176.

Erwiderungen auf die empfangenen Einwände. Im Folgenden sollen einige der Hauptkritikpunkte gegenüber der Theorie der juristischen Argumentation analysiert werden.

1. Gültigkeit des diskursiven Vorgehens

Ota Weinberger nimmt eine Rationalitätsauffassung an, die sich von der Alexys unterscheidet. Für ihn ist die Rationalität das Problem der triftigen Gründe, für Alexy ist sie das Problem der Diskursform. Für Weinberger gelten gültige Argumente der Logik, Erfahrung und kritischer Analyse als Begründung; für Alexy die Ergebnisse des Diskurses. Die Ergebnisse eines Diskurses, der durch Regeln geleitet wird, stellen für ihn die Wahrheit und Verbesserung dar, für Weinberger nur Meinungen. Daher wendet er gegen Habermas und Alexy ein, dass das diskursive Vorgehen nicht das Kriterium der Wahrheit oder der Richtigkeit der Aussagen darstellt. Seiner Meinung nach spielt der Diskurs eine wichtige Rolle im Kontext der Aufdeckung, aber im Kontext der Rechtfertigung sind es die triftigen Gründe, die zählen.[420] Alexy legt dar, dass sein Konzept der Rationalität nicht anders ist als das Weinbergers, sondern vollständiger, und dass die Diskurstheorie beabsichtigt, die rationale Argumentation, soweit diese möglich ist, durchführbar zu machen, auch speziell im wertenden Bereich.

Die radikale Zurückweisung der verfahrensmäßigen Konzeption der Rationalität, die von Weinberger hervorgebracht wird, zum Beispiel, dass diese die Erfahrung und die Analyse durch einen einfachen Konsens ersetzt, wird allgemein akzeptiert. Außerdem scheint die übereinstimmende Konzeption in Wirklichkeit eigentlich sehr viel mehr Schwierigkeiten in Verbindung mit dem theoretischen Diskurs zu zeigen als mit dem praktischen, auf den Alexy seine Analyse beschränkt.[421] Alexy antwortet, dass das tatsächliche Kriterium der Richtigkeit nicht der Konsens sei, sondern die Erfüllung des Verfahrens.[422] Aber damit ist das Grundproblem vielleicht nicht vollständig gelöst, nämlich die Rolle, die der Konsens in der Rechtfertigung der praktischen Entscheidungen spielt. Man kann Alexy recht geben, dass es möglich ist, das Verfahren zu respektieren und trotzdem nicht zu einem Konsens zu kommen. Aber, wie Atienza hinzufügt, wenn dem nicht so ist, fügt der Konsens dann – im Sinne der

420 Weinberger, *Logische Analyse als Basis der juristischen Argumentation*, S. 189.
421 Weinberger, *Logische Analyse als Basis der juristischen Argumentation*, S. 190.
422 Alexy, *Problems of Discourse Theory*, S. 60.

Rechtfertigung – nichts an die Tatsache an, dass in Relation mit einer bestimmten praktischen Frage die Regeln des Verfahrens zu respektieren sind?[423]

Ein zweites Problem ergibt sich daraus, dass die Diskurstheorie eine gewisse Rechtsfähigkeit und Vorstellungskraft aufseiten der Beteiligten voraussetzt, das heißt, dass diejenigen, die am Verfahren teilnehmen, in der Lage sein müssen, die guten Gründe von den schlechten zu unterscheiden. Alexy erläutert, dass dies nicht bedeute, dass das Verfahren eine ausreichende Vorstellungskraft und Rechtsfähigkeit des Einzelnen erfordere, sondern dass eine Balance bestehen sollte zwischen der Verfassung eines demokratisch-konstitutionellen Staates und der Fähigkeit seiner Bürger, sich politisch, wirtschaftlich und in sozialen Aktivitäten zu betätigen. Eine Kritik an der Demokratie besteht darin, dass ein demokratischer Staat, nur weil er ein solcher ist, nicht als gerechter Staat angesehen werden kann. Wenn man dies auf den Bereich des Diskurses überträgt, könnte man sagen, dass die Voraussetzung, auf die sich Alexy bezieht, wenn man sie als eine empirische Aussage interpretiert, ohne Zweifel falsch ist bzw. außerdem eher die Funktion erfüllt, zu verhüllen, dass ein rationaler Diskurs nicht immer möglich ist.[424]

2. Die Rolle der Kommunikation

Tugendhat richtet seine Kritik ebenfalls gegen Habermas und Alexy, und zwar insofern, als die Begründung der praktischen Aussagen im Wesentlichen keinen kommunikativen Prozess beinhaltet. Diese Kritik wird mit dem Einwand in Verbindung gebracht, nicht den Willensaspekt des realen Diskurses zu berücksichtigen, der Moral fordert und sich auf eine Unterscheidung zwischen semantischen und pragmatischen Regeln stützt, die weder Habermas noch Alexy berücksichtigt hatte. Tugendhat schlägt vor, diejenigen Regeln semantische Regeln zu nennen, die den Gebrauch einer Rede festlegen, wobei es gleichgültig ist, ob sie kommunikativ genutzt werden oder nicht, und diejenigen pragmatische Regeln zu nennen, die man in einer Kommunikation über die semantischen hinaus befolgen muss.[425]

Das bedeutet im Zusammenhang mit den fundamentalen Regeln Alexys, dass die Regel, dass kein Sprecher sich widersprechen kann, eine semantische Regel ist, weil sie sowohl für den Monolog als auch für den Dialog gilt, während

---

423 Atienza, *Las razones del derecho*, S. 178.

424 Alexy, *Theorie der juristischen Argumentation*, S. 399.

425 Tugendhat, *Tres lecciones sobre problemas de la ética*, S. 139. Tugendhat, *Zur Entwicklung von moralischen Begründungsstrukturen in modernen Recht*, S. 6 ff.

hingegen die Regel, die festsetzt, dass verschiedene Sprecher nicht denselben Ausdruck mit verschiedenen Bedeutungen benutzen dürfen, eine pragmatische Regel ist, da sie sich auf verschiedene Sprecher bezieht und ein Problem betrifft, das nur zwischen verschiedenen Sprechern existieren kann. Wenn sich nun der Ausdruck *Diskurs* für den kommunikativen Dialog unter anderen noch immer hält, bleibt noch zu sagen, dass die Regeln für die Begründung von Darlegungen nicht diskursiv sind; es sind keine pragmatischen Regeln, sondern semantische.

Tugendhat übernimmt die universalistische Konzeption der Moral, nämlich dass für ihn eine Moralnorm begründet ist, wenn sie für alle gleich gut ist.[426] Wenn eine Norm für alle gut ist, ist sie etwas, das jeder für sich selbst beurteilen kann, indem er eben semantische Regeln anwendet. Die pragmatischen Regeln erfüllen an dieser Stelle nur die Funktion, sicherzustellen, dass der Prozess der Begründung von jedem Hindernis befreit ist. Dieses Urteil nutzt als Kriterium den Konsens der Betroffenen. Aber hier handelt es sich nicht um einen Konsens, der die Interessen jedes Einzelnen berücksichtigt, daher handelt es sich nur um einen faktischen Konsens. Eine der Regeln, die aus dem Prozess der moralischen Begründung resultiert, schreibt vor, dass jene juristischen Normen nur moralisch fundiert sind, welche eingeführt wurden auf Basis einer Vereinbarung aller beteiligten Seiten. Daraus lässt sich auch schlussfolgern, dass der kompromisslos kommunikative Aspekt nicht kognitiv, sondern volitiv ist. Was die effektive Handlung des kollektiven Konsenses fordert, ist der Respekt der Autonomie des Willens der Beteiligten. Es wird gewünscht, dass die Vereinbarung rational sei, auf Argumente gestützt und nach Möglichkeit auf die moralischen Argumente, und trotzdem ist das endgültige eine ausschließlich faktische Einigung.[427]

Das Problem, um das es sich hier handelt, ist kein Problem der Begründung, sondern es ist ein Problem der Beteiligung an der Macht. Habermas und Alexy haben den volitiven Faktor vernachlässigt und damit auch das Problem der Macht. Habermas erwidert, dass für Tugendhat die Argumentation nicht die Unvoreingenommenheit des Urteils ermögliche, sondern die Tatsache, dass die Willensbildung nicht beeinflusst werde, was heiße, dass sie autonom sei. Auf diese Weise lässt sich die Idee der Unvoreingenommenheit nicht erklären, von der Tugendhat ausgeht, da dieselbe nicht auf ein Gleichgewicht der Mächte reduziert werden kann. Im praktischen Diskurs versuchen die Betroffenen ein gemeinsames Interesse klarzustellen, während sie beim Verhandeln einer Vereinbarung versuchen, einzelne und sich gegenüberstehende Interessen

426 Tugendhat, *Tres lecciones sobre problemas de la ética*, S. 129.
427 Atienza, *Las razones del derecho*, S. 181.

auszugleichen.[428] Beim Gleichsetzen der Argumentation mit den Prozessen der Willensbildung muss Tugendhat einen Preis zahlen: Er kann den Unterschied zwischen Gültigkeit und sozialer Geltung der Normen nicht beibehalten. Und indem er dies darlegt, zerstört er die Basis auf der sein Versuch, zwischen gerechtfertigten und ungerechtfertigten Normen zu unterscheiden, begründet ist.[429] Die Versuche, der Gültigkeit der Normen ihren kognitiven Sinn abzusprechen und hartnäckig auf der Notwendigkeit ihrer Rechtfertigung zu bestehen, sind widersprüchlich. Und das Problem kann nur überwunden werden, wenn anstatt nach einer semantischen Erklärung der Bedeutung zu suchen, ausgedrückt wird, was gesagt werden soll, mit einer Aussage für alle, mithilfe einer Norm der Argumentation für den praktischen Diskurs.

Es ist sehr wahrscheinlich, dass zwischen der Konzeption von Habermas und der Tugendhats keine frontale Gegenüberstellung besteht, sondern dass man davon ausgehen kann, dass letzterer versucht, die Spannung hervorzuheben, die sich zwischen Willen und Vernunft im Inneren des rationalen Willens Habermas' ergibt. Habermas schließt die Angabe der Pluralität des individuellen Willens der Einzelnen nicht als irrelevant aus, die er im selben Diskurs voraussetzt. Aber, im Unterschied zu Tugendhat, wehrt er sich, indem er urteilt, dass die Rationalität des diskursiv geformten Willens geprüft werden muss, um die Individuen bezüglich letztgültiger Wertvorstellungen zur Übereinstimmung zu bringen, um eine ethische Gesetzgebung von universeller Bedeutung zu erreichen.

Alexy übernimmt die Argumente von Habermas, um auf Tugendhat zu antworten. Seiner Meinung nach gibt es zwei Aspekte, die die Schlussfolgerung erlauben, dass die Handlung des Begründens eine notwendigerweise kommunikative Struktur hat. Der erste besteht darin, dass die richtige Lösung eines moralischen Problems im Allgemeinen in der Lösung eines Interessenkonflikts besteht und die Argumentation eine essentielle Rolle in der Interpretation der Interessen spielt und in den Änderungen, um zu einem gerechten Gleichgewicht zu gelangen. Der zweite besteht darin, dass es den Betroffenen überlassen werden soll, wie man die Interessen interpretieren, abwägen und abändern soll, da im gegenteiligen Fall das Prinzip der Autonomie nicht gewahrt würde.[430]

Insgesamt sind die Unterschiede zwischen Tugendhat und Alexy nicht so gravierend, wie sie auf den ersten Blick erscheinen könnten. Es bleibt sogar zu überdenken, ob überhaupt irgendein Unterschied zwischen ihnen besteht, angesichts

---

428 Habermas, *Diskursethik – Notizen zu einem Begründungsprogramm*, S. 78.
429 Habermas, *Diskursethik – Notizen zu einem Begründungsprogramm*, S. 79.
430 Alexy, *Theorie der juristischen Argumentation*, S. 404 f.

dessen, dass Alexy erkennt, dass das Vorgehen des Diskurses sich zum Großteil nicht in der Praxis realisieren lässt, sondern dass derjenige, der überlegt, ob eine konkrete Norm korrekt ist, das Vorgehen mental realisieren muss. Ein in dieser hypothetischen Form ausgeführter Dialog ist einem Monolog am ähnlichsten.

3. Anwendbarkeit der Theorie

Nicht alle Kritik, die sich gegen Alexy richtet, bezieht sich auf die Frage, ob die Gültigkeit des diskursiven Vorgehens, die Kommunikation, die Regeln des Diskurses oder aber die Idee der praktischen Rationalität auf eine bestimmte Weise verwirklicht werden oder auf eine ganz andere entwickelt werden. Neben jenen Kritikern Alexys, die trotz ihrer Einwände in manchen wesentlichen Themenbereichen größtenteils mit Alexy einer Meinung sind (interne Kritiker), gibt es andere, strengere Kritiker, die die Gesamtheit Alexys Auffassung anzweifeln, die bezweifeln, dass sich die Argumentation und die Kommunikation zwischen Menschen untereinander so entwickelt, wie es Alexy angibt. Kurz gesagt streiten sie die Nützlichkeit und die Anwendbarkeit der Theorie der juristischen Argumentation ab. Einer der vielleicht stärksten Kritiker, der seine Ansichten diesbezüglich wiederholt zum Ausdruck gebracht hat, ist Haba.

Haba meint, dass die an sich kreative Zeit der Allgemeinen Rechtsphilosophie und Rechtstheorie gegen Mitte der Siebzigerjahre endete. Danach habe es gewiss interessante Arbeiten gegeben, die Erläuterungen oder Beweise von Details zu Bekanntem hinzugefügt hätten, so wie die Arbeit über die Theorie der juristischen Argumentation von Alexy, die ein hervorragendes Werk wäre, wenn es auf die von Habermas übernommenen Vorstellungen verzichten würde. Haba weist darauf hin, dass dieses Werk, genau wie das von Schreckenberger über die Rhetorische Semiotik, gewiss interessante Ergänzungen beiträgt zu dem, was man im Wesentlichen durch Viehweg und vor alle durch Perelman wusste. Das Problem solcher Ideen liegt laut Haba darin, dass sie sich zu sehr von der eigentlichen Mentalität der Rechtsbeteiligten entfernen.[431]

Haba behauptet, dass die vielen in letzten Jahren veröffentlichten Studien über juristische „Argumentation" oder über das „Rationale" oder das „Vernünftige"[432] im Recht sich vom praktischen Standpunkt aus gesehen als unbedeutend darstellen. Dennoch muss eine solche Feststellung nicht gleich absolute Irrelevanz

---

431 Haba, *Razones para no creer en la actual teoría (ilusionista) de la argumentación*, S. 326 f.

432 Haba, *Razones para no creer en la actual teoría (ilusionista) de la argumentación*, S. 328 f.

meinen, da sich eine Studie auch allein durch ihre kognitive Bedeutung rechtfertigen kann.

Haba sagt, dass diese sorgfältigen Modelle der argumentativen „Rationalität" jedoch sehr weit von den mentalen Gewohnheiten der realen Protagonisten der realen juristischen Aktivitäten entfernt seien. Und so kommt es laut Haba dazu, dass das, was ein Autor wie Alexy bietet, von so hohem theoretischen Niveau, so sorgfältig und genau analysiert, paradoxerweise noch weiter als überhaupt möglich von der juristischen Realität entfernt liege, von der Form, in der ein Jurist heutzutage denke. Den Arbeiten von Alexy mangelt es Habas Ansicht nach an der praktischen Komponente, die sich bei Autoren wie Rüthers, Scheuerle und Lautmann findet.[433]

Die Kritik von Haba kann sich wie folgt zusammenfassen lassen: Alexy und generell die, die Haba als „Standardtheorien der Argumentation" bezeichnet, lenken den Mittelpunkt der Aufmerksamkeit von der realen juristischen Argumentation ab, indem sie ein Modell konstruieren, welches nicht der realen Argumentation im Recht entspricht, nicht dem, was in der juristischen Praxis passiert. Alexy gerate somit in petitiones principii, essentialistische Terminologie und unbestimmte juristische Konzepte, als würden sie ohne jegliche analytische Vorsicht auf einen einzigen identifizierbaren Sinn verweisen. Letzten Endes ist Alexys Argumentationstheorie für Haba kein Modell juristischer Argumentation. Es zielt nicht darauf ab zu beweisen, ob reale Argumentationen von dem Modell abweichen oder nicht, sondern idealisiere die Realität.[434]

Auf die Kritik Habas kann erwidert werden, dass dieser nicht zwischen den Ebenen des Entdeckungs- und Rechtfertigungskontextes unterscheidet. Auch

433 Haba, *Razones para no creer en la actual teoría (ilusionista) de la argumentación*, S. 334 f.

434 Haba unterscheidet vier Modelle der Annäherung an soziale Fragen, die sich auf das Ideal berufen: A) Das Modell vom *valorativen Ideal*: dabei handelt es sich um einen Plan, eine Absicht, deren Realisierung als wünschenswert bezeichnet wird und auch ziemlich durchführbar erscheint, mit der Aussicht diese oder jene Aspekte der aktuellen Realität zu korrigieren. B) Das Model des *„Idealtypus"*: Dabei handelt es sich vor allem um ein heuristisches Mittel, um in Übereinstimmung mit bestimmten Kriterien der Selektivität eine gewisse Ordnung für diese oder jene Bedeutungen von Wissen herzustellen. C) Modell vom *promedialen Typ*: im Gegensatz zum vorher genannten Modell beansprucht dieses zu überprüfen, wie die Dinge für gewöhnlich in der Realität selbst passieren. D) Das Modell der *Idealisierung*, welches gewisse soziale Realitäten verbirgt: Dieses stellt sich so dar, als wäre es nicht mehr und nicht weniger als die Beschreibung tatsächlich gegebener Realitäten, während Tatsache ist, dass die akademischen Diskurse, die sich darauf konzentrieren, solche Idealisierungen zu

wenn Haba dahin gehend recht behält, dass zum Beispiel im Kopf des Richters nicht die Rationalität oder die Modelle eine bedeutende Rolle spielen, sondern die Interessen, Ängste oder Wünsche, jedoch sind, was das Recht betrifft, es nicht so sehr die Motive, sondern vielmehr die Rechtfertigung, die man der Rechtsgemeinschaft darbietet, sodass dies das Einzige ist, was analysiert werden kann. Für die Richter gilt die Verpflichtung, ihr Urteil zu begründen, denn in unseren politisch-juristischen Systemen reicht ein Urteil, das eine simple Ausübung von Autorität darstellt, nicht aus. Von den Richtern wird verlangt, dass sie Gründe liefern, rechtmäßige Gründe, die sie den Parteien, den Spezialisten und jedem, der sie zu prüfen wünscht, vorlegen können müssen.

Können sich die Motive von den präsentierten Gründen unterscheiden? Das kann gewiss passieren, nichtsdestotrotz wird das beurteilt, was erkannt werden kann. García Amado, ein weiterer Kritiker von Alexys Argumentationstheorie, erkennt die Unterscheidung beider Kontexte und erwidert Haba mit der folgenden Analogie:

> „Wenn ich einen Freund zum Abendessen zu mir nach Hause einlade, möchte ich nicht, dass er in Bermudas und Tanktop kommt, sondern ordentlich und angemessen gekleidet. Vielleicht erscheint er sehr gut gekleidet und regt sich innerlich über mich und über das Essen, das ich ihm vorsetze, auf. Aber das, was er in seinem tiefsten Innern denkt und fühlt, weiß ich nicht und folglich kann es gar nicht von Bedeutung für mich sein. Kommt er jedoch schmutzig, so sehe ich ihn, ertrage ihn und nehme sein Auftreten als rücksichtslos und respektlos wahr. Ich kann nur darüber urteilen, was ich feststelle und nur vermuten, was versteckt bleibt, was zu Melancholie und Verfolgungswahn führt. Ich veranschlage also perfekte Höflichkeitsregeln oder ein rein theoretisches Modell vom eingeladenen Tischgast? Ja, aber ohne sie könnte ich niemanden kritisieren, der nackt, betrunken oder aggressiv zu Besuch kommt.“ [435]

Man ist sich darüber einig, dass es der Theorie der juristischen Argumentation an einer Komponente zur Analyse der wahren praktischen Erfahrung der Rechtsteilnehmer fehlt – ein Thema, welches in einem anderen Kapitel angesprochen wird. Trotzdem besteht kein Zweifel, dass das ideale Modell, welches die Argumentationstheorie vorschlägt, dadurch nicht weniger wertvoll ist oder sogar praktischer Relevanz entbehrt. Jedes Mal, wenn eine Kritik erarbeitet wird, wird direkt oder indirekt ein ideales Modell angenommen; es wird eine

---

erklären, sich wenig oder gar nicht darum kümmern, wie die Argumentationen *in der Praxis* gebraucht werden. Haba, *Razones para no creer en la actual teoría (ilusionista) de la argumentación*, S. 352 f.

435 García Amado, *¿Es realista la teoría de la argumentación jurídica? Acotaciones breves a un debate intenso*, S. 445.

Tatsache oder ein Vorgehen vorausgesetzt und kritisiert, da es sich von dem entfernt, was für besser oder wünschenswerter gehalten wird. Wenn ein Richter wegen einer falschen Schlussfolgerung kritisiert wird, wird ein korrektes Modell für Schlussfolgerungen vorausgesetzt, ein Spiel, das den Regeln der deduktiven Logik geschuldet ist. Wenn dem Richter das Vorhandensein irgendeiner Art von Täuschung in seiner Argumentation vorgeworfen wird, so bezieht man sich auf ein bestehendes korrektes Argumentationsmodell, das frei von Täuschungen ist. Es ist ein ideales Modell, unerreichbar in seiner Vollkommenheit; dennoch kann man nicht darauf verzichten, es vorauszusetzen, wenn man nicht jeglicher Art von Kritik entsagen will. Wenn kein Ideal von Rationalität vorausgesetzt werden würde, könnte man die Umsetzung der Handlungen nicht verstehen und vor allem wäre man nicht in der Lage, sie zu kritisieren.

4. Teil: Grundlagen einer Theorie der juristischen Begründung

In einer interessanten Passage in „Der Name der Rose" wird das Folgende über die die Tätigkeit und das Verhalten von Richtern erwähnt:

> »Aber ich habe ihn auch nicht mit offenen Worten behauptet. Ich habe ihn nicht geleugnet, das ist wahr. Wer bin ich denn, daß ich mir Urteile über das Wirken des Bösen erlauben dürfte? Zumal in Fällen« — und auf diesem Gedanken schien William insistieren zu wollen – »in denen jene, die das Inquisitionsverfahren eröffnet haben, der Bischof, die Richter der Stadt und das ganze Volk, vielleicht sogar die Beschuldigten selbst den Nachweis einer Präsenz des Bösen offenbar sehnlichst wünschen? Vielleicht ist das überhaupt der einzige wahre Beweis für das Wirken des Teufels: die Intensität, mit welcher alle Beteiligten in einem bestimmten Augenblick danach verlangen, ihn am Werk zu sehen. . .«
> »Ihr wollt also sagen«, fragte der Abt ein wenig beunruhigt, »daß in vielen Prozessen der Teufel nicht nur im Schuldigen sein Unwesen treibe, sondern womöglich auch und vor allem in den Richtern?«.[436]

Welcher Prozess ist es, der einen Richter dazu bringt, eine Entscheidung zu treffen? Was bringt ihn dazu, zu einer Interpretation eines Gesetzes zu neigen und eine andere zurückzuweisen? Welche Rolle spielen die außergerichtlichen oder irrationalen Elemente bei der Lösung der Fälle?

Die Pflicht, die Urteile zu begründen, ist im aktuellen Prozessrecht unumgänglich. Eine Entscheidung zu begründen oder zu rechtfertigen bedeutet, die Gründe darzulegen, die dazu geführt haben, dass man auf die eine oder die andere Weise entscheidet. Deshalb gestaltet sich die Begründung der Urteile heutzutage als eine Notwendigkeit, als ein Instrument ersten Ranges und als essentiell für jede Analyse eines modernen Prozesses. Die Begründung sollte wie eine Darstellung verstanden werden, die der Richter den Parteien als eine Lösung für die Kontroverse anbieten soll, allerdings ohne außer Acht zu lassen, dass es eine rationale Lösung sein muss, die in der Lage ist, auf die logischen Anforderungen und auf den menschlichen Verstand einzugehen. Die Absicht sollte sein, die juristische Vernunft, aufgrund derer der Richter eine bestimmte Entscheidung fasst, aufzuzeigen, indem er den Inhalt jedes einzelnen Beweises analysiert.

---

436 Eco, *Der Name der Rose*, S. 46 f.

Obwohl die Themen der Argumentation und der Begründung äußerst umfassend sind, werden hier nur drei Themen behandelt, die für diese Untersuchung von fundamentaler Wichtigkeit sind: 1) die Entwicklung der juristischen Begründung, 2) die Funktionen der juristischen Begründung und 3) die juristische Begründung und deren Bezug auf eine vereinheitlichte Theorie der juristischen Argumentation.

Kapitel 1: Die Entwicklung der juristischen Begründung

Seit dem XII. Jahrhundert und besonders während des XIII. und XIV. Jahrhunderts fand in Europa eine Reihe von Ereignissen statt, die die Form, Recht zu sprechen, radikal veränderte. Die hochmittelalterlichen Beweisverfahren wurden zunehmend durch ein System ersetzt, das auf eine glaubwürdige Wiederherstellung der Tatsachen abzielte. Die Tätigkeit des Urteilens wurde von den Inhabern der politischen Macht gefordert und ihre Einrichtung neigte dazu, zentral zu werden, was wiederum zur Professionalisierung des Richterberufs führte. Diese Veränderungen fielen mit den Anfängen der Begründung von juristischen Entscheidungen als juristisches Problem zusammen.

Die Wiederentdeckung eines Systems von rationalen Beweisen ist folglich ein Element, das den Anfang der Modernisierung im Bereich der Justiz kennzeichnet und die Möglichkeit zu fundierten Urteilen eröffnet.[437] Trotzdem blieb die Möglichkeit, die durch diese modernisierende Veränderung eröffnet wurde, eingeschränkt durch die Entwicklung des juristischen Prozesses und besonders durch die Beweisdisziplin, ebenso wie durch die Meinung der Juristen, die abstritten, dass die Äußerung der Entscheidungsgründe eine juristische Forderung darstellen würde.

Der erste Faktor, der dazu beigetragen hat, die Willkür der Urteilsbegründung zu verringern, war der Wandel, den das römisch-kanonische Prozessmodell mit der Entwicklung eines gesetzlichen Beweissystems erfuhr, welches die freie Bewertung von Beweisen durch eine Gebundenheit an eine vorher festgelegte Quantifizierung des Beweiswertes der verschiedenen zulässigen Medien ersetzte.[438] Dieses Prozessmodell war in erster Linie entworfen worden, um die Willkür des Richters zu begrenzen. Es verlor seine Bedeutung, weil das Erlangen eines vollen Beweises schwierig war und weil der Rekurs zur Folter notwendig wurde, um ein Geständnis zu erhalten. Durch die Regeln des gesetzlichen Beweises wurden jegliche Überlegungen des Richters zur Einschätzung des Beweises überflüssig. Stattdessen beschränkten sie seine Funktion auf die bloße

---

437 Foucault, *La verdad y las formas jurídicas*, S. 87 f. Campos Zamora, *Pensar el castigo. Evolución de las formas penales en Michel Foucault*, S. 625.

438 Salvioli, *Storia della Procedura civile e criminale*, S. 465 f.

Bestätigung des Gottesurteils und wiesen ihm damit die Rolle eines einfachen Zeugen zu.[439]

Die Antwort, die die Juristen auf die Frage nach der juristischen Notwendigkeit einer Urteilsbegründung gaben, war trotzdem im XII. Jahrhundert und bis zum Ende des alten Systems vorherrschend negativ. Ausgehend von den Kommentaren der Kirchenrechtler zu den zu der Zeit bekannten Verfügungen, unter dem Titel *De sententia et re iudicata* von Papst Gregorio IX gesammelt, die das römisch-kanonische Vorgehen in Fragen stellten, wurde erwägt, dass die Begründung der Urteile weder generell verpflichtend sei, noch durch das *ius commune* ausgeschlossen war. Stattdessen verwies man den Richter auf die Sachdienlichkeit der Stille, also auf die Sinnhaftigkeit, Urteile nicht zu begründen, da mit der Nennung von Entscheidungsgründen zu jener Zeit für die Urteilsautorität ein hohes Risiko bestand, nämlich dem Einwand, sich auf einen unechten oder falschen Grund zu stützen.[440] Die damaligen Standpunkte zur Rechtsprechung verdeutlichen die Überzeugung, dass die Autorität eines Urteils umso größer sei, je mehr Form eines unmotivierten Diktums sie darstelle.[441]

I. Die juristische Begründung im alten System

Die Veränderungen, die die europäische Justizszene seit dem XII. Jahrhundert erfuhr, betrafen auch die Grundlagen, die die gerichtliche Autorität begründeten, besonders aufgrund der fortschreitenden Forderung nach gerichtlicher Tätigkeit vonseiten der spätmittelalterlichen Monarchien und durch die wachsende Professionalisierung.[442] Die Neuerungen veränderten die Grundlagen, auf die sich bis dahin die Justizverwaltung gestützt hatte, indem sie zur Verschiebung von einem Urteil durch Personen von gleichem Status zu einem Urteil höherer

---

439 Die Ähnlichkeit zwischen dem jenerzeit gültigen gesetzlichen Beweis und einem Gottesurteil ist bemerkenswert. Die Verknüpfung, die der gesetzliche Beweis zwischen Entscheidung und Nachweis der Tatsachen herstellt, ist sichtbar und das Wahrheitskriterium, auf das er verweist, ist nur scheinbar rational und im Grunde genommen so irrational wie dasjenige, das den Gottesurteilen zugrunde liegt. Ferrajoli, *Derecho y razón. Teoría del garantismo penal*, S. 133 f.

440 Massetto, *Sentenza (diritto intermedio)*, S. 1224 f.

441 Taruffo, *L'obbligo di motivazione della sentenza civile tra diritto comune e illuminismo*, S. 284.

442 Eine Synthese des Konstitutionsprozesses der Justiz in der Eigenschaft einer königlichen Macht kann nachgelesen werden in Berman, *Law and Revolution. The formation of the western legal tradition*, S. 67.

Instanz und von einem Rechtsverständnis als überliefertem Gemeinwissen hin zu einem technischen Wissen führten. Diese Veränderungen bildeten ein Richterverständnis aus, dessen Autorität sich auf professionelles Wissen stützt und auf seine Qualität als Repräsentant des Monarchen.

Obwohl die Disziplin der Urteilsbegründung während des alten Systems verschiedene gesetzgebende Praktiken und Strategien zuließ, scheint nach den damalig vorherrschenden Beweggründen ein wesentlicher Aspekt nicht für ungültig erklärbar, der eine Urteilsbegründung *prima facie* unnötig machte: Wenn der Richter ein Vertreter des Monarchen ist, schließt die Widerspiegelung des Monarchen in ihm die Idee aus, dass er öffentlich die Ausübung seiner Autorität rechtfertigen sollte. Die Hoheit des Monarchen verwies an erster Stelle auf dessen Vormachtstellung. Diese Position schloss die Notwendigkeit aus, öffentlich Entscheidungen zu rechtfertigen, die er oder seine Delegaten trafen, denn sie zu begründen hätte bedeutet, „zuzugeben, dass er nicht Inhaber der Souveränität ist“[443]

Kantorowicz zeigt, wie die Aufgabe der Theologen der Monarchie, die erreicht hatten, dem König eine Aura von Göttlichkeit zu verleihen, nach dem Kampf um die Einsetzung von Juristen der Krone fortgesetzt wurde. Die Theologen griffen dabei auf das Bild des Richterkönigs und die Idee der Partizipation des Justizurteils in heiligen Dingen zurück, welches frühmoderne Prozessriten charakterisiert hatte. So geschah es, dass den Juristen einige der alten Eigenschaften der Königswürde übertragen wurden und sie sich an das neue Ideal einer Zentralherrschaft in der wissenschaftlichen Jurisprudenz anpassten.[444]

Jenseits der Macht dieser Vorstellung fand die Verbindung zwischen der Hoheit der Gerichtsentscheidung, der Sakralität und des Geheimnisses Ausdruck in einer Regel, die einen herausragenden Platz in der Disziplin des Richteramts unter der alten Ordnung einnahm: Die Forderung nach Einstimmigkeit in der Entscheidung. Das Urteil des Gerichts sollte immer einstimmig erscheinen, die Beratung sollte geheim sein und die Vielfalt der Stimmen sollte sich nicht nach außen hin manifestieren. Für die Öffentlichkeit sollte nur die Erscheinung der Einstimmigkeit sichtbar werden.[445]

---

443 Gianformaggio, *Modelli di ragionamento giuridico. Modello deduttivo, modello induttivo, modello retorico*, S. 131 f.

444 Kantorowicz, *The King's two Bodies*, S. 87 f.

445 Jacob, *Le jugement de Dieu et la formation de la fonction de juger dans l'histoire européenne*, S. 101 f.

Obwohl die Hoheit des Richteramtes im Prinzip die Notwendigkeit einer Rechtfertigung ausschloss, ließen die Praktiken der Gerichte verschiedene Lösungen für die Frage der Begründung der richterlichen Entscheidungen zu. Bis ins XVI. Jahrhundert herrschte in der Praxis der europäischen königlichen Gerichte die Abwesenheit der Begründung vor und es gab keine legislativen Interventionen der Souveräne, die sich direkt auf die Begründung der richterlichen Entscheidungen bezogen hätten, obwohl das Geheimnis der Beratung der königlichen Gerichte geregelt wurde.[446] Im XVI. Jahrhundert veränderte sich diese Situation in einigen Staaten, in denen sich die Verpflichtung aufdrängte, die jeweiligen Entscheidungen zu motivieren: Dies ist der Fall in einigen italienischen Staaten (Florenz, Siena, Perugia, Bologna, Genua und Lucca) und Königreichen auf der iberischen Halbinsel (Aragón, Katalonien, Valencia, Mallorca und Portugal).[447]

In den Fällen, in denen sich die Forderung nach Begründung etabliert hatte, sowohl in den Staaten, in denen dies im XVI. Jahrhundert geschah, als auch in jenen, in denen dies im XVIII. Jahrhundert geschah, zeichneten sich diese nicht durch einen generellen Charakter aus, sondern waren speziell festgelegte Entscheidungen, sei es durch Bezug auf den Prozess, in dem sie verkündet wurden, oder sei es durch Bezug auf das richterliche Organ, welches sie erließ. Als juristisches Prinzip galt weiterhin, dass die Äußerung der Gründe nicht die Voraussetzung der Gültigkeit der Urteile konstituierte, und es galt das politische Prinzip, dass die Ausübung des Gerichtsamtes keiner Rechtfertigung im Hinblick auf die Öffentlichkeit erforderte. Merkmal hierfür ist die Kontinuität der geheimen Politiken, die sich in der Öffentlichkeitseinschränkung der Urteile ausdrückte.

Das frühe Erscheinen einer Politik in Florenz, die auf die Errichtung der Verbindlichkeit und der Öffentlichkeit der Begründung von zivilrechtlichen Urteilen ausgelegt war, muss in den besonderen Kontext der dort vorherrschenden politischen Situation gestellt werden, die zu jener Zeit durch die akute Krise des Übergangs von der Form der republikanischen Organisation zum Fürstentum gekennzeichnet war.[448] In diesem Rahmen führten die neuen Regeln zu einer gleichzeitigen Substitution (oder Aufhebung) der satzungsgemäß traditionellen Richterämter; ein Versuch zu zeigen, dass sich die neue Institution in das Ideal

---

446 Sauvel, *Histoire du jugement motivé*, S. 17 f.

447 Ascheri, *I grandi Tribunali d'Ancien Régime e la motivazione della sentenza*, S. 112.

448 Taruffo, *L'obbligo di motivazione della sentenza civile tra diritto comune e illuminismo*, S. 265 f.

der kommunalen Traditionen einfügen ließ und eine angemessenere und ausgedehntere Kontrolle über das Wirken der Richter zuließ.

Bei der Betrachtung von legislativen Interventionen in der Zeit vor dem Absolutismus ist es möglich, zwei spezifische Politiken zu unterscheiden: die Politik der Staatskontrolle und der hierarchischen Organisation der Judikatur und die Politik der Zentralisierung der Quellen juristischer Produktion. Mit Bezug auf die erste dieser Politiken, verbunden wie man weiß mit der Entwicklung der Berufung, erscheint die Forderung nach einer Begründung wie ein Mechanismus, der fähig ist, die Kontrolle der Ergebnisse zu erleichtern.[449]

Im Hinblick auf die Politik der Zentralisierung der Quellen der juristischen Produktion, gab es verschiedene Sorten legislativer Interventionen, die in Verbindung mit der Absicht gesehen werden können, jede Aktivität der Produktion und Anwendung des Rechts einheitlich zum Souverän zurückzuführen. Die Entscheidung für eine Strategie des Verbots oder für die Forderung nach einer Begründung der Urteile, hing in diesem Bereich von den individuellen Umständen ab, die in den einzelnen Fällen die Beziehung zwischen dem Souverän und den königlichen Gerichten charakterisierten. Ebenso konnte die Wahrnehmung der Entwicklung eines Justizrechts als Beitrag oder auch als Drohung für das zentralisierende Streben des Souveräns angesehen werden. Nicht nur die zentralisierenden Politiken des Absolutismus beachteten die Verbindung zwischen der Urteilsbegründung und der Entwicklung eines Justizrechts. Diese Verbindung war wahrscheinlich auch entscheidend in der Rechtsentwicklung in England, denn parallel kann auch die Bildung des common law und die fortschreitende Festigung der Doktrin der *stare decisis*,[450] gesehen werden. Die praktische Anwendung eines Systems der verbindenden Präzedenzfälle erweist sich als extrem schwierig ohne die Existenz einer fundierten Begründung, die erlaubt, die Gründe eines jeden Urteils zu identifizieren und der Öffentlichkeit die Hauptmotive aufzuzeigen, wozu der Richter sich verpflichtete.[451]

II. Die juristische Begründung im liberalen Projekt

Die Forderung nach begründeten Urteilen war in Europa bereits vor dem Übergang von absolutistischen Staatsformen zu freien Staaten und vor der Institutionalisierung als generelles Prinzip für die revolutionäre, französische

449 Taruffo, *L'obbligo di motivazione della sentenza civile tra diritto comune e illuminismo*, S. 274.

450 Plucknett, *A concise history of the common law*, S. 342.

451 Schauer, *Giving reasons*, S. 633.

Gesetzgebung bekannt. Was ist also der Beitrag zu dieser Phase der politischen und juristischen Moderne für die institutionelle Gestaltung der Pflicht der Begründung? Dieser Beitrag besteht nicht nur in dem Erfolg ihrer allgemeinen Verbreitung, sondern vor allem in der Umformung ihrer politischen Bedeutung. Die neue Phase spiegelte im Bereich des Zusammenhangs zwischen richterlicher Macht und Bürgern die generelle Verlagerung des Zentrums der Bedeutung der politischen Systeme vom Fürsten zum Volk wider, welches die Französische Revolution, ebenso wie die Nordamerikanische, in den individuellen Rechten förderte.

Die Vertragstheorie schlug ein neues Fundament für die politische Macht vor: keine göttliche Hoheit mehr, nur die Delegation der Nation zum Schutz ihrer Rechte. In der Zeit dieses Übergangs konnte auch das Fundament der Richtergewalt nicht unberührt bleiben; einmal von seiner alten Hoheit getrennt, fand das Richteramt sein einziges Fundament in der strikten Gebundenheit an das Gesetz. Auf diese Weise ging die Erkenntnisnatur des Richterurteils gestärkt hervor und wurde mit Forderungen der Öffentlichkeit verbunden, durch ein festgelegtes Prozessvorgehen und das Wissen des Richters dazu beizutragen, das Geheimnis und die autokratische Konstitution des juristischen Wissens zu ersetzen.

Es ist wichtig anzumerken, dass in der Ausarbeitung dieser Themen, welche die Philosophen und ausgebildete Juristen in ihrer Arbeit verwirklichten, die Forderung nach fundierten Urteilen nur teilweise eine Rolle spielte. Auf der Suche nach einer Erklärung für dieses spärliche Interesse, das auf den ersten Blick widersprüchlich zu der Sorge um die Teilhabe der Öffentlichkeit scheint, kann dieses mit dem Bild des Richterurteils als eine Deduktion der Lösung eines Streits in Verbindung gebracht werden, das auch zu der dargestellten Konzeption des Richteramts gehört.[452]

Die öffentliche Zugänglichkeit des Rechts und das Ablaufen der Gerichtsurteile sicherten die Möglichkeit, die tatsächliche Unterwerfung des Richters unter das Gesetz zu kontrollieren, sodass die Frage nach einer Notwendigkeit der Forderung nach Begründungen der Gerichtsentscheidungen nicht aufkam.

452 Das Bild des Richters als *bouche de la loi* ist das Symbol eines konzeptuellen Rahmens, der die Probleme auslässt, die mit einem Tatsachenurteil verbunden sind, und der eine mechanistische Konzeption der Anwendung des Gesetzes kultiviert. In diesem Rahmen erscheint die vorausgesetzte Einfachheit und Automatik des Urteils unvereinbar mit der subjektiven Willkür desjenigen, der urteilt, und ausreichend, um die objektive Gerechtigkeit einer Entscheidung zu garantieren. TARUFFO, *L'obbligo di motivazione della sentenza civile tra diritto comune e illuminismo*, S. 268.

Es reichte, diesem Verständnis des Gerichtsurteils zufolge, die Vorrangstellung des Gesetzes und die rigorose Unterordnung des Richters unter seinen buchstäblichen Text zu ermöglichen, damit jede Person in der Gerichtsentscheidung die Anwendung einer generellen juristischen Regel in einem konkreten Fall bestätigen konnte.

Die dargelegte Verteidigung der Öffentlichkeit der Prozesshandlungen scheint nicht nur als Absicherung der Möglichkeiten der Verteidigung des Angeklagten gesehen worden zu sein, sondern auch als ein Mechanismus, um die öffentliche Kontrolle über die Handlung des Richters zu sichern.[453] So erschien es auch aus dieser Perspektive nicht notwendig, eine zusätzliche Garantie in der Öffentlichkeit der Urteilsbegründungen zu suchen. Die Notwendigkeit einer verpflichtenden und öffentlichen Begründung der Gerichtsentscheidungen erlangte im Kontext der Französischen Revolution schnell Relevanz und nahm im Laufe weniger Jahre die Position eines generellen Prinzips der Organisation des Richteramts ein. Wie kann diese größere Aufmerksamkeit, die der Urteilsbegründung in der revolutionären Politik- und Rechtskultur entgegengebracht wurde, erklärt werden?

Auf den ersten Blick kann die Urteilsbegründung im Rahmen einer Politik der Institutionalisierung des Legalitätsprinzips verstanden werden, welche als nützliches Werkzeug für die Gestaltung eines Kontrollsystems betrachtet wurde, erscheinend in der Gestalt des Kassationshofes. Statt einer Neuerung in der Bedeutung der Institutionalisierung des Legalitätsprinzips gibt es bis hierher vermehrt Kontinuität des Willens nach Zentralisierung, der sich auch der Forderung nach einer Begründung in der alten Ordnung bediente. Nichtsdestotrotz gibt es eine Neuerung, die durch die neue politische Konnotation dargestellt wird, die mit der revolutionären Ideologie des Legalitätskonzepts entstanden ist und welche an Prinzipien der demokratischen Inspiration gebunden ist. Eben diese Prinzipien sind die neuen Gedanken, welche die Französische Revolution der politischen Bedeutung der Forderung nach Begründung aufprägt.[454]

Das Staatsbürgermodell verlieh der Forderung nach Begründung gerichtlicher Urteile einen neuen Sinn und verweist nicht nur auf die Beziehung zwischen dem Richter und der Öffentlichkeit, sondern auch auf die Beziehung zwischen dem Richter und den Parteien des Prozesses. Einmal die heilige Vorstellung aufgegeben, sollte der Richter beachten und akzeptieren, dass sich ihm gegenüber

---

453 Vigoriti, *La pubblicità delle procedure giudiziarie (Prolegomeni storico-comparativi)*, S. 1423.

454 Poggi, *Lo stato. Natura, sviluppo, prospettive*, S. 83.

Bürger befinden, die das Recht haben, zu verstehen, wie man Recht spricht, und es geschieht vor allem durch die Urteilsbegründung, durch die der Richter die Pflichten bezüglich dieser Rechte erfüllt. Die Forderung nach Begründung wird so für die Parteien des Prozesses zur Garantie, die ihnen erlaubt festzustellen, ob ihre juristische Situation durch den Richter mit Unparteilichkeit und ohne Willkür bewertet worden ist. Wenn das Urteil nichts anderes als die Entscheidung über das Ausgehen eines Streits ist, der mit Vernunft auf der einen und der anderen Seite ausgetragen wurde, sollte die Entscheidung auch rational sein, und das kann sie nicht sein, wenn keine Grundlagen existieren, auf die man sich stützen kann. Falls eine Entscheidung auf Grundlagen basiert, sollten diese auch erscheinen, ebenso sollten Gründe dargestellt werden, welche die Parteien im Verfahren vorgebracht haben und keine Information sollte zurückgehalten werden.

Kapitel 2: Funktionen der juristischen Begründung

Es besteht Einvernehmen darüber, dass heutzutage die Verpflichtung, Gerichtsbeschlüsse zu begründen, ein allgemeines Prinzip der Verfassungsordnung darstellt.[455] Diese Annahme spiegelt zusammengefasst die juristische Relevanz und die politische Bedeutsamkeit wider, die die Garantie, die Gerichtsbeschlüsse zu begründen, als Element der Kontrolle, der Rationalität der Justizverwaltung und der demokratischen Legitimität des Richters erlangt hat.[456]

Zunächst erscheint die Pflicht die Gerichtsentscheidungen zu begründen, wie eine Garantie innerhalb des Prozesses gestaltet, welcher beabsichtigte, die Parteien bezüglich der (Un-)Gerechtigkeit einer beschlossenen Entscheidung zu informieren und über die Reichweite einer Urteilsverkündung bezüglich eines angeführten Rechts oder über einen zum Ausdruck gebrachten Anspruch aufzuklären. Hierdurch wurde den Klägern angezeigt, warum man ihren Verfahrensentwurf akzeptierte oder zurückwies und damit ggf. den Weg für eine Revisionseinlegung (eine intraprozessuale Funktion der Begründung) öffnete.

Mit dem Beginn des demokratischen Konstitutionalismus wurde die Begründung der Staatsbeschlüsse zu einem Teil des Kerns der Garantien eines ordnungsgemäßen Verfahrens, welches darauf abzielt, die Freiheit und die Rechtskraft der Grundrechte gegenüber der Staatsmacht zu bewahren. Es handelt sich dabei um ein juristisch-politisches Prinzip, das die Möglichkeit der Kontrolle einer der wichtigsten Staatsaktivitäten darstellt, nämlich der gerichtlichen Aktivität, welche nicht nur durch die Parteien oder Personen, die in einen Prozess verwickelt sind, geprüft werden kann, sondern auch durch die Gesellschaft und die Bürgerschaft im Allgemeinen (extraprozessuale Funktion der Begründung).[457]

---

455 Taruffo, *La Motivación de la Sentencia Civil*, S. 332.

456 Ferrajoli, *Derecho y Razón. Teoría del Garantismo Penal*, S. 623.

457 In Bezug auf die Tatsachen in den Strafurteilen: Ruiz Miguel, *Derechos Humanos y Comunitarismo. Aproximación a un debate*, S. 114.

I. Intraprozessuale Funktionen

Die intraprozessuale Funktion der Begründung erlaubt eine technische Kontrolle der Gerichtsentscheidung, die sowohl durch die Parteien im Rechtsstreit (private Kontrolle) als auch durch höhere gerichtliche Organe (institutionelle Kontrolle) stattfinden kann. Die Begründung erlaubt die interne Kontrolle der Gerichtsentscheidungen, beispielsweise bei der Verletzung des Gesetzes oder bei Interpretations- oder Subsumtionsfehler, wie schließlich auch bei Entscheidungen jenseits der angeführten Tatsachen, bei Unzulänglichkeiten der Beweise oder bei willkürlicher Bewertung des Beweises.[458] Es handelt sich um eine Dimension, die in den Regelungen, die dem eurokontinentalen Modell folgen, eine den Richterentscheidungen angemessene Kontrolle aufseiten der direkten Kläger des Justizsystems ermöglicht, indem sie zulässt, dass die Entscheidung erhalten bleibt, widerrufen oder aufgelöst wird. Die Kontrolle stellt die traditionelle Funktion der Begründung der Gerichtsbeschlüsse dar und hat im Verlauf der Geschichte eine höhere Behandlung von diesem prozessualen, legalen und dogmatischen Standpunkt aus erfahren, wie sie auch eine ausdrückliche Anerkennung durch die verschiedenen gerichtlichen Organe erhalten hat. Die intraprozessuale Funktion der Begründung äußert sich in zwei Weisen: in der intraprozessualen Funktion, die durch die Parteien ausgeführt wird und in der intraprozessualen Funktion, die durch die höheren Justizorgane realisiert wird.

1. Juristische Begründung in Hinsicht auf die Parteien

Die Begründung der Gerichtsurteile, wie sie die klassische Prozessdoktrin versteht, handelt davon, die Kläger des Prozesses und ihre Verteidigung bezüglich der Richtigkeit und „Gerechtigkeit" der Entscheidung zu überzeugen, und ebenso davon, dass diese im Einvernehmen mit den wesentlichen prozessualen Regeln der Rechtsordnung verfasst werden muss. Der einzige Weg, den die Parteien haben, um zu wissen, ob ihre Argumente und Beweise berücksichtigt wurden, ist es, sich mittels des Gerichtsbeschlusses in Bezug auf die Gründe, die diesen stützen, und mittels der faktischen, beweisenden und juristisch-angenommenen Argumente zu informieren.

Grundsätzlich haben alle Kläger des Prozesses das Recht zu wissen, welche die Gründe sind, die den Richter dazu veranlasst haben, eine bestimmte Entscheidung zu treffen und den Fall als beendet zu erklären. Das Prinzip der Prozessgleichheit führt als Recht der Parteien dazu, dass diese nicht nur über die

---

458 Ferrajoli, *Derecho y Razón. Teoría del Garantismo Penal*, S. 623.

Entscheidung informiert sein können, mit der der Fall sich klärt, sondern auch über die Gründe, auf die sie sich stützt. Trotzdem erhält dieses Recht, das die Parteien, die auftreten und sich zum Prozess einfinden eine spezielle Intensität in dem Fall, in dem einer der Kläger keine Anerkennung für seine Forderung erhält.[459] Hier wird auf das Recht angespielt, das die Verliererpartei oder die Partei hat, welche sich in ihren Interessen und ihrer juristischen Position durch die Urteilsverkündung geschädigt sieht, zu erfahren, warum ihr kein Recht zugesprochen wurde und warum der Richter ihre normativen Erwartungen auf der Basis der Rechtsordnung nicht erfüllt hat. Dieser Partei wird das Recht eingeräumt, speziell bezüglich der Frage, warum ihre Forderung nicht aufgenommen wird, informiert zu werden.

2. Juristische Begründung in Bezug auf die höheren Gerichte

Einer der Hauptvorteile der Einführung der Pflicht, Rechtsbeschlüsse zu begründen, ist, dass es die interne Kontrolle der juristischen Argumentation aufseiten des Einspruchs- oder Revisionsgerichts vereinfacht,[460] welches die Gründe kennen kann, auf die sich das Urteil der inneren Instanz stützt und auf dieser Basis, die besagte Entscheidung entweder bestätigen oder sie für unzulänglich erklären, für widersprüchlich oder dafür, nicht auf die durch die Parteien aufgeworfenen Fragen zu antworten. Die Begründung der Gerichtsbeschlüsse ermöglicht, dass der Oberrichter die Fehler, die während der Begründung der Entscheidung begangen worden sind, analysieren kann. Damit wird versucht, eine höhere Stufe der Gerechtigkeit, Sicherheit und Berechenbarkeit der Gerichtsurteile zu erreichen, indem zumindest eine doppelte Analyse der juristischen Entscheidungen ermöglicht wird; ein Vorgehen, das die Verbesserung und Perfektion der Gerechtigkeitsverwaltung anstrebt.[461]

Im Zusammenhang mit dieser Pflicht, Gerichtsurteile zu begründen, lässt sich erkennen, dass die Begründung der Gerichtsurteile auch die Aufgabe der Rationalisierung des Systems übernimmt, und zwar in dem Maß, wie sie ermöglicht, dass die höheren Organe die ausgesprochenen Urteile durch die Organe der ersten Instanz auf angemessene Weise prüfen, wobei sie die Konformität in der Anwendung des Rechts kontrollieren. Diese Kontrolle erscheint immer *ex post,* das heißt, nachdem ein entsprechendes Gerichtsurteil gefällt worden ist

---

459 MacCormick, *Retórica y Estado de Derecho*; S. 18

460 Bergholtz, *Ratio et Autorictas: Algunas reflexiones sobre la significación de las decisiones razonadas*, S. 77.

461 Aliste Santos, *La motivación de las resoluciones judiciales*, S. 157.

und nachdem die Mittel des Einwands von den Parteien, die sich durch das Urteil geschädigt sehen, genutzt worden sind. Die institutionelle Kontrolle strebt danach, die Integrität in der Ausübung der Rechtsprechung zu bewahren, indem verhindert wird, dass es zu Gerichtsirrtümern und einer fehlerhaften Anwendung des Rechts kommt, wenn das Urteil nicht einer hierarchischen Kontrolle unterzogen wird, die an die Pluralität der Instanzen gebunden ist.

II. Extraprozessuale Funktionen

Diese Funktion entfaltet ihre Wirksamkeit nach außen und berücksichtigt die Auswirkungen, die die Gerichtsentscheidungen innerhalb der Gesellschaft haben,[462] indem sie eine integrative Rolle der Legitimation der demokratischen Rechtsprechung ausübt.

1. Demokratische Grundlage der juristischen Begründung

Die Pflicht, Gerichtsurteile zu begründen, erfüllt bei der Lösung von Kontroversen[463] durch die Bereitstellung von angemessenen Gründen eine Rolle auf der Gesellschaftsebene, indem sie Grundsätze festlegt, wie sich ähnliche Fälle auf vermeintlich objektive Weise lösen lassen. Der demokratischen Grundlage der Begründung wohnt der Respekt des allgemeinen Willens inne,[464] eine Situation, die mit dem Absolutismus und den autokratischen Ordnungen in Kontrast tritt, die aus der nicht vorhandenen Begründung eine „Prestigeregel" machten.[465] Die Begründung ist das vom Gesetz im Voraus festgelegte Instrument für die Kontrolle einer Macht, deren Inhaber das Volk ist.[466] Die Demokratie soll nicht nur einen Wechsel im politischen Umgang bedeuten, sondern Herrschaft des Volkes und Respekt gegenüber dem allgemeinen Interesse, weshalb die Entscheidungen der Autoritäten, die die staatliche Macht ausüben –vor allem die gerichtlichen– den allgemeinen Willen, der im Gesetz ausgedrückt wird, respektieren und widerspiegeln sollten.[467]

---

462 Gascón Abellán, *Los hechos en el derecho. Bases argumentales de la prueba*, S. 178.

463 Bergholtz, *Ratio et Autorictas: Algunas reflexiones sobre la significación de las decisiones razonadas*, S. 81.

464 Aliste Santos, *La motivación de las resoluciones judiciales* S. 159.

465 García de Enterría/Fernández, *Curso de Derecho Administrativo*, Band I, S. 558.

466 Dolcini, *Commentario breve al Codice Penale*, S. 516; Romano, *Commentario Sistematico del Codice Penale*, S. 280.

467 Aarnio, *Democracia y discurso racional*, S. 69 f.

Im alten und aufgegebenen Rechtsstaat war die legislative Macht verkörpert durch die Macht der parlamentarischen Mehrheit, eine absolut virtuelle Macht und ihr Ergebnis war: das Gesetz als Richtlinie und höchste Macht im Staat, dem sich keine Person, Macht oder Recht entgegenstellen konnte. Die parlamentarische Mehrheit und die Gesetze, die sie erließ, fanden sich auf dem normativen Höhepunkt.[468] Trotzdem befinden sich die Verfassung und die Menschenrechte im Rechtsstaat über dem Gesetz und der parlamentarischen Mehrheit, die es trägt.

In einer Demokratie müssen alle Menschen die Gesetze des Staates erfüllen, unabhängig davon, ob sie ihnen gefallen. Es ist es möglich, Unstimmigkeiten und auseinandergehende Standpunkte bezüglich der Gesetzesinhalte zu akzeptieren, dennoch muss man dessen Vorschriften einhalten, auch wenn man seine persönliche Zustimmung nicht geben kann. Dies ist das Opfer, das man als Konsequenz des Prinzips der Allgemeingültigkeit des Rechts und der Gleichheit aller Bürger vor dem Gesetz auf sich nehmen muss.[469] Die Gerichtsentscheidungen zu begründen, bedeutet öffentlich Bericht zu erstatten über die Macht, die man hat, einen Schiedsspruch über die Güter der Menschen und die Grundrechte zu fällen, bringt aber gleichzeitig eine Rationalisierung der genannten Macht mit sich, in dem Maße, dass sich diese innerhalb der Parameter der eigenen Rechtfertigung und nicht außerhalb davon erklärt. In diesem Sinne kann nur eine absolut ausgeübte Macht willkürlich sein und dazu fähig, sich jedweder Kontrolle zu entziehen.[470] Die Begründung der Gerichtsentscheidungen oder Bescheide und sogar der Gesetze begünstigt die „Rationalisierung" der Entscheidungen, indem sie die betreffende demokratische Kontrolle erlaubt.[471]

2. Juristische Begründung und das Prinzip der demokratischen Kontrolle

Die Pflicht, die Gerichtsbeschlüsse zu begründen, legt die allgemeine und dauerhafte Forderung nach Kontrolle der Gerichtsbeschlüsse bezüglich der Macht, die die gerichtlichen Organe innehaben, offen. Auf diese Weise ist die konstitutionelle Pflicht, die Gerichtsentscheidungen zu begründen, eine Darstellung des Kontrollprinzips, welches ein essentielles und unverzichtbares Element eines Rechtsstaates bildet.[472] Die Idee der Machtkontrolle ist ein von der Demokratie

468 Ferrajoli, *Poderes salvajes. La crisis de la democracia constitucional*, S. 31.

469 Kriele, *Introducción a la Teoría del Estado*, S. 14 f.

470 Taruffo, *Legalidad y Justificación de la creación judicial del derecho*, S. 195.

471 Zippelius, *Teoría General del Estado. Ciencia de la Política*, S. 110.

472 Pino, *Coerenza e verità nell'argomentazione giuridica. Alcune riflessioni*; S. 89.

und der Verfassung untrennbares Element, umso mehr noch, wenn es als Instrument der Machtbeschränkung begriffen wird. Die Gerichtshöfe sind ein Teil der Gesellschaft und ihrer demokratischen Ordnung. Die Gerichte sollen auch einer sozialen Kontrolle, die vom Volk ausgeübt wird, unterworfen sein. Das einzige Mittel für diese Kontrolle ist die Pflicht der Gerichte, ihre Entscheidungen wirklich zu begründen.

In einem Rechtsstaat sind alle Mittel zur Kontrolle für ein einziges Ziel bestimmt: die Machtausübung zu prüfen, um Missbräuche zu vermeiden und damit das System der Freiheiten zu verteidigen, so wie man auch danach strebt, eine Legitimation der Macht zu erreichen. Die Legitimität der Rechtsprechung ist mit der Existenz von organisatorischen, prozessualen, epistemischen und sozialen Kontrollen verbunden. In der gerichtlichen und staatlichen Tätigkeit gibt es im Allgemeinen einen „Legitimationsdruck", und zwar in dem Sinne, dass eine Verpflichtung und eine Notwendigkeit bestehen, die Entscheidungen vor der Gesellschaft zu rechtfertigen.[473] Die Kontrollen und die Grenzen der Macht können institutionalisierte Kontrollen (politische und juristische) sein und nicht institutionalisierte Kontrollen, die normalerweise allgemein und unklar sind und sich durch die öffentliche Meinung und sogar durch nicht öffentliche Druckmittel manifestieren.[474]

3. Juristische Begründung und Möglichkeit der Kritik

Die extraprozessuale und demokratische Funktion der Begründung der Gerichtsentscheidungen bringt die Erfüllung einer Serie von Forderungen mit sich. Die erste von ihnen ist, dass die Gerichtsentscheidungen mithilfe angemessener Medien veröffentlicht werden müssen, um zu informieren und ihren Inhalt bekannt zu geben. Nur wenn eine angemessene Öffentlichkeit der Gerichtsentscheidungen existiert, kann sie sich an den Bürgern in der Gesellschaft orientieren. Die Begründung der Urteile, die man geheim oder verborgen hält, so unbestechlich oder einwandfrei sie auch vom juristischen und ethischen Standpunkt aus sein mögen, erfüllt nicht ihre demokratische Pflicht, wenn es ihr nicht gelingt, die Gründe des Urteils der Gesellschaft bekannt zu geben. Wenn auch die Begründung der Gerichtsurteile eine Ausübung des demokratischen Betragens des Richters ist, so ist die Öffentlichkeit der Entscheidungen ein notwendiger Dienst der Demokratisierung und der Transparenz, die ein

473 Zippelius, *Teoría General del Estado. Ciencia de la Política*, S. 111.

474 Aragón Reyes, *La interpretación de la Constitución y el carácter objetivado del control constitucional*, S. 95.

Justizsystem errichtet, damit die Urteile auf eine angemessene Weise der Bevölkerung bekannt werden.

Das Vertrauen in die Normen, in die gerichtlichen Institutionen und die Justizsicherheit sieht sich bemerkenswert mit der Veröffentlichung und Verbreitung der Urteile gestärkt, was die Implementierung eines konstitutionellen Rechts von unschätzbarem, äußerst vergessenem Wert erlaubt, nämlich der Kritik an Gerichtsentscheidungen.[475] Die Forderung eines rationalen Diskurses hat als eines ihrer wichtigsten formenden Elemente die Kritik und die offene Analyse der öffentlichen Entscheidungen, unter denen die Justiz einen relevanten Platz einnimmt.[476]

Allgemein erwägt man, dass die Kritik der Gerichtsentscheidungen keine Verwendung des juristischen Unabhängigkeitsprinzips darstellt.[477] In der aktuellen Gesellschaft, die durch die Prinzipien des Pluralismus und der Toleranz beherrscht ist, ist es notwendig, dass man die Gerichtsentscheidungen als Teil der Entwicklung und Verbesserung des Justizsystems wie auch des öffentlichen Betragens und der Funktion der Richter, erklärt und kritisiert. Die Gerichtsentscheidungen sind nichts, was allein die Parteien interessiert, sondern die Gesellschaft im Allgemeinen. Juristische Unabhängigkeit und öffentliche Kritik sind keine antithetischen Begriffe, weniger noch, wenn die Kritik an Gerichtsentscheidungen eine Bedingung für die Kontinuität der Grundübereinstimmung bildet.[478]

III. Juristische Begründung und das Spiel der Rationalität-Irrationalität

Neben der Klassifikation der Begründungsfunktionen in extraprozessuale und intraprozessuale existiert eine andere Funktion, die einige Juristen der juristischen Begründung zugeordnet haben und die im Allgemeinen nach der ideologischen Kritik oder der entmythisierenden benannt werden kann. Für diese Autoren, die stark vom juristischen Realismus beeinflusst sind, bringt das Justizsystem ein Spiel hervor, welches das Spiel der Rationalität und der Irrationalität der juristischen Begründung genannt werden kann, bei dem jenes, was sich zur

---

475 Pound, *El Espíritu del Common Law*, S. 182.

476 Aarnio, *Democracia y discurso racional*, S. 75.

477 Starck, *Consenso fundamental nacional y tribunales constitucionales (Una reflexión científico comparada)*, S. 540.

478 Häberle, *El Tribunal Constitucional como poder político*, S. 12.

selben Zeit zeigt, ein Ablenkungsmittel bildet, um den Blick von dem abzulenken, was wirklich geschieht.

Die Rationalität, wird behauptet, sei ein Ideal der modernen Gesellschaft und der juristisch-technokratischen Kultur der Gegenwart.[479] Das Recht als ein beständiges System ist dazu aufgerufen, eine Lösung für die juristischen Konflikte zu bieten, die sich ihm stellen; die Justizverwaltung kann sich nicht mit dem Schiedsspruch abfinden und bringt ihre Entscheidungen mit einem Schleier der Rationalität hervor. Selbst wenn man weiß, dass die Gerichtsentscheidungen nicht streng rational sind, ist die Rationalität ein exzellentes Ideal, um das System in Bewegung zu halten. Wenn man nicht daran glauben würde, dass die Fälle jenseits der Willkür gelöst werden, dann würde die Rechtsverwaltung, wie wir sie heute kennen, nicht existieren. Aus ideologischen Gründen kann der Staat nicht billigen, dass seine Rechtsorgane aus Gründen Entscheidungen treffen, die von der legalen Rationalität abweichen, die sie als Einzige legitimiert. Damit das Weltgeschehen ordnungsgemäß weiterläuft, ist es unumgänglich, dass die menschlichen Verhaltensweisen durch die Logik, die legale Rationalität und durch die Regeln der Kritik erklärt werden können; das Gegenteil bedeutete, „die Türen zu öffnen, damit die Geister der Irrationalität und die Schurken des Dezisionismus erscheinen."[480]

Diese ganze Maske der Rationalität, ebenso wie die Form, in der sich die juristische Begründung gestaltet, würde nicht mehr als eine Rolle zur Verschleierung der Tatsache spielen, dass die Entscheidung der Richter kein Resultat ist, sondern ein Ausgangspunkt, von dem aus man arbeiten muss. Auf diese Weise würde der Richter nicht mit den „Tatsachen" anfangen zu arbeiten, sondern mit der Entscheidung, ausgehend von bestimmten, im Voraus erwogenen Vorstellungen über Werte wie Gerechtigkeit, Sicherheit, etc., um danach fortzufahren, in der juristischen Ordnung jene Normen zu suchen, die sich am besten an das anpassen lassen, was er bereits beschlossen hat zu entscheiden. Was jemand, der mit dem Recht arbeitet, dann tun könnte, ist, seine Urteile nach seinem Geschmack und seinen moralischen, politischen, religiösen und ökonomischen Vorlieben zu rechtfertigen. Auf diese Weise wäre die Begründung nur ein Prozess der psychologischen Rationalisierung einer Entscheidung, die schon im Voraus getroffen wurde. Diese Rationalisierung begünstigt vor allem die Legitimation der Justiz als eine vorhersehbare Aktivität. Die Begründung würde wie eine Verheimlichung der wahren Motive und Gründe wirken, die den Rechtsteilnehmer dazu veranlassen, eine Entscheidung zu treffen, statt eine andere zu wählen.

---

479 Zu diesem Thema siehe ANDRESKI, *Social Sciences as Sorcery*, S. 18 ff.
480 NIETO, *El arbitrio judicial*, in Totum.

Kapitel 3: Juristische Argumentation und Begründung richterlicher Entscheidungen

Die Suche nach einer Methode, welche die Irrationalität und Willkür der richterlichen Entscheidungen wirklich stark einschränken kann oder zumindest reduziert, erweist sich seitens der zeitgenössischen Juristen als Suche nach dem Heiligen Gral und es sind nicht wenige, die ihre Zeit und ihre Kräfte dieser Aufgabe gewidmet haben. Die Theorien der juristischen Argumentation und im besonderen Maße das Modell, welches Alexy entwickelte, zeichnen sich durch den enormen Verdienst aus, die Aufmerksamkeit auf eines der wichtigsten Themen des Rechts gelenkt zu haben. Verschiedene Modelle haben sich nach und nach ausgebildet und die Kritik, die ihnen gegenüber geäußert wurde, hat dazu geführt, die Modelle zu verfeinern, Lücken zu schließen und damit Licht ins Dunkel zu bringen. Die Kritikpunkte zu den Modellen der juristischen Argumentation dürfen nicht unterschätzt werden, denn einige von ihnen offenbaren ernsthafte Einwände und verlangen, die Argumentations- und die Begründungsart ausgehend von sozialen Umständen, psychologischen Aspekten und realen Eindrücken zu erklären. Das bisher Gesagte kann nur zu einer Frage führen: Welche Bedingungen und Voraussetzungen sind es, die eine Theorie der juristischen Argumentation zu einer Theorie der juristischen Begründung werden lassen?

Im Schlussteil dieser Arbeit soll die Aufmerksamkeit ganz auf die wesentlichen Grundzüge einer Theorie gelenkt werden, welche die Vorzüge der Argumentationsmodelle kombiniert und zugleich Aspekte der Rechtssoziologie im Allgemeinen, ethisch-wertende sowie linguistische Aspekte berücksichtigt. Eine solche Synthese verdient den Aufwand, diskutiert zu werden und soll durch theoretische Bereiche des Rechts, der Rechtsphilosophie und der Rechtssoziologie ergänzt werden und, weit davon entfernt im gegenseitigen Widerspruch zu stehen, somit verschiedene Annäherungen an das juristische Phänomen bieten. Das Folgende soll als Vorschlag über die klassische Theorie der juristischen Argumentation hinaus gelesen werden, als eine Ergänzung zu ihr verstanden werden und damit darauf abzielen, das Problem der juristischen Begründung umfassender zu erklären.

I. Empirische Aspekte

Größtenteils haben sich die Modelle juristischer Argumentation um die juristische Argumentation des normativen Typus herum entwickelt. Diese Art von Analyseverfahren, obwohl notwendig, weist eine Perspektive auf, die einen Großteil der Argumentation unberücksichtigt lässt, besonders jene Argumentation über Tatsachen.[481] Die Theorie der juristischen Argumentation muss sich in diesem Sinne um empirische Aspekte kümmern. Neben den idealen Argumentationsmodellen, die den Weg einer Argumentation anzeigen, die man rational nennen kann, darf die reale Form, in der viele Argumentationen durchgeführt werden, nicht vergessen werden.

An erster Stelle müsste die juristische Argumentation nicht nur die Prozesse der Argumentation und Durchsetzung von Normen analysieren, sondern auch die Argumentation in der Produktion von Normen. Die Argumentation hinsichtlich der Produktion von Normen zeigt sich besonders komplex und zwar in dem Maße, wie sie nicht so viel mit der Argumentation zu tun hat, sondern vielmehr mit dem Thema der Macht und gewöhnlichen Formen der Entscheidungsfindung. „Zweifelsohne gibt es Bürger, die felsenfest daran glauben, dass das Gesetz Werk des Volkes ist oder zumindest Ergebnis der Diskussionen, die im Kongress stattfinden. Nichtsdestotrotz ist es sehr zweifelhaft, dass die Abgeordneten, die diesen „Diskussionen" beigewohnt haben, ebenso denken, nachdem sie an den geheimen Verhandlungen teilgenommen haben, die der Gesetzesproduktion vorangehen: Feilschen mit den Gewerkschaften, Konzessionen für Nichtregierungsparteien, die im Gegenzug zu anderen Vorteilen zur Wahl bereit sind, direkte personenbezogene Bestechungen, Vorschläge der Bank [...].[482] Auch wenn das bisher Gesagte als Pathologie im Rahmen der juristischen Argumentation betrachtet werden kann, darf es deshalb nicht getrennt von der Analyse gesehen werden, solange es einem lebendigen Teil des Systems der rechtspolitischen Entscheidungsfindung entspricht. Wenn die Theorie der juristischen Argumentation tatsächlich danach strebt, eine Art Richtschnur einzuführen, die den Gebrauch des juristischen Instrumentars rationell zu kontrollieren erlaubt, dann kann sie auch nicht darauf verzichten, diese Kontrolle auf die Normenausarbeitung auszuweiten, oder zumindest eine Kritik an der Form zu versuchen, in der die Gesetze geschaffen werden.

---

481 Diesbezüglich hat Atienza darauf hingewiesen, dass in der Argumentation, die sich auf normative Fragen bezieht, auch die Argumentation über Tatsachen eine entscheidende Rolle spielen kann. ATIENZA, *Las razones del derecho*, S. 204.

482 NIETO, *Balada de la Justicia y la Ley*, S. 20.

Um diesen Aspekt zu untersuchen, wäre es natürlich angebracht, zwischen einer prä-legislativen Phase, einer weiteren wirklich legislativen und einer anderen post-legislativen Phase zu unterscheiden. Man müsste jedoch außerdem von irgendeiner Theorie der Gesetzgebung ausgehen, die eine ähnliche Rolle erfüllt, wie die Rechtstheorie sie in Relation mit der juristischen Argumentation spielt, welche in der Interpretations- und Anwendungsphase des Rechts angewendet werden kann. Man kann die Gesetzgebung – und im Allgemeinen den Prozess der Produktion juristischer Normen – als eine Serie von Interaktionen sehen, die zwischen verschiedenen Elementen stattfindet: zwischen den Gesetzgebern, den Empfängern, dem Rechtssystem und den Absichten und Werten der Normen. Die Lösung juristischer Probleme ist sehr oft das Ergebnis einer Vermittlung oder Verhandlung, was bedeutet, dass es sich hier um einen Prozess handelt, der nicht einfach daraus besteht, Normen anzuwenden, sondern den Kontext berücksichtigt. Die Ausarbeitung einer Theorie der juristischen Argumentation, welche auch die Argumentationsart berücksichtigt, die im Kontext dieser Vorgehensweisen der Konfliktlösung stattfindet, ist nicht nur aus praktischen Gründen wichtig, sondern auch aus theoretischen Gründen.

An zweiter Stelle kann sich die juristische Argumentation der Rechtssoziologie bedienen und sogar anderer Instrumente, wie der Statistik, um eine Alternative zur im Wesentlichen normativen Begründung zu entwickeln, das heißt, eine Begründung empirischen Charakters. Das hier vorgeschlagene Konzept stimmt weitestgehend mit der sozialtechnologischen Rechtskonzeption überein, die mit dem kritischen Rationalismus verbunden ist.[483] So wie es Salas bereits aufgezeigt hat, bestehen Probleme in der praktischen Anwendung des Rechts, innerhalb derer eine Implementierung empirischer Argumente (in mehr oder weniger großem Umfang) in Betracht gezogen werden könnte und zwar mit der konsequenten Aufnahme von Arbeiten der sozialen Wissenschaften in den juristischen Bereich.

An dritter Stelle erfüllt die juristische Argumentation mit Bezug auf die Strukturen des traditionellen Gedankens der Juristen eine kritisch-entmythisierende Funktion. Die empirischen Argumente können für die Lösung der explikativen Probleme in der Anwendung des Rechts nützlich sein, derjenigen Probleme, die Fragen zu den Ursachen stellen und spekulative Argumente zurückweisen, welche sich schon auf Basis des Alltagswissens als nicht realisierbar oder als vereinfachte oder falsche Annahmen darstellen, daher eher „Theorien der

---

483 Albert, *Traktat über kritischer Vernunft*, S. 57.

Alltäglichkeit" nahestehen, als dass sie durch empirische Studien gestützt werden könnten und damit von diesen bestätigt oder zurückgewiesen werden könnten.

An vierter Stelle können die empirischen Elemente auch in der Rechtspraxis nützlich sein, um prognostische Probleme zu lösen. Nicht selten müssen Juristen bezüglich zukünftiger Ereignisse mit Prognosen arbeiten.[484] Hierzu muss man sagen, dass die Gerichte auf diesem Gebiet mit Prognosemethoden arbeiten, die als nahezu „hellseherisch" bezeichnet werden können und deshalb vom wissenschaftlichen Standpunkt aus betrachtet nutzlos sind. Die juristische Praxis orientiert sich -mehr als an der Betrachtung empirischer Aspekte- an der „forensischen Intuition" oder an der „persönlichen Erfahrung" der Rechtsbeteiligten, was eine epistemologische Esoterik zur Folge hat.

An fünfter Stelle kann der Gebrauch empirischer Postulate auch zur Lösung technischer Probleme beitragen. Unter einem „technischen Problem" muss man jenes verstehen, welches sich durch Mittel und Absichten zum Ausdruck bringen lässt und sich daher auf das Wirksamkeitsschema von Max Weber zurückführen lässt. Welche technologischen, das heißt, instrumentellen Mittel können also genutzt werden, um die angestrebten Ziele auf möglichst wirksame Weise zu erreichen? Ein eindeutiges Beispiel eines technischen Problems liefert, im Rahmen des Strafrechts, die Problematik der Strafe selbst. Die grundlegende Frage, die sich der Rechtsbeteiligte in Bezug auf den Aspekt Strafe stellen muss, ist: Mit welchen Mitteln können die Ziele des Strafrechts auf die beste Weise erreicht werden?

II. Ethisch-wertende Aspekte

Der wesentliche ethisch-wertende Aspekt besteht darin, den Juristen daran zu erinnern, dass er es ist, unabhängig vom Geist des Gesetzes, vom Willen des Gesetzgebers, von Interpretationsvorschriften, etc., der in dem konkreten Fall entscheidet. Der Interpret des Rechts kann sich jeglichen dieser „Dinge" fügen oder sich von anderen Personen seiner Berufsgruppe inspirieren lassen; und dennoch, indem er sich einer dieser Instanzen beugt, ist es kein anderer als er selbst, der entschieden hat, eben diese Inspiration als Lösungskriterium zu nehmen. Selbst wenn sich der Interpret nicht davor flüchten kann an dieser Stelle eine Entscheidung zu treffen, kann er seine Entscheidung gleichwohl von den einen oder anderen Vorgehensweisen abhängig machen. Er kann entscheiden, ob er eine begründete, möglichst wissenschaftliche Position annimmt oder ob

484 Ein eindeutiges Beispiel bietet Artikel 65 (1) StGB.

er nach seinem eigenen alleinigen Ermessen entscheidet. Er kann sich darauf beschränken, einer rechtsprechungsgemäßen oder doktrinellen Linie zu folgen, ohne groß über sie nachzudenken; er kann auch in Abhängigkeit von sozialem Druck oder direktem persönlichen Druck entscheiden, dem er ausgesetzt ist.

Die vorgeschlagene juristische Begründung darf sich nicht allein darauf beschränken, den optionalen Charakter aller juristischer Interpretation zu unterstreichen, sondern sie stellt den Juristen vor seine eigene Verantwortung. Das bedeutet, dass ein Jurist entscheiden sollte, indem er bestimmten Prüfungsverfahren folgt, die, ungeachtet der Tatsache, dass sie in Bereichen bleiben, die grundlegend juristisch sind und gleichzeitig erbarmungslos realistisch sind. Die Verfahren können heuristisch aus einer Sequenz von vier „Momenten" bestehen.[485] 1) Man beginnt damit, ein Bild von den juristischen Interpretationen zu zeichnen, die gegenwärtig möglich sind und die den Rechtsauffassungen entsprechen, die zwischen den Juristen untereinander für bestimmte Vorschriften des positiven Rechts herrschen; 2) man geht dazu über, die Äußerungen der angeführten Rechtsvorschriften und der genannten Doktrinen zu rekonstruieren, um Transparenz zu schaffen, das heißt, die wahre „Grammatik" dieser Sprachspiele ans Licht zu bringen und vor allem die hauptsächlichen Nachteile sichtbar zu machen; 3) man begrenzt deutlich die Absicht, die der Interpret als praktisches Ziel dieser Vorschriften, die unter den juristisch möglichen existieren, anvisiert; 4) verbindet man die drei genannten Schritte miteinander, entspricht diese Verbindung schließlich der Wahl derjenigen Interpretation aus den in (1) und (2) erlangten Erkenntnissen, die als das wirksamste Mittel dient, damit das Ziel (3) tatsächlich in der Praxis umgesetzt werden kann.

Hat man schließlich die in Verbindung mit der umstrittenen Frage möglichen juristischen Antworten *eindeutig* in Übereinstimmung mit dem positiven Recht bestimmt, gibt es, wenn wir an dem positiven Recht festhalten, keinen anderen Weg zu wählen. Wie auch immer ausgewählt wird, wird diese Regelung, wenn sie in der Praxis angewandt wird, gewisse Folgen für viele oder wenige Personen mit sich bringen. Deshalb muss, wenn im Gegensatz zum dogmatischen Juristen nicht so argumentiert wird, als würden die Normen ihr Ziel in sich selbst enthalten, mit Blick auf ihre praktische Anwendung als zentrale Frage folgende gestellt werden: Wozu dienen oder müssten die juristischen Vereinbarungen dienen, um die es geht? Das heißt, man bringt die Frage der praktischen Ziele, auf die diese oder jene Verfügung abzielt, zur Sprache.

---

485 Aliste Santos, *La motivación de las resoluciones judiciales*, S. 135.

Es ist wahrscheinlich, dass, wenn eine der Interpretationen angewandt wird, dies in der Praxis zu bestimmten Folgen führt, während die Anwendung einer anderen Interpretation alternative Folgen bewirkt. Die sich daraus ergebenden Resultate bzw. Ziele könnten sich als unvereinbar herausstellen. Wenn der Interpret eine Interpretation wählt, akzeptiert er damit auch das praktische Ziel, für das dieselbe dient, sei er sich einer solchen Auswirkung bewusst oder nicht; und wenn er die Interpretation zurückweist, so weist er auch das von dieser anderen Interpretation begünstigte praktische Ziel zurück. Wenn ein vorgeschlagenes Ziel akzeptiert oder zurückgewiesen wird, so bedeutet es, dass diesbezüglich eine Wertung, positiv oder negativ, zum Ausdruck gebracht wird. Was der Interpret macht, wenn er eine der möglichen Richtungen wählt, ist, bezüglich der praktischen Konsequenzen, die diese Interpretation bewirken kann, ein *Werturteil* zu vollziehen, nicht mehr und nicht weniger.

Das Recht steht im Dienste der Werte. Daher kommt es, dass die Rechtsvorschriften interpretiert werden, besonders dann, wenn ihr spezifischer Inhalt Gegenstand von Streitigkeiten ist, je nachdem, welche Werte es sind, die der Interpret versteht, explizit oder implizit, bezogen auf die Absicht dieser Regelungen. Die Hauptwerte jedoch, die dem Recht normalerweise zugeschrieben werden, zeigen sich für gewöhnlich durch eher leere Formeln, die jeder Interpret gemäß seiner Meinung füllt und die auf unterschiedlichste Weisen verstanden werden können, je nach Interessen oder ideologischen Präferenzen derjenigen, die sie in der Rhetorik des öffentlichen Diskurses anführen, seien es politische, juristische, religiöse, usw.[486] Es gibt keine bestimmte juristische Antwort, die nicht auf die eine oder andere Weise vorgebracht werden könnte, mit dem Ziel einige, wenn nicht alle, dieser bedeutsamen Werte zu fördern.

Der Bezug einer juristischen Interpretation auf die Erfüllung dieses oder jenes Wertes kann nicht mit einer gewissen Klarheit geschätzt werden, wenn man nicht damit beginnt, den angeführten Wert mit genauen Charakteristika bezüglich seiner Anwendung für die spezifische praktische Frage, um die es geht, zu versehen. Das heißt, der realistische Jurist muss sicher wissen, welchen Personen*gruppen* und in welchen „Dingen" die Umsetzung dieses Wertes nützen soll, genauso auch welche Gruppen auf welche Weise durch die Umsetzung benachteiligt werden. Mehr noch als an abstrakte Werte zu denken, muss die grundsätzliche Einschätzung, die vorgenommen wird, darin bestehen, dass klar ist, für welche spezifischen praktischen Ziele gesucht wird, um daraus klare Konsequenzen zu ziehen.

---

486 ALISTE SANTOS, *La motivación de las resoluciones judiciales*, S. 138.

Jegliche Überlegung zum Recht bringt ethische Verwicklungen mit sich. Ob man will oder nicht, hebt man diese oder jene Verhaltensweisen hervor, seien sie nur internationaler Ordnung oder berücksichtigen auch soziale bzw. materielle Aspekte, die von den Rechtsteilnehmern beachtet werden. Das bedeutet, zumindest implizit, dass es gut ist oder nicht so gut, angebracht oder unangebracht, etc., dass der Jurist *so* urteilt.

Die Begründungen setzen voraus, dass eine *Verantwortungs*ethik der Richter selbst für einen guten Teil der *praktischen* Konsequenzen, die durch ihre Urteile verursacht werden, akzeptiert wird, denn der Jurist sollte keine Schwierigkeiten haben, zu erkennen, dass der legale „Rahmen" oftmals Spielraum für Interpretation gewährt und dass dieser dem autorisierten Interpreten erlaubt, zu den einen *oder* den anderen juristischen Lösungen zu tendieren. Gegen klare Behauptungen wurde der Einspruch erhoben, dass, wenn sich die Richter dieser Sache bewusst werden würden, es dazu führen würde, ihnen die Macht zu erteilen, *willkürlich* zu entscheiden. Sind Juristen einmal mit einer ähnlichen Macht ausgestattet, so sagt man, würde dies dazu führen, dass sie – *in der Praxis* – nicht zögern würden, sogar über den legalen „Rahmen" hinaus Urteile zu fällen. Gibt es keine Sicherheit, könnten sie diese Willkür nutzen, um gerechtere Lösungen und Lösungen von größerem Nutzen zu wählen, damit wertvolle soziale Ziele erreicht werden. In solchen Fällen wären ihre Lösungen oftmals noch weniger angemessen als solche, die aus den wesentlich normativen Argumentationen resultieren und seien auch viel unsicherer.

Aber wie können die Juristen wissen, wer recht hat? Wenn es darum geht, die *praktischen* Konsequenzen zu beurteilen, die die Annahme einer oder der anderen der beiden Orientierungen mit sich bringen, so können die Beweise diesbezüglich nicht apriorisch sein und einfach aus Annahmen bestehen. Die Beweise müssen, damit es tatsächlich Beweise sind, unbedingt der richterlichen *Erfahrung* selbst entnommen werden.

Angesichts der Tatsache, dass eine realistische Argumentation das Rechtssubjekt dazu zwingt, die Karten offen auf den Tisch zu legen, ergibt sich, dass sowohl die Prinzipien als auch die Referenzen zur sozialen Realität auf diese Weise eindeutig der Möglichkeit einer klaren öffentlichen Kontrolle der Rationalität unterliegen, innerhalb und außerhalb des Gerichts. Die normativen Begründungen entziehen sich einer ähnlichen Möglichkeit, sie begnügen sich mit Dogmen und sind immun gegen Beweise und Gegenbeweise empirisch-sozialer Art. Dagegen gehören die realistischen Begründungen zur Ordnung der *faktischen* Rationalität. Solche Begründungen machen, da sie *intersubjektiv* kontrollierbar sind, denjenigen voll verantwortlich, der sie präsentiert, während sich die normativen Begründungen auf fast mystischen „Offensichtlichkeiten" gründen. Dass sich die Letzteren der Möglichkeit entbehren, intersubjektiv bewiesen oder abgewiesen zu werden, führt dazu, dass die Wahl zwischen der einen oder anderen juristischen Antwort am Ende eine Frage des doktrinären „Geschmacks" wird und die intellektuelle Verantwortung desjenigen, der auf sie zurückgreift, aufgelöst wird.[487]

III. Sprachliche Aspekte

Eine dritte Gruppe notwendiger Aspekte, die bei der Begründung berücksichtigt werden müssen, ist die der sprachlichen Aspekte. Die juristische Antwort auf eine Frage ist keine freie Antwort, denn es muss davon ausgegangen werden, dass diese nur einigen Sprachspielen entsprechen muss, die ein bestimmtes diskursives Universum bilden, eins der spezifischen Sprachspiele, die im Recht gespielt werden. Diese Spiele sind die Dogmen, die konventionellen Basen, denen die Möglichkeiten, sich in der Sprache des Rechts zu verständigen, unterliegen. Sie bilden den normativen Rahmen[488], in dessen Grenzen sich der Jurist für seine Antwort entscheidet.

Jenes sogenannte sprachliche Universum enthält unterschiedliche Diskursordnungen: positives Recht, Präzedenzfälle, Doktrin. All das lässt in zahlreichen Situationen Raum für entgegengesetzte Interpretationen; daraus ergibt sich, dass der infrage stehende Rahmen für jeden Fall oder Arten von Fällen durch jene Fragen geformt ist, die diesbezüglich im Gremium der Juristen annehmbar sind; das heißt, ebenso jene, welche die einen akzeptieren, wie auch jene, welche andere akzeptieren, so widersprüchlich sie im Verhältnis auch untereinander scheinen.

Um eine Antwort im positiven Recht zu suchen, ist es also unerlässlich, damit zu beginnen, diesen Rahmen zu erkennen und herauszufinden, welche Antworten auf die gestellte Frage in diesen Rahmen passen. Dabei handelt es sich nicht einfach darum, eine Lösung zu suchen, die sich als *angemessen* erweisen kann. Sie muss dazu imstande sein, der Rechts*sprache* zu entsprechen, je nachdem, wie sie in Übereinstimmung mit dem juristisch-professionellen Sprachbewusstsein verstanden wird. Die universitäre Rechtslehre besteht darin, solch eine spezialisierte Sprache benutzen zu lernen, und zwar so, wie es im Juristengremium gemacht wird, das heißt, das sprachliche Können zu vermitteln, das notwendig ist, um auf professionelle Art und Weise mit dem Repertoire an Figuren

---

487 MÖLLERS, *Juristische Methodenlehre*, S. 14.
488 MÖLLERS, *Juristische Methodenlehre*, S. 14.

umgehen zu können, die das juristische Universum bilden. So lobenswert eine Lösung zu einem Problem von einem bestimmten Standpunkt aus gesehen auch sein mag, so kann sie doch nicht juristisch vorgelegt werden, wenn sie nicht dazu fähig ist, das zu beantworten, was im sprachlichen Universum des gültigen positiven Rechts als etabliert anerkannt wird. Diese Lösungsmöglichkeiten sind aber nicht nur vielfältig und verschieden, sondern gehen sogar soweit, dass sie sich untereinander widersprechen: Sie formen kein eigentliches „System", sondern bieten den Interpreten von Gesetzen oder anderen juristischen Bestimmungen gegebenenfalls die Möglichkeit, zwischen verschiedenen *Optionen* zu wählen.[489]

Der erste eigentliche Schritt eines jeden juristischen Diskurses besteht darin, sich im Recht zu „platzieren" bzw. die alternativen Antworten anzuerkennen, die in ihm möglich sind, in Übereinstimmung mit den sprachlichen Gewohnheiten, die diesbezüglich in dem Gremium aus Juristen genutzt werden. In anderen Worten muss man die möglichen juristischen Antworten, die in einem historisch-sozialen Umfeld bestehen, von denen zu unterscheiden wissen, die nicht in diesem bestehen. Das alles hängt von dem Rahmen ab, der innerhalb des in der Praxis gültigen sprachlich-juristischen Bewusstseins toleriert wird. Sind diese Antworten einmal als Diskussionspunkt anerkannt worden, hat der juristische Interpret, wenn er als solcher handelt, keine andere Wahl, als zwischen eben diesen möglichen Diskussionspunkten zu entscheiden, nichts weiter. Es stellt sich nur die Frage, gibt es oder gibt es eben keine anderen bevorzugten Möglichkeiten von anderen Standpunkten aus gesehen.

Das bisher Gesagte erlaubt die möglichen Alternativen einer juristischen Lösung in Übereinstimmung mit dem positiven Recht zu bestimmen, wie es heutzutage verstanden wird. Nicht selten jedoch geschieht es, dass sogar die angeführten Doktrinen ihrerseits ihre eigenen unbestimmten Vorstellungen enthalten. Es ist möglich, dass auch diese Alternativen selbst, seien es alle oder nur einige, nicht klar genug präsentiert werden. Sie können sogar möglicherweise jeweils mehr als eine konkrete Interpretation zulassen, wenn sie mittels höchst unbestimmter sprachlicher Wendungen formuliert werden, die die Bestimmung erschweren, ob sich diese oder jene praktischen Konklusionen *notwendigerweise* aus eben jenen *selbst* schlussfolgern lassen.

Diese sogenannte Unbestimmtheit ist nicht ungewöhnlich. Es hat nichts Außergewöhnliches an sich, dass die juristischen Diskurse für gewöhnlich einen guten Teil der eigentlichen Unbestimmtheiten aus dem üblichen Sprachgebrauch

---

489 Rüthers, *Die heimliche Revolution vom Rechtsstaat zum Richterstaat: Verfassung und Methoden. Ein Essay*, S. 170 ff. Rüthers, *die unbegrenzte Auslegung*, S. 502.

nehmen und sich ihrer Naivität beugen. Oftmals enthalten sie grundlegende *rhetorische* Wendungen, ohne dass diese Charakteristika, die der Gemeinsprache zu eigen sind, als solche von ihren professionellen Sprechern wahrgenommen werden. Wenn man nicht damit beginnt, dafür zu sorgen, dass jene Interpretationen vorschriftsmäßig bereinigt werden, wird es nicht möglich sein, sie auf dem Niveau *wissenschaftlicher* Prüfungen zu verwenden. Daher wird es nicht selten unerlässlich sein, die präsentierten Alternativen in eine präzisere Sprache zu übersetzen, damit solche Alternativen nicht mehr durch die Rechtsteilnehmer manipulierbar sind. Es ist notwendig, eine *intersubjektive* Sprache, eine Sprache eindeutiger *empirischer* Zeichen zu schaffen. Der Jurist muss sich dafür einsetzen, dass die Fragen und unbestimmten Konzepte in den vorliegenden juristischen Diskursen geklärt werden, um hierdurch zwischen Fragen zu Wörtern und Fragen zu Tatsachen klar zu unterscheiden, zwischen erklärenden Fragen und normativen Fragen zu differenzieren und leere Formeln zu demaskieren.

Gesamtergebnis

Wie zu Beginn dieser Arbeit hervorgehoben wurde, stellen das Interpretieren, das Argumentieren und das Begründen drei verschiedene Dimensionen desselben Problems dar. Drei Dimensionen, die nicht analysiert werden können, ohne nicht zuvor eine zumindest allgemeine Studie über das Wesen der Rechtssprache, ihre Unbestimmtheiten sowie die Diskussionen über die Zweckmäßigkeit einer präziseren Rechtssprache geführt zu haben. Ziel dieser Untersuchung war es, die Frage zu beantworten, ob Argumentationsmodelle, insbesondere die Theorie der juristischen Argumentation von Alexy, zur Lösung des Problems der Begründung von Gerichtsentscheidungen beitragen. Die Argumentationstheorie von Alexy zielt darauf ab, der Rechtsanwendung Rationalität zu verleihen, da sein Modell nicht nur auf Argumentation, sondern auch auf Entscheidung ausgerichtet ist. Sie trägt somit zur Begründung der juristischen Methodenlehre bei, indem sie über den Wahrheitsbegriff der Ontologen und Naturalisten hinausgeht. Dies geschieht unter der Voraussetzung, dass im Bereich der Normen praktisch-moralische Fragen rational und mit der Kraft des besseren Arguments entschieden werden können.

Ziel von Alexys Theorie ist es, den aktuellen Anforderungen der Gesellschaft gerecht zu werden. Von ihrem analytisch-normativen Ansatz aus betrachtet hat die Struktur von Alexys Theorie eine dreifache Funktion: analytisch oder die Bearbeitung der Struktur der Argumente betreffend; normativ oder eine Normenanalyse betreffend; und beschreibend oder Studien der empirischen Ergänzungen betreffend, die sie begleiten. Obwohl sich die Theorie auf der Ebene des diskursiv Möglichen bewegt und im Idealfall eine einzige Lösung verfolgt, ist es in Wahrheit so, dass in diesem Modell das Gericht oder der Richter über einen Spielraum bei der Umsetzung des erzielten Ergebnisses verfügt.

Der Ansatz von Alexy bringt die Notwendigkeit für eine Theorie der juristischen Argumentation gemäß der aktuellen methodologischen Debatte zum Vorschein, und zwar basierend auf drei aktuellen Forderungen. Erstens, die Anpassung an die neuen Kriterien der Rationalität der Autoren wie Habermas, was ein Vorverständnis der Realität als Erklärungsgegenstand impliziert, der traditionell außerhalb der Realität gesucht wird. Und zweitens, die Verortung der Rolle des Gesetzes und der Argumentation in einer juridifizierten Gesellschaft, in der die Forderungen nicht nur regulierend, sondern ausgesprochen instrumentell zu sein scheinen, und drittens die Eingliederung dieses Systems in einen „gemäßigten Konstitutionalismus".

Die Theorie der juristischen Argumentation hat dem vereinfachten Schema des Justizsyllogismus, welches sich aus zwei Prämissen zusammensetzt, einen tödlichen Schlag versetzt. Die normative und die faktische Prämisse sind das Ergebnis von Überlegungen, die sich auch in deduktiver oder manchmal induktiver Weise strukturieren. Der argumentative Prozess und der der Argumentation jedoch sind viel komplexer.

Die Theorie hat wertvolle Modelle vorgeschlagen, um die Art und Weise darzustellen, in der die Argumente in der juristischen Argumentation zusammenhängen, darin auch Instrumente, die mit größter Einfachheit erlauben, die Fehler in der Argumentation aufzudecken und die Punkte offensichtlich zu machen, bei denen der Richter als juristischer Operator zwischen der einen oder anderen Argumentationsweise wählt. Die Analyse von Urteilen in solche Schemata zu übersetzen, erweist sich als eine äußerst sinnvolle Aufgabe und trägt dazu bei, sich über die Komplexität des Prozesses klar zu werden. Das von Alexy entwickelte Modell hilft dabei, sich von dem phantasiereichen Denken abzuwenden, das unbestreitbare Techniken gelten ließ, die dem Himmel oder einer universalen juristischen Vernunft entstammten. Es zeigt sich, dass hinter jedem zwischen den Richtern konsolidierten Verfahren oder Argument ein wertendes Substrat existiert, sodass der Gebrauch voraussetzt, sich seines axiologischen Hintergrundes bewusst zu werden. Dies bestätigt, dass die methodologischen Optionen niemals neutral sind und nicht nur mit einer bestimmten Rechtskonzeption korrelieren, sondern auch mit diversen juristisch-politischen Ideologien.

Die Suche nach einer Methode, die die Irrationalität und Willkür gerichtlicher Entscheidungen wirklich beschreibt und so weit wie möglich reduziert, wird durch zeitgenössische Juristen wie die Suche nach dem Heiligen Gral dargestellt. Nicht wenige haben ihre Zeit und Mühe dieser Aufgabe gewidmet. Den Theorien der juristischen Argumentation kommt die enorme Bedeutung zu, die Aufmerksamkeit auf eines der wichtigsten Themen des Rechts gelenkt zu haben. Diese Gruppe verschiedener Theorien hat sich nach und nach gebildet und die vorgetragenen Kritikpunkte haben dazu beigetragen, diese Theorien zu verfeinern, Lücken zu schließen und zu versuchen, Unklarheiten auszuräumen. Allgemein darf die Kritik an juristischen Argumentationsmodellen nicht unterschätzt werden; einige Kritikpunkte stellen ernsthafte Einwände dar und versuchen, die Form der Argumentation und der Begründung anhand sozialer Bedingungen, psychologischer Aspekte und realer Wirkungen zu erklären.

Den Mittelpunkt des Anliegens von Alexys juristischer Argumentation bildet die Rationalität der juristischen Entscheidung und besonders der richterlichen

Entscheidung. Dennoch, wenn nach dem praktischen Nutzen für die Arbeit eines Richters gefragt wird, wenn überlegt wird, wie ein Richter vorgehen sollte, der die Regeln der rationalen Argumentation anwenden will, entstehen einige Diskussionen.

Die Theorie der juristischen Argumentation kann für die Festlegung von Regeln für den Rechtsprozess einen großen Nutzen haben. Das Gerichtsverfahren kann als eine Debatte zwischen zumindest zwei Parteien verstanden werden, die vor einer dritten unparteiischen argumentieren und dies unter gewissen Richtlinien tun, die darauf abzielen, ein Gleichgewicht zu garantieren. Nichtsdestotrotz ist die Form, in der ein Urteil argumentativ richtig präsentiert werden kann, ganz und gar nicht klar; darüber hinaus muss versucht werden, die besten Gründe darzubieten. Ausgehend von einem gewissen Konsensualismus wird bestätigt, dass eine Norm oder Vorschrift rational ist, wenn sie unter bestimmten idealen Bedingungen den Konsens der Interessierten erreichen kann. Wenn das Urteil aber eine Art Norm oder Vorschrift ist, erweist es sich als paradox, dass sie der konsensuelle Höhepunkt eines Konflikts sein soll, der mangels einer Vereinbarung zu einem Urteil geführt hat.

Wenn man akzeptiert, dass der Grund, weshalb der Richter so fordernd argumentieren muss, darin liegt, die Parteien zu überzeugen, dass sie das Urteil akzeptieren, scheint sich die Angelegenheit von der Rationalitätsebene auf die Ebene der Rhetorik und der Praktiken zu verschieben, die nicht immer in die Parameter der Rationalität passen, denn hier müsste man eher von Wirksamkeit der richterlichen Argumentation sprechen als von ihrer Rationalität. Genauso kompliziert scheint die Forderung an den Richter, das mentale Experiment durchzuführen, nämlich sich zu fragen, was alle Gesellschaftsmitglieder als gerechte Lösung des Konflikts beschließen würden. Insbesondere verhindert das Legalitätsprinzip, die Lösung ausschließlich nach dem Gesichtspunkt der Gerechtigkeit auszuwählen, zumal die Grenzen eingehalten werden müssen, die die festgelegte Gesetzmäßigkeit vorschreibt.

Diese Arbeit soll auf einige Grundzüge einer Theorie aufmerksam machen, die die Erfolge der Argumentationsmodelle kombiniert und gleichzeitig Aspekte der Rechtssoziologie im Allgemeinen, ethisch wertvolle Aspekte und linguistische Aspekte berücksichtigt. Ein solcher Blick auf die bestehenden Ansätze lohnt sich, insoweit hier die Bereiche der Rechtstheorie, der Rechtsphilosophie und der Rechtssoziologie sich gegenseitig ergänzen und nicht im Widerspruch zueinander stehen, sondern unterschiedliche Annäherungen an das juristische Phänomen bieten.

Die Modelle der juristischen Argumentation wurden überwiegend rund um die juristische Argumentation normativer Art entwickelt. Diese Art der Analyse, obgleich notwendig, bietet eine Perspektive, die einen breiten Bereich der Argumentation außen vor lässt, insbesondere jene Argumentation über Fakten. In diesem Sinne sollte sich die juristische Argumentationstheorie mit *empirischen Aspekten* befassen. Zusammen mit den idealen Argumentationsmodellen als Wegweiser, die den Weg zu einer Argumentation weisen, die als rational bezeichnet werden kann, darf die eigentliche, die empirisch vorkommende Art und Weise, in der viele Argumentationen durchgeführt werden, nicht vergessen werden.

Zudem bestehen die grundlegenden *ethisch wertvollen* Aspekte darin, den Juristen daran zu erinnern, dass er verantwortlich ist und unabhängig von externen Bedingungen über den konkreten Fall entscheiden soll. Der Rechtsanwender kann sich zum Rechtsgeist, dem Willen des Gesetzgebers, den Auslegungsbestimmungen beugen, aber selbst wenn er sich einem dieser Aspekte beugt, ist es niemand anderes als er selbst, der es beschlossen hat. Auch wenn der Ausleger nicht vermeiden kann, eine Entscheidung zu treffen, ist es auch richtig, dass er die Entscheidung der einen oder anderen Verfahrensform unterziehen kann. Er kann beschließen, eine begründete Position so wissenschaftlich wie möglich einzunehmen oder nach eigenem Ermessen zu entscheiden. Er kann sich darauf beschränken, einer Rechtsprechung oder einer rechtlichen dogmatischen Linie zu folgen, oder er kann auf der Grundlage des sozialen oder persönlichen Drucks entscheiden.

Darüber hinaus müssen sprachliche Aspekte berücksichtigt werden. Die juristische Antwort auf eine Frage ist keine freie Antwort, sondern ist begrenzt innerhalb spezifischer Sprachspiele, die im Recht Dogmen und konventionellen Grundlagen, denen die Möglichkeit der Kommunikation in der Rechtssprache unterliegt, sind. Sie bilden den normativen Rahmen innerhalb dessen Grenzen der Jurist antworten möchte.

Bis hierhin haben wir ein unvollständiges Panorama der Errungenschaften und Unzulänglichkeiten der Theorie der juristischen Argumentation vorgestellt. Das Ideal, das immer im Hintergrund ist, ist die Schaffung einer normativen Theorie der juristischen Argumentation, die analytisch-konzeptuellen Reichtum besitzt, die das Ethischwertende berücksichtigt und die empirischen Aspekte schätzt, in denen sich die Argumentationen im täglichen Leben vollziehen. Der hier vorgestellte Ansatz könnte dazu beitragen, von einer juristischen Argumentationstheorie zu einer Theorie der Argumente überzugehen, die als wirklich nützliches Instrument für die kritische Analyse von Gerichtsurteilen nützt.

In erster Linie ist es notwendig, ein konzeptuelles Instrumental zu entwickeln, das dazu dient, die verschiedenen Phänomene und Momente zu beschreiben, die in der juristischen Argumentation der Rechtsanwendung vorkommen, besonders in der richterlichen. Auf dieser Basis muss der nächste Schritt darin bestehen, die Gemeinplätze zu überwinden, mit denen von Methoden oder Argumenten der Interpretation und Anwendung des Rechts gesprochen wird, um auf diese Weise zwischen den verschiedenen Funktionen und dem unterschiedlichen Modus Operandi derselben (Methoden und Argumente) zu unterscheiden, sowie die Struktur, Anwendungen und argumentativen Ansprüche der Argumente zu präzisieren. Dies ist fundamental, da traditionell für gewöhnlich, wenn man von Methoden oder Argumenten spricht, die als Leitfaden richterlicher Entscheidungen gelten, keine detailliertere Analyse der Funktion unternommen wird. Es ist grundlegend zwischen den Methoden, die eine rein interpretative Rolle spielen und denjenigen, die zur Schaffung neuer Normen dienen, zu unterscheiden.

In zweiter Linie muss man berücksichtigen, dass jeder Versuch, eine Hierarchie zwischen den verschiedenen Argumenten zu etablieren, das Einnehmen einer juristisch-politischen Haltung bedeutet, ohne die jeder theoretische Vorschlag letztendlich in einer bloßen Aufzählung von Argumenten verschwindet, welche Risiko läuft, sich in der rein rhetorischen Dimension der juristischen Argumentation zu verlieren.[490] Der Verzicht auf eine Begründung dieser Hierarchie würde das Gefühl hervorrufen, dass es den Bewertungen, um die es geht, an Kontrolle fehle.

Schließlich ist es notwendig, das Wesen dieser Methoden oder Argumente so explizit wie möglich darzustellen und die Funktion, die sie ausüben, zu analysieren. Oftmals wird von interpretierenden Methoden oder Argumenten gesprochen, als würden alle wie Instrumente funktionieren, um den Sinn der Norm, den man interpretiert, positiv zu bestimmen. Nichtsdestotrotz ist das nicht in allen Fällen so. Während einige derartige Kriterien vorgeben, um eine bestimmte Bedeutung zu bestätigen, üben andere eine rein negative Funktion aus, indem sie mögliche Bedeutungen der Interpretation ausschließen.

---

490 Sicherlich haben die Theoretiker der Argumentation solche Hierarchisierungen der Argumente vorgeschlagen, aber oftmals führt der eigentliche „argumentative“ Ansatz zu einer beachtlichen Unklarheit, da es gängig ist, die Präferenz einer Art Argumente als eine Präferenz prima facie zu verstehen, d. h. solange keine guten Argumente existieren, um sie zu ändern.

Literaturverzeichnis

AARNIO, Aulis. *Derecho, Racionalidad y Comunicación Social. Ensayos sobre filosofía del derecho.* Fontamara, México, 1995.

AARNIO, Aulis. *Entrevista a Aulis Aarnio por Manuel Atienza,* in: *Doxa* 21, Alicante, 1998.

AARNIO, Aulis. *The Rational as Reasonable. A Treatise on Legal Justifications,* D. Reidel. Publ. Dordrecht, 1987.

AARNIO, Aulis. *Democracia y discurso racional,* in: *Derecho, Racionalidad y comunicación social.* Ensayos sobre filosofía del derecho, Fontanamara, México, 2008.

ALBERT, Hans. *Traktat Über kritische Vernunft* , JCB Mohr UTB, Stuttgart, 1991.

ALEXY, Robert. *Theorie der juristischen Argumentation. Die Theorie des rationalen Diskurses als Theorie der juristischen Begründung,* Suhrkamp, Frankfurt am Main, 2001.

ALEXY, Robert. *Die logische Analyse juristischer Entscheidungen,* in: *Archiv für Rechts- und Sozialphilosophie,* Franz Steiner Verlag, Stuttgart, 1980.

ALEXY, Robert. *Juristische Interpretation,* in: *Recht, Vernunft, Diskurs. Studien zur Rechtsphilosophie,* Suhrkamp, Frankfurt am Main, 1995.

ALEXY, Robert. *Sistema jurídico, principios jurídicos y razón práctica,* in: *Doxa* 5, Alicante, 1988.

ALEXY, Robert. *Begriff und Geltung des Rechts,* Alber, Freiburg, 2011.

ALEXY, Robert. *Problems of discourse Theory,* in: *Critica* 20, 1988.

ALISTE SANTOS, Tomás Javier. *La motivación de las resoluciones judiciales,* Marcial Pons, Madrid, 2001.

ANDRESKI, Stanislav. *Social Sciences as Sorcery,* Andre Deutsch Ltd, London, 1972.

ARAGÓN REYES, Manuel. *La interpretación de la Constitución y el carácter objetivado del control constitucional,* in: Revista Española de Derecho Constitucional, N.17, Madrid, 1986.

ARNTZ, Reiner/PICHT, Heribert/MAYER, Felix. *Einführung in die Terminologiearbeit,* Olms, Hildesheim, 2002.

ASCHERI, Mario. *I grandi Tribunali d'Ancien Régime e la motivazione della sentenza,* in: *Tribunali, giuristi e istituzioni. Dal medioevo all' età moderna,* Il Mulino, Bolonia, 1995.

ATIENZA, Manuel. *Las razones del derecho*, Centro de Estudios Constitucionales, Madrid, 1993.

AUSTIN, John Langshaw. *How to do things with words*, Oxford University Press, Oxford, 1962.

BÄCKER, Carsten. *Begründen und Entscheiden. Kritik und Rekonstruktion der Alexyschen Diskurstheorie des Rechts*, Nomos, Baden-Baden, 2012.

BAIER, KURT. *The Moral Point of View*, Cornell University Press, London, 1974.

BARTHOLOMEYCZIK, Horst. *Die Kunst der Gesetzesauslegung: Eine wissenschaftliche Hilfe zur praktische Rechtsanwendung*, 4. Aufl. Kommentator Verlag, Frankfurt am Main, 1967.

BATIFFOL, Henri. *Questions de la interprétation juridique*, in: *Archives de Philosophie du Droit*, Sirey, Paris, 1972.

BECQUART, Joseph. *Les mots á sens multiples dans le droit civil*, Presses Universitaires de France, Paris, 1928.

BERGHOLTZ, Gunnar. *Ratio et Autorictas: Algunas reflexiones sobre la significación de las decisiones razonadas*; *Doxa* 8, Alicante, 1990.

BERMAN, Harold. *Law and Revolution. The formation of the western legal tradition*, Harvard U. Press, Cambridge Mass., 1983.

BIN GORION, Emanuel. *Geschichten aus dem Talmud*, Insel Verlag, 1. Aufl. Frankfurt, 1964.

BIRD, Otto. *The Re-Discovery of the Topics* in: *Mind* (70), 1961.

BLAIR, Anthony. *Argument and its uses*, in: *Informal Logic* 24.2, 2004.

BOBBIO, Norberto. *Scienza del diritto e analisi del linguaggio*, in: *Rivista Trimestrale di Diritto e Procedura Civile* 4 N. 2, Dott. A. Giuffré, Milano, 1950.

BORGES, Jorge Luis. *Die analytische Sprache von John Wilkins*, in: *Inquistionen*, Fischer Verlag, Frankfurt, 1992.

BRINK, Stefan. *Über die richterliche Entscheidungbegründung*, Peter Lang Verlag, Frankfurt, 1999.

BUCHWALD, Delf. *Der begriff der rationalen juristischen Begründung: Zur Theorie der juridischen Vernunft*, 1. Aufl. Nomos, Baden Baden, 1990.

BUSSE, Dietrich. *Juristische Semantik: Grundfragen der juristischen Interpretationstheorie in sprachwissenschaftlicher Sicht*, 2. Aufl. Duncker & Humblot, Berlin, 2010.

BUSSE, Dietrich. *Recht als Text. Linguistische Untersuchungen zur Arbeit mit Sprache in einer gesellschaftlichen Institution*, De Gruyter, Tübingen, 1992.

BUSSE, Dietrich, *was ist die Bedeutung von Gesetzestexten?*, in: *Untersuchungen zur Rechtslinguistik*, Berlin, 1989.

BUSSMANN, Hadumod. *Lexikon der Sprachwissenschaft*, Kröner, Stuttgart, 2002.

BYDLINSKI, Franz. *Juristische Methodenlehre und Rechtsbegriff*, 2. Aufl. Springer, Berlin, 1991.

CANARIS, Claus Wilhelm. *Die Feststellung von Lücken im Gesetz.: Eine methodologische Studie über Voraussetzungen und Grenzen der richterlichen Rechtsfortbildung praeter legem*, Duncker & Humblot, Berlin, 1983.

CAMPOS ZAMORA, Francisco J. *Pensar el castigo. Evolución de las formas penales en Michel Foucault*, in: *Doxa* 33, Alicante, 2010.

CAPELLA, Juan Ramón. *El derecho como lenguaje*, Ariel, Barcelona, 1968.

CARNAP, Rudolf. *Testability and Meaning, in: Philosophy of Science,* Vol.3, N. 4, Chicago, 1936

CARRIÓN WAN, Roque. *Panorama de la Semiótica Jurídica*, in: *Investigaciones Semióticas* 2/3, Oficina Latinoamericana de Investigaciones Jurídicas y Sociales, Facultad de Derecho/Universidad de Carabobo, Valencia-Venezuela, 1982.

CHRISTENSEN, Ralph. *Der Richter als Mund des sprechenden Textes. Zur Kritik des gesetzespositivistischen Textmodells* in: *Untersuchungen zur Rechtslinguistik. Interdisziplinäre Studien zu praktischer Semantik und Strukturierender Rechtslehre in Grundfragen der juristischen Methodik*, Duncker & Humblot, 1989, Berlin.

CHRISTENSEN, Ralph, *Die Paradoxie richterlicher Gesetzesbindung*, in: *Die Sprache des Rechts,* Band 2: Recht verhandeln, De Gruyter, Berlin, 2005.

CHRISTENSEN, Ralph. *Was heißt Gesetzesbindung? Eine rechtslinguistische Untersuchung*, Duncker & Humblot, Berlin, 1989.

CLAUSS, Karl. *General Semantics.* Teil II: Studien im Recht, Berlin, 1970.

CLAUSS, Helmut/CLAUSS, Karl. *Zum Begriff "Eindeutig"* in *Juristenzeitung*, 16, Berlin, 1961.

CLAUSS, Karl. *Zum Begriff der Unklarheit*, in: *Juristenzeitung*, 15, Berlin, 1960.

COING, *Die juristischen Arbeitsmethoden und die Lehren der allgemeinen Hermeneutik*, West deutscher Verlag, Köln, 1959.

COING, Helmut. *Grundzüge der Rechtsphilosophie*, 5. Aufl. De Gruyter, Berlin, 2011.

COPY, Irving. *Introduction to logic,* Macmillam Publishing Company, New York, 1990.

DEPENHEUER, Otto. *Der Wortlaut als Grenze. Thesen zu einen Topos der Verfassungsinterpretation,* Decker/Müller, Heidelberg, 1988.

DOLCINI, Emilio, *Commentario breve al Codice Penale,* Cedam, Padova, 2003.

DREIER, Ralf. *Recht und Moral*, in: *Recht, Moral, Ideologie*, Suhrkamp, Frankfurt am Main, 1981.

DWORKIN, Ronald. *Taking Rights Seriously*, Gerald Duckworth & Co Ltd; New edition edition, London, 1996.

DURKHEIM, Emile. *Die Regeln der soziologischen Methode*, Suhrkamp, Frankfurt am Main, 1984.

ECKARDT, Birgit. *Fachsprache als Kommunikationsbarriere?*, Deutscher Universitäts-Verlag, Wiesbaden, 2001.

ECKHOLD-SCHMIDT, Friedel. *Legitimation durch Begründung: Eine erkenntniskritische Analyse der Drittwirkung-Kontroverse*, 1. Aufl., Duncker & Humblot, Berlin, 1974.

ECO, Umberto. *Der Name der Rose*, dtv, München 2007.

ENGISCH, Karl. *Einführung in das juristische Denken*, 10. Aufl. Kohlhammer, Stuttgart, 2005.

ENGISCH, Karl. *Vom Weltbild des Juristen*, C.Winter, 2. Aufl. Heidelberg, 1965.

ESSER, Josef. *Vorverständnis und Methodenwahl in der Rechtsfidung. Rationalitätsgrundlagen richterlicher Entscheidungspraxis*, Athenäum Verlag, Frankfurt am Main, 1970.

ESSER, Josef. *Grundsatz und Norm in der richterlichen Fortbildung des Privatrechts: rechtsvergleichende Beiträge zur Rechtsquellen- und Interpretationslehre*, 4. Aufl. Mohr, Tübingen, 1990.

FERRAJOLI, Luigi. *Derecho y razón. Teoría del garantismo penal*, Trotta, Madrid, 1995.

FERRAJOLI, Luigi. *Poderes salvajes. La crisis de la democracia constitucional*, Trotta, Madrid, 2011.

FEYERABEND, Paul. *Against Method: Outline of an Anarchistic Theory of Knowledge*, Verso Books, New York, 1993.

FOUCAULT, Michel. *Die Ordnung der Dinge. Eine Archäologie der Humanwissenschaften*, Suhrkamp, Frankfurt am Main, 1974.

FOUCAULT, Michel. *La verdad y las formas jurídicas*, Gedisa, Barcelona, 1998.

FRANK, Jerome. *Law and the modern mind*, Routledge, London, 2009

FREGE, Gottlob. *Der Gedanke. Eine logische Untersuchung, in: Logische Untersuchungen*, 5. Aufl. Vandenhoeck & Ruprecht, Göttingen, 2003.

GARCÍA AMADO, Juan Antonio. *Teorías de la tópica jurídica*, Civitas, Madrid, 1998.

GARCÍA AMADO, Juan Antonio *¿Es realista la teoría de la argumentación jurídica? Acotaciones breves a un debate intenso*, in: *Doxa* 33, Alicante, 2010.

García de Enterría, Eduardo/Fernández, Tomás Ramón, *Curso de Derecho Administrativo,* Band I, Civitas, Madrid, 2011.

Gascón Abellán, Marina. *Los hechos en el derecho. Bases argumentales de la prueba*, Marcial Pons, Madrid, 2010.

Gény, François. *Méthode d'interpretation et sources en droit privé positif: essai critique.* Band.II, LGDJ, Paris, 1995.

Geyl, Ernst Günther. *Die Rechtssprache als Objekt der wissenschaftlich begründeten Sprachpflege in Muttersprache,* in: *Zeitschrift zur Pflege und Erforschung der Deutschen Sprache* Heft 2/82, Wiesbaden, 1972.

Gianformaggio, Letizia. *Modelli di ragionamento giuridico. Modello deduttivo, modello induttivo, modello retorico,* in: *La teoria generale del diritto. Problemi e tendenze attuali,* Giuffré, Milano, 1983.

Godden, David. *On Toulmin"s fields and Wittgenstein"s later views on logic.* Proceedings of the Fifth Conference of the International Society for the Study of Argumentation. Van Eemeren, Frans. H. et al. Amsterdam: International Society for the Study of Argumentation, 2003.

Goodnight, G. T. *Legitimation Inferences: An Additional Component for the Toulmin Model,* in: *Informal Logic* 15.1, 1993.

Greimas, Algidas Julius/Courtés, Joseph. *Semiótica: Diccionario razonado de la teoría del lenguaje,* Gredos, Madrid, 1982.

Haba, Enrique Pedro. *Rehabilitación del no-saber en la actual Teoría del Derecho. El "Bluff Dworkin"* in: *Doxa* 24, Alicante, 2001.

Haba, Enrique Pedro. *Etudes en allemand sur les rapports entre droit et langue,* in: *Archives de Philosophie du Droit* N.19, Dalloz, Paris, 1974.

Haba, Enrique Pedro. *El espejismo de la interpretación literal,* Band I., Vlamarán, San José, 2003.

Haba, Enrique Pedro. *El espejismo de la interpretación literal,* Band. II, Vlamarán, San José, 2003.

Haba, Enrique Pedro. *Razones para no creer en la actual teoría (ilusionista) de la argumentación*, in: *Doxa* 33, Alicante, 2010.

Häberle, Peter. *Grundrechtsgeltung und Grundrechtsinterpretation im Verfassungstaat. Zugleich zur Rechtsvergleichung als „fünfter" Auslegungsmethode,* Juristenzeitung, 1989.

Häberle, Peter. *El Tribunal Constitucional como poder político,* in: *Revista de Estudios Políticos* (Nueva Época); No 125, Madrid, 2004.

Habermas, Jürgen. *Was heißt Universalpragmatik?,* in: *Sprachpragmatik und Philosophie*, Suhrkamp, Frankfurt am Main, 1976.

Habermas, Jürgen. *Wahrheitstheorien*, in: *Wirklichkeit und Reflexion. Walter Schulz zum 60. Geburtstag*, Neske, Stuttgart, 1982.

Hare, Richard. *Die Sprache der Moral*, Suhrkamp, Frankfurt am Main, 1983.

Hare, Richard. *The Language of Morals*, Clarendon Paperbacks, Oxford, 1991.

Hart, Herbert Lionel Adolphus. *The Concept of the Law*, Clarendon Press, Oxford, 1997.

Hart, Herbert Lionel Adolphus. *Der Positivismus und die Trennung von Recht und Moral*, in: *Recht und Moral*, Vandenhoeck & Ruprecht, Göttingen, 1971.

Healy, Paul. *Critical Reasoning and Dialectical Argument: An Extension of Toulmin's Approach*, in: *Informal Logic* 9. Winter, 1987.

Heck, Phillipp. *Das Problem der Rechtsgewinnung, Gesetzesauslegung und Interessenjurisprudenz, Begriffsbildung und Interessenjurisprudenz*, Gehlen, 1968.

Heesel, Tina. *Sprechakte. Was tun wir, wenn wir sprechen?*, Grin Verlag, Norderstedt, 2003.

Hegenbarth, Rainer. *Juristische Hermeneutik und linguistische Pragmatik*, Königstein, 1982.

Heiderhoff, Bettina. *Europäisches Privatrecht*, C.F.Müller, Heidelberg, 2012.

Heiderhoff, Bettina. *Gemeinschaftsprivatrecht*. Sellier. European Law Publishers, Regensburg, 2007.

Henninger, Thomas, *Europäisches Privatrecht und Methode*, Mohr Siebeck, Tübingen, 2009

Herberger, Maximiliam/Koch, Hans-Joachim. *Zur Einführung: Juristische Methodenlehre und Sprachphilosophie*, in: *Juristische Schulung* (Jus), 1978.

Herbert, Manfred. *Rechtstheorie als Sprachkritik. Zum Einfluß Wittgensteins auf die Rechtstheorie*, Baden Baden, 1995.

Hirsch, Eric Donald Jr. *Validity in Interpretation*, Yale University Press, New Haven, 1967.

Hitchcock, David/Verheij, Bart. *Introduction. Arguing on the Toulmin Model: New Essays in Argument analysis and evaluation*. Eds. David Hitchcock & Bart Verheij. Springer, 2006.

Hoerster, Norbert. *Verteidigung des Rechtspositivismus*, Hermann Luchterhand Verlag, München, 1989.

Hoerster, Norbert. Ética jurídica sin metafísica, in: Derecho y moral. Ensayos sobre un debate contemporáneo, Gedisa, Barcelona, 1998.

Horak, Franz. *Rationes decidendi I. Entscheidungsbegründungen bei den älteren römischen Juristen bis Labeo*, Aalen, Scientia, 1969.

HORN, Norbert. *Einführung in der Rechtswissenschaft und die Rechtsphilosophie*, CF Müller, Heidelberg, 2011.

HOSPERS John. *An Introduction to philosophical analysis.* Fourth Edition, Routledge, New York and London, 1997.

JACOB, Robert. *Le jugement de Dieu et la formation de la fonction de juger dans l'histoire européenne*, in: *Archives de philosophie du droit*, 39, Dalloz, Paris, 1995.

KANT, Immanuel. *Metaphysik der Sitten*, Hofenberg, 2016.

KANTOROWICZ, Ernst. *Die zwei Körper des Königs. Eine Studie zur politischen Theologie des Mittelalters* Klett-Cotta, Stuttgart, 1992.

KANTOROWICZ, Hermann. *Der Kampf um die Rechtswissenschaft*, Carl Winter's Universitätsbuchandlung, Heidelberg, 1906.

KAUFMANN, Arthur. *Das Verfahren der Rechtsgewinnung. Eine rationale Analyse: Deduktion, Induktion, Abduktion, Analogie, Erkenntnis, Dezision, Macht*, C.H.Beck Verlag, München, 1999.

KELSEN, Hans. *Reine Rechtslehre*, 1. Aufl. Scientia Verlag, Amsterdam, 2008.

KIRCHHOF, Paul. *Die Bestimmtheit und Offenheit der Rechtssprache.* Vortrag vor der Juristischen Gesellschaft zu Berlin, Schriftenreihe, Heft 107, Berlin, New York 1987

KLATT, Matthias. *Theorie der Wortlautgrenze.Semantische Normativität in der juristischen Argumentation*, Nomos, Baden Baden, 2004.

KLUG, *Ulrich. Juristische Logik*, 4. Aufl. Springer, Berlin, 2014.

KOCH, Hans Joachim/ RÜẞMANN, Helmut. *Juristische Begründungslehre*, C.H. Beck, München, 1982.

KOCH, Hans Joachim. *Über juristisch-dogmatisches Argumentieren im Staatsrecht*, in: *Seminar. Die juristische Methode im Staatsrecht. Über Grenzen von Verfassungs- und Gesetzesbindung*, Suhrkamp, Frankfurt am Main, 1977.

KONFUZIUS. *Konfuzius Gespräche*, Nikol Verlag, Hamburg, 2011.

KRIELE, Martin. *Theorie der Rechtsgewinnung, entwickelt am Problem der Verfassungsinterpretation*, Duncker & Humblot, Berlin, 1977.

KRIELE, Martin, *Introducción a la Teoría del Estado*, Depalma, Buenos Aires, 1980.

KUHLEN, Lothar. *Regel und Fall in der juristischen Methodenlehre*, in: *Generalisierung und Individualisierung im Rechtsdenken*, Franz Steiner Verlag, Stuttgart, 1992.

LARENZ, Karl. *Methodenlehre der Rechtswissenschaft*, Springer, Berlin, 1969.

LARENZ, Karl. *Methodenlehre der Rechtswissenschaft*, 3. Aufl. Springer, Berlin, 1975.

LAUDENKLOS, Frank. *Rechtsarbeit in Textarbeit. Einige Bemerkungen zur Arbeitsweise der Strukturierende Rechtslehre,* in: *Kritische Justiz,* Berlin, 1997.

LERCH, Kent. *Justitia im Bett des Prokustes. Sinn und Unsinn der linguistischen Analysen von Rechtstexten.* in: *Die Sprache des Rechts,* De Gruyter, Berlin, 2005.

LINHART, Karin. *Internationales Einheitsrecht und einheitliche Auslegung,* Mohr Siebeck, Tübingen, 2005.

LLEWELLYN, Karl. *Recht, Rechtsleben und Gesellschaft,* Duncker & Humblot, Berlin, 1977.

LOOSCHELDERS, Dirk/ROTH, Wolfgang. *Juristische Methodik im Prozess der Rechtsanwendung, Zugleich ein Beitrag zu den verfassungsrechtlichen Grundlagen von Gesetzesauslegung und Rechtsfortbildung,* Duncker & Humblot, Berlin, 1996.

LORENZEN, Paul/SCHWEMMER, Oswald. *Konstruktive Logik, Ethik und Wissenschaftstheorie,* BI Hochschultaschenbuch, 1982.

MACCORMICK, Neil. *Legal Reasoning and Legal Theory.* Oxford University Press, Oxford, 1978.

MACCORMICK, Neil. *Retórica y Estado de Derecho*; in: *Isegoría;* No 21, Madrid, 1999.

MACINTYRE, Alasdair. *After Virtue: A Study in Moral Theory,* University of Notre Dame Press, Indiana, 2007.

MASSETTO, Gian Paolo. *Sentenza (diritto intermedio),* in: *Enciclopedia del diritto,* XLI, Milano, 1989.

MCCROSKEY, James. *Toulmin and the basic course,* Communication Education 14.2, 1965.

MELLINKOFF, David. *The Language of the Law,* Little Brown and Company, Boston-Toronto, 1963.

MÖLLERS, Thomas M. J. *Juristische Methodenlehre,* 3. Auflage, C.H. Beck, München, 2020.

MÜLLER, Friedrich. *Strukturierende Rechtslehre,* Duncker & Humblot, Berlin, 1994.

MÜLLER, Friedrich/CHRISTENSEN, Ralph. *Juristische Methodik,* Band I. *Grundlegung für die Arbeitsmethoden der Rechtspraxis,* Duncker & Humblot, Berlin, 2013.

NIETO, Alejandro. *Balada de la Justicia y la Ley,* Trotta, Madrid, 2002.

NIETO, Alejandro. *El arbitrio judicial,* Ariel, Barcelona, 2000.

NEUMANN, Ulfrid. *Der „mögliche Wortsinn" als Auslegungsgrenze in der Rechtsprechung der Strafsenate des BGH,* in: *Juristische Dogmatik und Wissenschaftstheorie,* Beck, München, 1976.

Neuner, Jörg. *Die Rechtsfindung contra legem*, C.H. Beck, München, 2005.

Oskaar, Els. *Sprachliche Mittel in der Kommunikation zwischen Fachleuten und zwischen Fachleuten und Laien im Bereich des Rechtswesens*, in: *Fachsprachen und Gemeinsprache*, Düsseldorf, 1979.

Opp, Karl-Dieter. *Methodologie der Sozialwissenschaften. Einführung in Probleme ihrer Theoriebildung und praktischen Anwendung*, Springer, Wiesbaden, 2005.

Otto, Walter. *Die Paradoxie einer Fachsprache*, in: *Der öffentliche Sprachgebrauch*, Band II, Klett-Cotta, Stuttgart, 1981.

Peczenik, Aleksander. *Scientia Juris. Legal Doctrine as Kwnoledge of Law and as a Source of Law*, Springer, Berlin, 2005,

Peczenik, Aleksander. *A coherence Theory of Juristic Knowledge*, in: *On Coherence Theory of Law*. Akademibokhandeln I Lund, 1998.

Peczenik, Aleksander. *On Law and Reason*. Kluwer Academic Publishers, London 1989.

Perelman, Chaïm. *Logique juridique*, Dalloz, Paris, 1976.

Perelman, Chaïm. *Lógica jurídica y nueva retórica*, Civitas, Madrid, 1979.

Perelman, Chaïm. *Tratado de la argumentación*. Gredos, Madrid, 1989.

Pino, Giorgio. *Coerenza e verità nell'argomentazione giuridica. Alcune riflessioni*, in: *Rivista Internazionale di Filosofia del Diritto*, N. 1, Roma, 1998.

Pitkin, Hanna. *Wittgenstein: el lenguaje, la política y la justicia. Sobre el significado de Ludwig Wittgenstein para el pensamiento social y político*, Centro de Estudios Políticos y Constitucionales, Madrid, 1984.

Platon. *Kratylos*, Reclam, Stuttgart, 2014.

Plucknett, Theodore. *A concise history of the common law*, Lawbook Exchange Ltd., London 1956.

Poggi, Gianfranco. *Lo stato. Natura, sviluppo, prospettive*, Il Mulino, Bolonia, 1992.

Pound, Roscoe. *El Espíritu del Common Law*, Barcelona, Bosch, Barcelona, 1954.

Radbruch, Gustav. *Gesetzliches Unrecht und übergesetzliches Recht*, in: Rechtsphilosophie, Koehler, Stuttgart, 1946.

Reinicke, G./Reinicke D. *Die Bedeutung des Wortlauts bei der Auslegung von Gesetzen nach der Rechtsprechung des Bundesgerichthofes*, NJW, CH. Beck, München, 1952.

Rieger, Burghard. *Unscharfe Semantik*, Peter Lang Verlag, Frankfurt am Main, 1990.

Rodell, Fred. *Woe on to you lawyers*, Pageant Press, New York, 1957.

RÖHL, Klaus/RÖHL, Hans Christian. *Allgemeine Rechtslehre*, 3. Auf. Carl Heymanns Verlag, Köln, 2008,

ROMANO, Mario, *Commentario Sistematico del Codice Penale,* Band II, Giuffre, Milano, 1990.

ROSS, Alf. *On law and justice,* University of California Press, Berkeley, 1959.

ROSS, Alf. *TûTû,* Harvard Law Review 70, Cambridge, Massachusetts, 1957.

ROTH, Wulf-Henning/JOPEN Christian. *Die richtlinienkonforme Auslegung,* in: *Europäische Methodenlehre*, De Gruyter, Berlin, 2015.

RUIZ MIGUEL, Alfonso. *Derechos Humanos y Comunitarismo. Aproximación a un debate*, in: *Doxa* 12, Alicante, 1992.

RÜTHERS, Bernd. *Das Ungerechte an der Gerechtigkeit. Fehldeutungen eines Begriffs*, 3. Auflage, Mohr Siebeck, Tübingen, 2009.

RÜTHERS, Bernd. *Rechtstheorie mit juristischer Methodenlehre*, 8. Überarbeitete Auflage, C.H.Beck, München, 2015.

RÜTHERS, Bernd. *Die heimliche Revolution vom Rechtsstaat zum Richterstaat: Verfassung und Methoden. Ein Essay,* 2. Auflage, Mohr Siebeck, Tübingen, 2016.

RÜTHERS, Bernd. Die unbegrenzte Auslegung, 8. Auflage, Mohr Siebeck, Tübingen, 2017.

SALAS, Minor. *Magia verbal: La manipulación del lenguaje en el discurso jurídico, político y social*, in: *Revista de Ciencias Jurídicas*, N. 114, San José, 2007.

SALVIOLI, Giuseppe. *Storia della Procedura civile e criminale,* in: *Diritto italiano,* Milano, Vol. III, Teil II.

SAUVEL, Tony. *Histoire du jugement motivé,* in: *Revue du droit public et de la science politique*, n. 71, 1955.

SAVIGNY, Friedrich Carl von. *System des heutigen Römischen Rechts*, Bd. I, Berlin, 1840.

SAX, *Das strafrechtliche Analogieverbot. Eine methodologische Untersuchung über die Grenze der Auslegung im geltenden deutschen Strafrecht,* Vandenhoeck & Ruprecht, Göttingen, 1953.

SCHAUER, Frederik. *Giving reasons*, Stanford Law Review, vol. 47, 1995.

SCHNÄDELBACH, Herbert. *Dispositionsbegriffe der Erkenntnistheorie. Zum Problem ihrer Sinnbedingungen, in: Zeitschrift für allgemeine Wissenschaftstheorie,* Vol. 2, No. 1, Franz Steiner Verlag, Wiesbaden, 1971.

SCHREIBER, Rupert. *Die Geltung von Rechtsnormen*, Springer, Berlin, 1966.

SCHROEDER, Christopher. *Knowledge and Power, Logic and Rhetoric, and Other Reflections* in *the Toulminian Mirror: A Critical Consideration of Stephen Toulmin's Contributions to Composition,* in: *Journal of Advanced Composition,* 17.1, 1997.

Schwacke, Peter. *Juristische Methodik: Mit Technik der Fallbearbeitung*, 4. Aufl. Deutscher Gemeindeverlag GmbH, 2003.

Searle, John. *Speech acts. An essay in the philosophy of language*, Cambridge University Press, 1969.

Spies, Hans. *Gesetzeswortlaut und Auslegung*, DRiZ, Berlin, 1956.

Starck, Christian. *Consenso fundamental nacional y tribunales constitucionales* (Una reflexión científico comparada), en: *Anuario iberoamericano de justicia constitucional*, No 8, Madrid, 2004.

Stevenson, Charles Leslie. *Ethics and Language*, Yale University Press, New Haven, 1944.

Tarello, Giovanni. *L'interpretazione della legge*, Giuffrè Editore, Milano, 1980.

Taruffo, Michele. *L'obbligo di motivazione della sentenza civile tra diritto comune e illuminismo*, in: Rivista di *Diritto Processuale*, vol. XXIX (II serie), 1974.

Taruffo, Michele. *Legalidad y Justificación de la creación judicial del derecho*, in: *Sobre las Fronteras. Escritos sobre la justicia civil*, Temis, Bogotá, 2006.

Thaler, Michael. *Mehrdeutigkeit und juristische Auslegung*, Verlag Österreich, Österreich, 1982.

Toulmin, Stephen. *The Uses of Argument*, Updated Edition, Cambridge University Press, Cambridge, 2003.

Tugendhat, Ernst. *Tres lecciones sobre problemas de la ética*, in: Problemas de la ética, Crítica, Barcelona, 1988.

Tugendhat, Ernst. *Zur Entwicklung von moralischen Begründungsstrukturen in modernen Recht*, in: ARSP 14, 1980.

Viehweg, Theodor. *Topik und Jurisprudenz*, 5. Aufl., Beck, München, 1974.

Viehweg, Theodor. *Systemprobleme in Rechtsdogmatik und Rechtsforschung*, in: *Rechtsphilosophie und Rhetorische Rechtstheorie:* gesammelte kleine Schriften, Baden-Baden: Nomos, 1995.

Vigoriti, Vincenzo. *La pubblicità delle procedure giudiziarie (Prolegomeni storico-comparativi)*, in: *Rivista Trimestrale di diritto processuale civile*, Roma, 1973.

Villey, Michel. *Filosofía del Derecho*, Scire Universitaria, Barcelona, 2003.

Villey, Michel. *Philosophie du Droit. Définitions et fins du droit*, Dalloz, Paris, 1975.

Vosskuhle, Andreas. *Theorie und Praxis der verfassungskonformen Auslegung von Gesetzen durch Fachgerichte – Kritische Bestandsaufnahme und Versuch einer Neubestimmung* in: *Archiv des öffentlichen Rechts*, Vol. 125, N. 2, Berlin, 2000.

WAISMANN, Friedrich. *Verifiability*, in: *How i see philosophy*, Palgrave Macmillam, London, 1968.

WAISMANN, Friedrich. *Analytic-Synthetic IV*, in *Analysis*, Volume 11, Issue 6, Oxford, 1951.

WANK, Rolf. Die Auslegung von Gesetzen, Vahlen, München, 2011.

WEINBERGER, Ota. *Logische Analyse als Basis der juristischen Argumentation*, in: *Metatheorie juristischer Argumentation*, Duncker & Humblot, Berlin, 1983.

WILLIAMS, Glanville, Language and the law, S. 392 in The Law Quarterly Review, Vol. 61, Stevens and sons, London, 1945.

WITTGENSTEIN, Ludwig. *Tractatus Logico-philosophicus,* Suhrkamp, Frankfurt am Main, 2003.

WITTGENSTEIN, Ludwig. *Philosophische Untersuchungen,* Suhrkamp, Frankfurt am Main, 2003.

WRIGHT, Georg Henryk von. *Deontic Logic,* in: *Mind*, Vol. 60, Oxford, 1951.

WRÓBLEWSKI, Jerzy. *Legal decision and its justification* in: *Logique & Analyse,* Vol. 14, 1971.

ZIMMERMANN, Theo. *Der Wortlaut des Gesetzes im Spiegel höchtsrichterlicher Rechtsprechung*, NJW, 9 Jahrgang, Heft 35, CH. Beck, München, 1956.

ZIPPELIUS, Reinhold. *Verfassungskonforme Auslegung von Gesetzen*, in: *Bundesverfassungsgericht und Grundgesetz,* Band II, Berlin, 1976.

ZIPPELIUS, Reinhold. *Juristische Methodenlehre*, 11. Aufl., C.H. Beck, München, 2012.

ZIPPELIUS, Reinhold. *Teoría General del Estado. Ciencia de la Política*, Porrúa, México, 2013.

Lex et Res Publica
Polish Legal and Political Studies

Edited by
Anna Jarón

Vol. 1 Anna Jarón: Socio-Economic Constitutional Rights in Democratisation Processes. An Account of the Constitutional Dialogue Theory. 2012.

Vol. 2 Stanisław Filipowicz: Democracy – The Power of Illusion. 2013.

Vol. 3 Teresa Dukiet-Nagórska (ed.): The Postulates of Restorative Justice and the Continental Model of Criminal Law. As Illustrated by Polish Criminal Law 2014.

Vol. 4 Agnieszka Kupzok: Enforcement of Patents on Geographically Divisible Inventions. An Inquiry into the Standard of Substantive Patent Law Infringement in Cross-Border Constellations. 2015.

Vol. 5 Alicja Jagielska-Burduk / Wojciech Szafrański: Legal Issues in Cultural Heritage Management. A Polish Perspective. 2016.

Vol. 6 Maciej Mataczyński (ed.): The Takeover of Public Companies as a Mode of Exercising EU Treaty Freedoms. 2017.

Vol. 7 Maciej Barczewski (ed.): Value of Information. Intellectual Property, Privacy and Big Data. 2018.

Vol. 8 Pawel Smoleń, Marcin Burzec: Introduction to Polish Tax Law. 2018.

Vol. 9 Łukasz Pohl, Konrad Burdziak: Judicial Interpretation of the 1997 Criminal Code Provisions on Self-Defence. 2019.

Vol. 10 Adam Szot: Judicial Review of Administrative Discretion. The Influence of Court Decisions on Administrative Actions. 2019.

Vol. 11 Michał Peno / Konrad Burdziak (eds.): The Concept of Modern Law. Polish and Central European Tradition. 2019.

Vol. 12 Leszek Leszczyński / Bartosz Liżewski / Adam Szot (eds.): Potential of Precedent in the Statutory Legal Order. 2019.

Vol. 13 Łukasz Bolesta: In Search of a Model for the Legal Protection of a Whistleblower in the Workplace in Poland. A legal and comparative study. 2020.

Vol. 14 Paweł Chmielnicki / Adam Sulikowski (eds.): New Perspectives on Legislation. A Comparative Approach. 2020.

Vol. 15 Marcin Burzec / Beata Kucia-Guściora / Paweł Smoleń : Agricultural Activity in Poland: A Fiscal and Legal Study. 2020.

Vol. 16 Magdalena Półtorak / Ilona Topa (eds.): Women, Children and (Other) Vulnerable Groups. Standards of Protection and Challenges for International Law. 2021.

Vol. 17 Josef Albert Fox: Die polnische Verfassung vom 3. Mai 1791. Hintergründe der Entstehung und der Außerkraftsetzung. Stellung Polens im Zeitalter der Aufklärung. 2021.

Vol. 18 Barbara Janusz-Pohl (ed.): Juvenile Justice Systems: Poland-Brazil-Portugal. 2021.

Vol. 19 Leszek Leszczyński: General Reference Clauses in the Judicial Process. Context of Legislative Intentions and Interpretative Discretion. 2021.

Vol. 20 Francisco J. Campos Zamora: Das Problem der Begründung richterlicher Entscheidungen. Eine Analyse auf der Grundlage der Theorie der juristischen Argumentation. 2021.

www.peterlang.com

www.ingramcontent.com/pod-product-compliance
Ingram Content Group UK Ltd.
Pitfield, Milton Keynes, MK11 3LW, UK
UKHW021850290926
8980IPUK00005B/751

9 783631 86158